KB260110

나홀로 하는
운전면허취소
행정심판

나홀로 하는
운전면허취소
행정심판

초판 1쇄 　2016년 10월 28일

지은이 　송범석
발행인 　김재홍
편집장 　김옥경
디자인 　박상아, 이슬기
마케팅 　이연실

발행처 　도서출판 지식공감
등록번호 　제396-2012-000018호
주소 　경기도 고양시 일산동구 견달산로225번길 112
전화 　02-3141-2700
팩스 　02-322-3089
홈페이지 　www.bookdaum.com

가격 　16,000원
ISBN 　979-11-5622-244-6　13360

CIP제어번호 　CIP2016024625
이 도서의 국립중앙도서관 출판예정도서목록(CIP)은 서지정보유통지원시스템 홈페이지(http://seoji.nl.go.kr)
와 국가자료공동목록시스템(http://www.nl.go.kr/kolisnet)에서 이용하실 수 있습니다.

나홀로 하는 운전면허취소 행정심판

송범석 지음

지식공감
도서출판

"범죄자이기 이전에, 그들도 생계를 책임져야 하는 가장입니다!"

말이 씨가 된다고 했던가. 언젠가는 남을 도울 수 있는 책을 꼭 써 보겠노라 마음먹었던 것이 10년 전 일이다. 그 첫 작품이 『나홀로 하는 운전면허취소 행정심판』이 될지는 필자도 몰랐다. 행정사 일을 시작한 뒤 운전면허 취소 구제 업무를 주로 하면서 필연적으로 책이라는 매체에 생각이 닿은 것이 아닌가 싶다. 수천 건의 사례를 접하며 순간순간 판례와 재결례(행정심판에서는 판례를 '재결례'라고 부른다) 각종 이론과 논문을 접했고, 그것을 공부했다. 그 결과물이 바로 이 책이다.

알다시피 운전면허 취소가 되는 경우의 대부분은 '음주'로 인해서 발생한다. 물론 음주운전은 절대로 해서도 안 되는 범죄 행위다. 음주로 인해 한 가정이 파괴되는 현장을 우리는 뉴스를 통해 얼마나 자주 목도하고 있는가. 다만, 음주운전자가 사회적으로 지탄받을지언정 그들에게도 소명할 수 있는 헌법상의 기본 권리가 존재한다는 점을 간과해서는 안 된다.

실제로 음주운전 면허취소 구제 업무를 하다 보면 비록 잘못은 했지만, 그 형편이 너무 어려워서 딱한 경우가 너무나 많다. 그도 그럴 것이 적발된 사람들을 보면 대다수가 서민 계층이다. 생활고로 인하여 먹고 사는 일에 급급해 한 달에 한 번도 제대로 챙기지 못하는 아내와 오붓한 식사 자리를 가졌다가 대리운전비조차 없어 차를 몰고 가다 적발된 경우나 대리운전기사를 불러 놓고도 대리운전기사가 위치를 찾지 못해 큰길까지만 차를 몰고 나가다가 적발된 경우가 허다하다. 어머니가 위독하다는 말에 이성이 흔들려 앞뒤 가리지 않고 술자리에서 귀가하다가 적발된 사연은 또 어떠한가.

그런가 하면 음주운전에 해당하지 않거나 면허취소 기준에 해당하지 않는 경우인데도 행정청의 부당한 처분으로 취소가 된 사례도 발생한다. 가령 알코올 솜을 사용해서 채혈측정을 했다든가, 혈중알코올농도 상승기에 운전한 경우가 그 대표적인 사례다.

이 책은 기존 법조인들을 위한 실무 서적은 아니다. 혼자 행정심판을 진행하고자 하는 일반인들을 위한 책이다. 하지만 이 책은 처음 업무를 시작하는 법조인에게도 분명히 도움이 될 것이라고 감히 말씀을 드린다. 이 책은 필자가 그간 언론사인『한강타임즈』에 기고한 글을 엮어서 보강한 것이다. 필자는 6년간의 일간지 기자 경험을 바탕으로 최대한 일반인이 이해하기 쉽게 쓰려고 노력했다.

또한, 이 책은 음주운전뿐만 아니라 뺑소니로 인한 운전면허 취소, 무면허로 인한 운전면허 취소, 벌점 누적으로 인한 운전면허 취소, 범죄행위로 인한 운전면허 취소, 적성검사기간이 지난 사유로 인한 운전면허 취소 등에 대해서도 다루고 있다. 이는 수십 년이 지나도 사람들이 읽을 수 있는 '자동차 운전면허 취소 구제'의 바이블을 집필하고자 했던 필자의 열망에서 비롯된 것이다.

한마디로 이 책에는 자동차 운전면허 취소 구제에 관한 모든 것을 담고자 노력했다. 그리고 효과적인 목차 구성을 통해서 독자들이 필요에 따라 전체 책을 다 읽지 않고도 목차만 보더라도 원하는 정보를 확인할 수 있도록 했다. 이렇게 함으로써 법조인의 도움 없이도 스스로 운전면허 취소 행정심판을 진행할 수 있도록 돕고 있다. 특히, 관련 서식은 물론이고 판례와 재결례를 수록함으로써 효과적으로 행정심판을 진행할 수 있도록 했다.

아울러 행정법의 기본 개념 및 행정절차에 관해 설명함으로써 이제 갓 법조 시장에 진입한 새내기 법조인들이 더욱 쉽게 업무를 처리할 수 있도록 돕는 데에도 방점을 찍었다.

앞서 말했듯이 음주운전은 절대로 해선 안 된다. 일단 음주운전을 했다면 법이 정한 정확한 기준과 절차에 따라 행정처분이나 형사처분을 받아야 한다. 하지만 만일 법에서 정한 기준과 절차를 벗어나서 공권력이 행사된다면 그때는 적극적으로 자신의 권리를 주장함으로써 당연히 구제받아야 한다. "권리 위에 잠자는 자는 보호받지 못한다."는 격언을 명심해야 할 필요가 여기에 있는 것이다.

마지막으로, 이번 책 출간에 도움을 주신 공인행정사협회 유종수 회장님, 일선에서 함께 뛰어준 정일두 JF그룹 대표, 최충만 변호사, 정재필·손호성 행정사, 이호 손해사정사, 매번 소중한 기고 글을 실어주신 『한강타임즈』 편집국에 감사의 인사를 전한다.

저자 송범석

Part 01 행정심판을 진행하면서 알아야 할 기본 지식

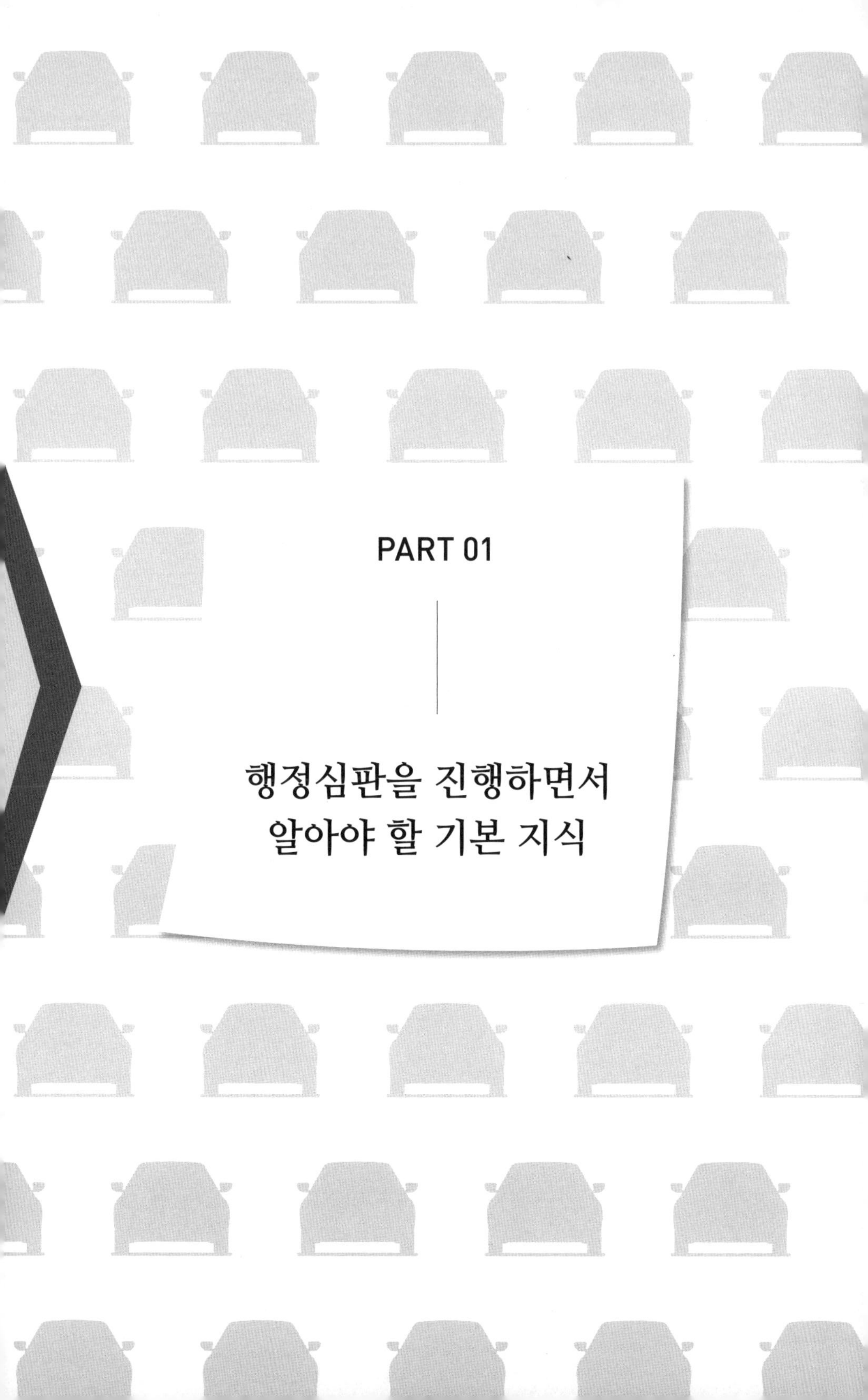

PART 01

행정심판을 진행하면서
알아야 할 기본 지식

01

"법에도 위아래가 있다!"

운전면허 정지·취소 처분에 대한 행정심판이나 행정소송도 결국은 행정법 체계 안에서 이뤄진다. 따라서 이 같은 구제 절차를 밟을 때는 법질서에 대한 개괄적인 체계 정도는 알고 있는 것이 도움된다. 물론 시험 준비생이나 법조인이 아닌 이상 이를 세밀하게 공부할 필요는 없다. 하지만 적어도 법률이 무엇이고, 시행령이 왜 있으며, 그 아래 행정규칙이 존재하는 이유 정도는 알아둬야 전반적인 사항을 진행하는데 무리가 없을 것이다.

"시행령? 시행규칙? 도대체 뭔 말인지?"

법학을 처음 접하다 보면 많이 헷갈리는 부분이 있다. '법'이라고 부르는 것들의 뒤에 붙어 있는 명칭이 그렇다. 다 같은 법규범인데, 어떤 것은 '법'이라고만 부르고, 또 어떤 것에는 '시행령', 또 어떤 것에는 '시행규칙'이라는 이름이 붙어 있다. 그런가 하면 '조례'라는 것도 가끔 보인다.

우리나라와 같은 성문법 국가에서는 법에 일정한 체계가 있다. 일종의 법질서(법의 상위 체계)라고 이해하면 편할 것 같다. '법'이라는 개념은 모든 법체계를 포괄하는 의미이며, 이 법질서 테두리 안에는 헌법, 법률, 명령, 조례, 규칙 등이 있다. 그리고 상위법 우선의 원칙이라 해서 상위법은 하위법에 우선하며, 하위법은 상위법에 반할 수 없다.

(1) 헌법

국민투표를 통해 직접 국민이 정하는 '헌법'은 우리나라 통치 질서의 근간을 정하고 있으며, 국민의 기본권을 보장하는 가장 강력한 효력을 가진 법질서를 의미한다. 따라서 그 어떠한 법도 헌법에 위배될 수는 없다.

(2) 법률

'법률'은 국민의 대의기관인 국회가 의결을 통하여 통과시키고, 이를 행정부의 수장인 대통령이 서명·공포함으로써 성립하는 법규범으로 법질서 체계에서 헌법 다음에 놓이는 법이다. 말하자면 시행령이나 시행규칙, 조례 등은 법률에 반해서는 안 된다. 법률은 대부분 그 명칭의 끝이 '~법'으로 끝난다. 도로교통법, 교통사고처리특례법 역시 법률이다.

(3) 명령

오늘날처럼 급격하게 변화하는 환경에서 만일 모든 세세한 규정을 법률로 정한다면 국회를 365일 24시간 가동한다 해도 모자랄 것이다. 그래서 법률로 중요한 틀을 잡은 뒤에는 그보다 구체적인 세세한 규정은 명령에 위임하고 있다. 명령의 종류에는 시행령과 시행규칙이 있는데, '시행령'은 대통령이 정한 명령(대통령령)을 의미하며, '시행규칙'은 총리나 장관이 정하는 명령을 의미한다. 시행령은 시행규칙에 우선한

  나홀로 하는 운전면허취소 행정심판

다. 이에 따라 도로교통법 하위에는 도로교통법 시행령과 도로교통법 시행규칙이 위치하고 있다.

(4) 조례·규칙

조례와 규칙은 지방자치와 관련이 있는 법체계다. '조례'는 지방의회에서 제정하는 규범이며, '규칙'은 지방자치단체장이 제정하는 규범이다. 조례와 규칙은 법률이나 명령보다 우선하지 못한다.

※ 한편으론 행정기관 내부 사항을 규율하기 위한 일반적 규범을 '규칙'이라고 하기도 하는데, 여기서의 규칙은 법규명령에 대비되는 개념으로 '행정규칙'이라고 하며 훈령, 예규, 고시, 지침 등으로 불린다. 행정규칙은 국민의 권리·의무와 직접 관계되는 사항이 아니므로 대외적으로 국민을 구속하지 못한다. 따라서 '경찰청 내부 지침'에 따라 운전자가 위법·부당한 처분을 받았다면 이는 충분히 다퉈볼 만하다.

신법 우선의 원칙과 특별법 우선의 원칙

법률문제가 발생했는데 구법과 신법이 충돌하는 경우가 간혹 있다. 이때에는 신법이 우선 적용된다. 다만, 위법 행위가 발생했을 때는 행위 당시의 법에 따르는 것이 원칙이다. 예외적으로 만일 신법이 위반 행위자에게 유리하게 변경됐을 때에는 신법을 적용한다. 그리고 일반법과 특별법이 충돌할 때에는 특별법이 우선한다. 이런 이유로 특별법인 교통사고처리특례법은 일반법보다 우선 적용이 되는 것이다.

판례와 재결례

　쟁송 절차에 따라 사법부에서 내린 판결례를 '판례'라고 하며, 행정심판위원회가 그 판단에 따라 내린 처분례를 '재결례'라고 한다. 우리나라는 성문법 국가이기 때문에 판례와 재결례는 법적인 구속력이 없다. 따라서 비슷한 사건이라도 얼마든지 선례와 다른 판단이 나올 수 있다.

　그러나 판례, 그 가운데에서도 특히, 대법원 판례는 후에 발생한 법률분쟁의 판단에 많은 영향을 미친다. 개별 판사는 법규와 자신의 양심에 따라 어떠한 외력도 배제하고 판결을 내리지만, 법적 안정성을 확보하는 차원에서 하위 법원은 대법원 판례를 마냥 무시할 수는 없다. 그래서 기존 대법원 판결의 관성이 유지가 되고, 소위 '튀는 판결'은 자주 나오지 않는 것이다. 행정심판에 있어서도 판례는 중요하게 검토해야 할 요소 중 하나이다. 그리고 일반적으로 판례라는 명칭은 법원에서 나오는 판결을, 재결례라는 명칭은 행정심판위원회에서 나오는 판결을 의미한다.

나홀로 하는 운전면허취소 행정심판

대한민국의 법체계

법규범	특징
헌법	통치 질서의 근간을 정하고 있으며 국민의 기본권을 보장하는 가장 강력한 효력을 가진 법질서.
↓	
법률	국회가 의결을 통하여 통과시키고, 이를 행정부의 수장인 대통령이 서명·공포함으로써 성립하는 법규범.
↓	
명령	국가의 법령으로서 입법기관인 국회의 의결을 거치지 않고 행정기관에 의하여 제정된 법규범.
↓	
조례·규칙	조례는 지방의회에서 제정하는 법규범이며, 규칙은 지방자치단체장이 제정하는 법규범.

02

"행정절차란 무엇일까?"

행정절차란 행정 업무를 수행하고 있는 행정청이 밟아야 하는 절차를 말한다. 이것이 중요한 이유는 '운전면허 취소' 역시 행정절차 중 하나이기 때문이다. 이와 관련하여 우리나라에서는 일반법으로서 행정절차법을 제정해 1998년부터 시행하고 있다.

행정절차가 필요한 이유

군부 독재 시절을 살아본 이라면 알 것이다. 막강한 행정권이 발동될 경우 이를 통제할 수단이 없다면 법치주의는 구현될 수 없다. 따라서 행정청은 국민에 대한 행정권을 행사할 때 마땅히 적법한 절차에 따라야 한다. 국가 공권력의 행사는 결과적으로 권력작용이므로 민주주의 관점에서 당사자 등의 의견을 충분히 청취할 기회를 주어야 한다는 것이 행정절차법의 근간이라 할 수 있다.

행정절차의 기본적 내용

(1) 사전통지(행정절차법 제21조)

만일 국가나 지방자치단체가 행정 결정을 하기 전에 어떠한 통지도 하지 않는다면 어떤 일이 발생할까? 당사자인 국민은 소명할 기회도

얻지 못하고 그대로 국가나 지방자치단체가 하자는 대로 할 수밖에 없다. 따라서 행정 결정을 하기 전에는 그 상대방 또는 이해관계인에게 결정의 내용, 청문의 일시, 장소 등을 알리는 행위가 꼭 있어야 하고 이를 '사전통지'라고 한다. 운전면허 취소와 관련된 수사기관의 절차적 실무에서는 처분통지서가 나오기 전에 송달되는 '사전처분통지서'가 바로 여기에 해당한다. 행정청은 법령에 규정한 특별한 경우를 제외하고는 반드시 사전통지를 해야 한다.

행정청은 당사자에게 의무를 부과하거나 권익을 제한하는 처분을 하는 경우에는 미리 다음 각 호의 사항을 당사자 등에게 통지하여야 한다. 자신에게 송달된 사전통지문을 꼼꼼하게 보면 다음 항목이 다 들어가 있음을 알 수 있다.

1. 처분의 제목
2. 당사자의 성명 또는 명칭과 주소
3. 처분하려는 원인이 되는 사실과 처분의 내용 및 법적 근거
4. 제3호에 대하여 의견을 제출할 수 있다는 뜻과 의견을 제출
   하지 아니하는 경우의 처리방법
5. 의견제출기관의 명칭과 주소
6. 의견제출기한
7. 그 밖에 필요한 사항

(2) 의견제출(행정절차법 제27조)

경찰청 등 행정청이 일정한 결정을 하기에 앞서 당사자 등에게 의견을 제시할 기회를 주는 절차를 말한다. 행정청이 당사자에게 의무를 부과하거나 권익을 제한하는 처분을 할 때는 당사자 등에게 의견제출의 기회를 주어야 한다. 의견제출이 있으면 행정청은 처분을 할 때 당

사자 등의 의견을 충분히 고려하여 처분을 내려야 한다.

당사자 등은 '처분 전'에 그 처분의 관할 행정청에 서면이나 말로 또는 정보통신망을 이용하여 의견제출을 할 수 있고 의견제출을 하는 경우 그 주장을 입증하기 위한 증거자료 등을 첨부할 수 있다. 행정청은 당사자 등이 말로 의견제출을 하였을 때는 서면으로 그 진술의 요지와 진술자를 기록하여야 한다. 당사자 등이 정당한 이유 없이 의견제출기한까지 의견제출을 하지 아니한 경우에는 의견이 없는 것으로 본다.

(3) 청문과 공청회(다수 조항)

의견제출 외에 처분을 당하는 당사자 등은 청문 및 공청회를 요구할 수도 있다. '청문'은 당사자 등이 직접 청문 장소에 출석해 의견을 진술하는 것을 말하고, '공청회'는 해당 사안에 대해 당사자 등은 물론 전문지식인을 불러 공개적인 토론을 벌이는 행정절차다. 이는 일정한 요건하에서만 할 수 있으며 운전면허 취소 처분과 관련해서 이 같은 절차를 밟는 경우는 극히 드물다.

(4) 처분(행정절차법 제17조~제26조)

의견제출까지 끝났다면 행정청의 처분이 이뤄진다. 처분에 대해서는 다음 장에서 설명한다.

(5) 처분에 대한 불복

당사자 등이 행정청의 처분에 대하여 불복할 경우에는 행정심판이나 행정소송을 제기할 수 있다. 이에 대해서는 이후에 자세히 설명한다.

 나홀로 하는 운전면허취소 행정심판

⚖ 적법절차의 원리

　적법절차(適法節次)란 정당한 법 절차를 의미한다. 이는 국가나 행정청이 그 공권력을 행사할 때 개인의 권리보호를 위해 정해진 일련의 법적 절차를 지켜야 함을 의미한다. 이는 형사소송법뿐만 아니라 행정절차법에서도 적용되는 원칙이다. 이 원칙에 따라서 행정청이 규정된 절차를 거치지 않은 행정처분에 대해서는 위법함을 주장할 수 있다.

"말을 통해서 행정심판을 받고 싶어요"

운전면허 행정심판의 경우에는 청문이나 공청회 등은 진행되지 않는다. 청문의 경우에는 주로 어린이집 운영정지와 같은 사건에서 필수 절차로 마련이 돼 있다. 다만, 운전면허 행정심판에서는 구술심리 신청을 할 수 있는데, 이를 신청하게 되면 서면심리로 끝나는 게 아니라 심판 당일에 직접 행정심판위원회에 참석하여 말로써 주장할 수 있다.

구술심리 신청을 할 때는 아래의 구술심리 신청서를 사용하면 된다. 이 구술심리 신청서는 인터넷 행정심판 사이트(권리누리)에서 내려받을 수 있다.

■ 행정심판법 시행규칙[별지 제39호 서식] 〈개정 2012.9.20〉

구술심리 신청서

접수번호		접수일	
사건명			
청구인	성명		
	주소		
피청구인			
신청 취지			
신청 이유			

「행정심판법」 제40조 제1항 단서 및 같은 법 시행령 제27조에 따라
위와 같이 구술심리를 신청합니다.

년 월 일

신청인 (서명 또는 인)

○○행정심판위원회 귀중

첨부서류	없음	수수료 없음

처리 절차

신청서 작성	→	접수	→	결정	→	통지
신청인		○○행정심판위원회		○○행정심판위원회		

210mm×297mm[백상지 80g/㎡]

03

'처분'이 없으면 '쟁송'도 없다

행정절차에서 '처분'은 매우 중요한 개념이다. 왜냐면 이 '처분'이 있어야 행정심판, 행정소송을 제기할 수 있기 때문이다. 따라서 '처분'이 존재하지 않는다면 행정쟁송 청구는 사실상 불가능하다. 엄밀히 말하면 청구 자체는 가능하지만 본안심리도 받지 못하고 각하(청구 요건을 갖추지 못해서 소송도 받지 못하는 경우)가 되고 만다.

학문적으로는 다소 어려운 용어로 처분의 개념을 정리하고 있다. 이에 따르면, 처분이란 '행정청이 행하는 구체적인 사실에 관한 집행으로서의 공권력의 행사 또는 그 거부와 그 밖에 이에 준하는 행정작용'을 의미한다. '행정청이 당사자에게 구체적으로 무언가를 하게 하거나 하지 못하게 하는 것'이라고 이해하는 게 쉬울 것이다. 깊이 들어가면 처분 개념과 관련해 '권력적 사실행위'와 '비권력적 사실행위'까지 인지를 해야 하지만, 이 정도만 이해해도 행정심판을 진행하는 데 무리는 없다. 한편 처분에는 영업면허발급, 기업 특허처럼 혜택을 주는 처분이 있는가 하면, 영업정지나 면허취소처럼 침해적인 처분도 있다.

그럼 운전면허와 관련해서 생각해보자. 행정청(지방경찰청)이 운전면허시험에 합격한 사람에게 면허를 발급하는 것은 그 자체가 하나의 처분이다. 만일 이 처분에 문제가 있다면 쟁송으로 다툴 수 있다. 그리고 음주운전으로 적발되어 면허를 취소당했다면 그것 역시 행정청의 처분이 되며, 이 처분을 대상으로 이의신청, 행정심판, 행정소송을 제기하게 되는 것이다.

만일 면허취소나 정지처분이 존재하지 않는데도 단순히 단속 경찰관이 기분을 나쁘게 했다는 이유로 행정심판 등을 제기한다면, 이는 행정쟁송의 대상인 처분 자체가 부존재하는 것이므로 쟁송이 무의미하다.

같은 이유로 처분 전에 나오는 사전처분예정통지서에 대해서 쟁송을 제기하면 요건을 갖추지 못한 청구가 된다. 아직은 '진짜 처분'이 존재하지 않기 때문이다. 후에 처분통지서가 송달되면 그때는 처분이 존재하는 것이 되므로 행정심판 제기 요건을 갖추게 된다. 이런 맥락에서 우선 행정청의 처분이 구체적으로 존재하는지 여부를 파악하고 권리구제 절차를 밟는 것이 중요하다.

이와 함께 행정청이 당사자의 신청에 대해 상당한 기간 내에 일정한 처분을 해야 하는 법률상의 의무가 있는데도 이를 하지 아니할 때는 부작위가 성립하고 부작위에 대한 의무이행을 구하는 행정심판도 가능하다.

"언제 행정심판 청구를 해야 하나요?"

면허취소 구제 역시 행정처분이 있어야 한다. 행정처분은 면허취소결정통지서 등으로 송달되는데, 이 처분통지서가 있어야 행정심판 청구가 비로소 가능하다. 다만, 임시운전면허증이나 사전통지서를 받은 경우에 청구를 해도 받아주는 경우가 있는데 이는 지방경찰청에서 재량으로 결정한 것일 뿐 일반적으로는 "취소결정통지서가 올 때까지 기다렸다 넣으세요."라는 말을 들을 수 있으니 유의할 필요가 있다.

　　　　　　　　　　나홀로 하는 운전면허취소 행정심판

04

"하자 있는 행정절차는 무효!"

행정청이 처분을 할 때 그 형식이나 절차상에 흠결이 있다면 어떻게 될까?

가령 처분에 대한 이의제기 방법이나 그 기간을 알려주지 않은 경우가 이에 해당한다. 처분을 받는 당사자로서는 이 같은 설명이 없으면 이에 대하여 알 길이 없어 불복을 할 기회 자체를 상실하게 된다. 따라서 행정절차상 형식·절차에 관한 법령상의 규정 또는 법의 일반원칙을 위반한 경우에는 행정청의 행위가 위법한 처분(講學上 행정행위)이 되는 것이고, 이는 해당 처분의 무효 또는 취소의 원인이 된다. 한마디로 행정절차는 적법한 절차에 따라서만 행해져야 한다는 얘기다.

그러므로 처분에 대한 불복 방법이나 그 기간을 고지하지 않았다든지, 처분의 근거를 명시하지 않았다든지, 권한이 없는 행정청이 처분을 내렸다든지, 사전통지 없이 처분을 하는 경우에는 이를 행정절차상 하자로 판단하고, 다툴 수 있다.

다만, 이 같은 하자가 있다고 해도 그 하자가 보완되어 적법한 행위로 취급되는 경우도 있다. 가령 행정청이 청문서 도달 기간을 다소 어겼다 하더라도 영업자가 이에 대하여 이의를 제기하지 아니한 채 스스로 청문일에 출석하여 그 의견을 진술하는 등 방어의 기회를 충분히 가졌다면 청문서 도달 기간을 준수하지 않은 하자는 치유가 된 것으로 본다. 하지만 어떠한 하자가 치유할 수 없을 정도로 중대하고 명백한 하자인지는 실체법상 정해져 있지는 않고 제반 사정을 보고 종합적으로 판단을 할 수밖에 없다.

"수사기관의 행정절차가 아무래도 이상합니다!"

운전면허 취소 처분에 있어서도 행정절차상 하자 요소가 제법 많이 발생한다. 다만, 이를 어떻게 증명하느냐가 관건이다. 채혈측정 시 알코올 솜을 사용한 경우, 입을 헹구지 않은 채 호흡측정을 한 경우, 최종음주시각으로부터 20분이 경과되지 않은 상태에서 호흡측정을 한 경우 등이다. 이를 증명하는 것이 생각보다 쉽지는 않은데, 일단 절차상 하자가 있다면 최대한 증거를 찾아서 피력해야 한다.

"행정심판, 그게 뭐예요?"

행정심판은 행정쟁송의 한 형태이다. '쟁송'이란 말 그대로 당사자 간에 다툼이 있는 경우에 일정한 국가기관이 이를 심리하고 판단을 하는 일련의 절차를 일컫는다. '행정쟁송'은 행정기관의 처분 등에 대하여 당사자 등이 위법·부당함을 주장하는 쟁송이며 국민이 자신의 권리나 이익을 보호받는 실질적인 행정구제 수단이기도 하다.

우리나라의 현행 행정쟁송제도에는 행정심판제도와 행정소송제도가 있다. 행정심판에 관한 일반법으로는 '행정심판법'이 있으며, 행정소송에 관한 일반법으로는 '행정소송법'이 있다.

우선, 이 책의 주 테마가 되는 행정심판에 관해서 설명하자면, 행정심판은 행정청이 위법하거나 부당한 처분을 했을 때 자신의 권리나 이익을 침해당한 자가 행정기관에 대하여 그 시정을 구하는 절차를 말한다. 그 대상에는 처분 외에도 기타 공권력의 행사 또는 행사를 해야 함에도 행사를 하지 않는 경우(법에 따라 인가를 내줘야 하는데 계속 미루는 경우 등)도 포함된다. 일반적으로는 '행정심판'이라는 명칭이 붙지만, 실정법상으로는 이의신청, 심사청구, 재심사청구 등 여러 가지 용어가 혼재돼 있다.

행정심판은 우리가 흔히 아는 청원이나 진정과는 구별된다. 청원이나 진정은 정식 쟁송이 아니라 단순한 의사표시에 해당하기 때문이다. 한편으로 '지방경찰청에 제기하는 이의신청'과도 구별할 필요가 있는데 이와 관련해선 '이의신청 편'에서 설명하도록 하겠다.

행정심판의 종류에는 취소심판, 무효등확인심판, 의무이행심판 등이 있으며, 운전면허 취소처분에 대한 행정심판은 이 중 처분을 취소하거나 다른 처분으로 변경할 것을 청구하는 것이므로 취소심판의 성격을 갖는다.

"행정심판을 지칭하는 명칭은 여러 가지예요."

행정심판의 일반법은 행정심판법이지만, 소청이나 이의신청처럼 명칭이 다르고 실질은 행정심판인 경우가 많다. 필요적 행정심판전치주의가 적용되는 경우에는 반드시 행정심판을 거쳐야만 행정소송을 할 수 있기 때문에 행정심판은 행정쟁송제도 중 한 축을 이루고 있는 중요한 권리구제 수단이다.

 나홀로 하는 운전면허취소 행정심판

같은 듯 다른 듯한
'행정심판과 행정소송'

운전면허 정지·취소 처분에 대한 행정심판을 제기하기 위해 구태여 행정심판과 행정소송의 차이점을 일일이 열거할 필요는 없을 것이다. 이를 몰라도 권리구제를 받는 데는 아무런 지장이 없기 때문이다. 그래서 가급적 어려운 이야기는 피하고 꼭 필요한 내용만 담기로 하겠다.

행정심판과 행정소송은 행정통제와 당사자의 권리구제라는 측면에서 그 기능이 동일하다. 다만, 행정심판은 행정통제적 요소가 더 강하고, 행정소송은 행정구제적 요소가 더 강한데 그 이유는 판정 기관이 다르기 때문이다. 사실, 양자의 가장 큰 차이는 여기에 있다. 행정심판에 대한 판정 기관은 행정부(행정심판위원회)이며 행정소송에 대한 판정 기관은 사법부(법원)이다. 더 쉽게 설명을 하자면, 행정심판은 결국 행정부 내에서 이뤄지므로 자신의 과오를 스스로 고친다는 측면(통제성)이 강하다. 이에 반해 행정소송은 삼권분립의 원리에 따라 사법부가 행정부의 과오를 타율적으로 구제(구제성)한다는 의미가 있다.

예를 들어보자. 행정심판은 한 시골 마을 안에서 통장과 주민의 다툼이 발생했을 때 통장의 상급 기관이라 할 수 있는 마을 이장이 나서서 해결을 해주는 형태이고, 행정소송은 통장과 주민의 분쟁이 발생했을 때 마을 내부에서 해결하는 것이 아니라 마을 밖 제3자(법원)에게 그 판단을 맡기는 형태이다.

이 지점에서 생각해볼 것은 바로 '처분의 변경'이다. 법률 용어로는 '적극적 변경'과 '소극적 변경'이라고도 하는데 동일한 행정청 내부에서 진행되는 행정심판은 자기통제의 개념이므로 처분의 적극적 변경이 가능하다. 이와 달리 행정부의 통제 기능이 강한 행정소송의 경우 사법부는 삼권분립 차원에서 행정청에 대해 적극적으로 통제할 수는 없고 위법 요소에 따라 소극적 변경만 가능한 것이다. 이런 맥락에서 행정심판은 처분의 위법 요소뿐만 아니라 공익에 부합하는지 여부, 즉 '부당'까지도 심리가 가능하다. 하지만 일반적으로 행정소송은 위법 요소에 관해서만 판단할 수 있고 처분이 부당한지 여부는 쟁송 대상으로 삼을 수 없다.

또 행정심판과 행정소송은 형식적인 측면에서도 차이가 있다. 행정심판은 구술심리와 서면심리가 모두 가능하며 실질적으로는 대부분 서면심리로 진행이 되는 데 반해 행정소송은 구술심리가 원칙이다. 그리고 행정심판위원회의 재결은 행정청 자신의 판단이기 때문에 이에 대해 행정청은 불복을 할 수 없고, 재결이 나오면 그대로 확정이 된다. 반면에 행정소송은 사법부의 결정이므로 이에 대해 행정청이 항소를 할 수 있다. 심리 과정에 대한 공개 여부도 차이가 있는데 행정심판은 비공개가 원칙이고, 행정소송은 공개가 원칙이다.

행정심판 vs 행정소송

구분	행정심판	행정소송
본질	자율적 행정통제	타율적 행정통제
쟁송 대상	위법·부당	위법
판정 기관	행정부(행정심판위원회)	사법부(법원)
판정 절차	약식 쟁송	정식 쟁송
심리 방식	구술심리 또는 서면심리	구술심리 원칙
공개 여부	비공개 원칙	공개 원칙
적극적 변경 여부	적극적인 변경도 가능	소극적 변경만 가능

"행정심판, 이런 경우에는 못해요."

법원에 소송을 제기하고자 할 때 소멸시효가 지나는 등 소송 요건을 갖추지 못했다면 아무리 유력한 증거를 제출한다고 해도 각하 판결을 받을 수밖에 없다. 각하란 쟁송 제기 요건을 갖추지 못해 판단기관이 본안에 대한 심리를 거절하는 것을 말한다. 행정심판도 마찬가지다. 행정심판 제기 요건을 충족하지 못하면 본안심리도 받지 못하고 각하 재결을 받게 된다.

행정심판에서의 각하 사유는 다음과 같이 7가지가 있다.

1. 심판 청구 사항이 아닌 것에 대한 심판 청구

심판 청구 사항이 아닌 것에 대해서 심판 청구를 한 경우이다. 앞서 설명했듯 원칙적으로 행정심판은 행정청의 처분 또는 부작위가 있어야 행정심판 제기 요건을 충족했다고 할 수 있다. 가령 처분이 아닌 공무원의 일상적인 지도행위 등 사실행위를 대상으로 행정심판을 제기하면 각하 재결이 나오게 된다. 운전면허 취소처분에 대한 행정심판에 있어서는 반드시 지방경찰청의 처분이 존재해야 한다.

2. 대통령의 처분 또는 부작위에 관한 심판 청구

대통령의 처분 또는 부작위에 대해서는 다른 법률에 특별한 규정이 있는 경우를 제외하고는 행정심판을 제기할 수 없다.

3. 청구인 적격이 없는 자 또는 청구인이 될 수 없는 자가 제기한 심판 청구

운전면허 취소 처분을 받은 사람은 A인데 권한위임도 없이 그 친척 B가 심판 청구를 한다든지, 옆집에 사는 C가 심판 청구를 하는 경우는 부적합한 청구에 해당한다. 행정심판은 정당한 당사자가 청구해야 하며 여기서 당사자는 행정청의 위법·부당한 처분 등으로 권익을 침해당한 청구인과 그 처분청을 말한다. 다만, 법률상 이익이 있다고 인정되는 경우에는 관련 제3자도 행정심판을 제기할 수 있으며 청구인이 다수인 경우에는 대표자를 선정할 수도 있다.

4. 심판 청구 기간을 지난 심판 청구

행정심판은 처분이 있음을 알게 된 날로부터 90일 이내에 청구해야 하며, 처분이 있었던 날로부터 180일 이내에 청구해야 한다. 이 기간을 놓쳐서 각하 재결을 받는 사례가 빈번하게 발생하고 있다. 운전면허 취소처분에 대한 행정심판에 있어서 특별한 사정이 없다면 처분통지서를 받은 날로부터 90일 이내에 청구를 제기해야 한다.

5. 보정을 요청받았는데 기간 내에 보정을 하지 않은 때

심판 청구를 할 때 필수적으로 작성해야 할 기재 사항이 몇 가지 있다. 이를 제대로 쓰지 않거나 아예 공란으로 한 경우에는 행정심판위원회로부터 일정한 기간 내에 보정해서 제출하라는 요청이 들어오는데, 이 기간 내에 보정을 하지 않으면 각하 재결이 되니 주의해야 한다.

6. 대상이 소멸한 심판 청구

지방경찰청의 착오로 운전면허 취소 처분을 했는데 후에 지방경찰청에서 처분이 잘못됐다는 점을 인정해 다시 직권으로 처분을 취소하면 운전면허는 그대로 존속하기 때문에 행정심판을 제기할 필요가 없다. 이 경우에 행정심판을 제기하면 다툴 대상이 없으므로 각하 재결을 받게 된다.

7. 재심판 청구

한 번 행정심판을 거친 동일한 처분에 대해서 행정심판을 또 제기하면 각하 재결을 받는다.

"청구 기간이 제일 중요합니다!"

행정심판의 가장 많은 각하 사유는 심판 청구 기간을 지난 경우이다. 심판 청구 기간은 소청처럼 30일 안에 해야 하는 경우도 있지만, 일반적으로 90일이 적용된다. 이 기간을 넘기면 무효 사유가 아닌 이상 쟁송의 본안심리가 불가하므로 주의해야 한다.

 나홀로 하는 운전면허취소 행정심판

"운전면허 행정심판,
뭔가 특별한 게 있다?!"

운전면허 정지·취소 처분에 대한 행정심판을 제기하기 전에는 행정소송을 제기할 수 없다. 이처럼 행정소송의 제기에 앞서서 먼저 행정심판을 거쳐야 하는 절차를 '행정심판전치주의'라고 부른다. 현행 행정소송법(제18조)상 원칙적으로 취소소송(행정소송)은 법령의 규정에 의하여 처분에 대한 행정심판을 제기할 수 있는 경우에도 이를 거치지 아니하고 제기할 수 있다. 한마디로 행정심판을 제기하든 행정소송을 제기하든 당사자 마음이란 얘기다. 이를 '임의적 행정심판전치'라고 한다.

다만, 다른 법률에 당해 처분에 대한 행정심판의 재결을 거치지 아니하면 취소소송을 제기할 수 없다는 규정이 있는 때에는 그렇게 하지 못한다. 이 규정이 도로교통법에 나와 있다.

도로교통법 제142조는 이 법에 따른 처분으로서 해당 처분에 대한 행정소송은 행정심판의 재결(裁決)을 거치지 아니하면 제기할 수 없다고 하고 있다. 이를 '필요적 행정심판전치'라고 한다. 이런 이유로 도로교통법상 행정처분에 대해 불복을 하려면 행정심판을 거친 이후에 행정소송을 제기할 수 있는 것이다.

일반적으로 필요적 행정심판전치가 적용되는 분야는 현대 생활에서

대량적으로 행해지면서 전문적·기술적인 성질을 갖는 처분이다. '운전'
이란 분야는 현대 생활에서 필수불가결한 요소이므로 필요적 행정심
판전치가 인정되고 있는 것이다.

"행정심판을 꼭 먼저 해야 하는 분야!"

행정심판전치주의가 적용되는 분야는 운전면허 행정심판 외에도, 공무원
소청, 국세 관세법상의 처분에 대한 이의제기(지방세는 제외), 노동위원회
의 결정에 대한 불복 등이 있다. 다만, 처분청이 행정심판을 거칠 필요가
없다고 잘못 알린 때에는 행정심판을 거칠 필요 없이 바로 행정소송을 진
행할 수 있다.

"행정심판은 누가 판단하나요?"

행정소송의 판단 기관은 '법원'이다. 그렇다면 행정심판 청구에 대해서는 어디에서 판단할까? 바로 '행정심판위원회'이다. 현행 행정심판법은 행정심판위원회가 행정심판사건에 대하여 직접 재결을 하도록 하고 있는데 전문성을 확보하기 위하여 해당 행정청 소속의 행정심판위원회, 시·도지사 소속의 행정심판위원회, 그리고 국민권익위원회 소속의 중앙행정심판위원회를 두고 있다.

이 중에서 지방경찰청장의 운전면허 취소·정지처분에 대한 행정심판은 중앙행정심판위원회에 청구해야 한다. 중앙행정심판위원회의 위원장은 국민권익위원회 부위원장 중 1명으로 하며 위원장 1인을 포함한 50인 이내의 위원으로 구성돼 있다. 행정심판위원회는 '위원회'라는 말처럼 합의제 기관이다.

많은 사람이 "행정심판위원회에 소속된 사람은 도대체 어떤 사람들인가요?"라는 질문을 자주 한다. 중앙행정심판위원회 위원은 별정직 국가공무원, 3급 이상 공무원 또는 고위 공무원단에 속하는 일반직 공무원, 변호사, 교수, 관련 박사 학위 취득자 등으로 구성돼 있다. 그 밖에 행정심판과 관련된 분야의 지식과 경험이 풍부한 사람도 위촉할 수 있는데 국무총리가 위촉을 해야 중앙행정심판위원회 위원이 될 수 있다.

원칙적으로 각 청구에 대한 회의는 위원장 등을 포함해 총 9명으로 구성되는데, 심판 청구 사건 중 자동차운전면허 행정처분에 관한 사건을 심리·의결하기 위해서는 4명의 위원으로 구성하는 소위원회를 둘 수 있도록 하고 있다. 이는 자동차운전면허 행정처분에 관한 심판 청구 사건이 다른 사건에 비해 몇 배나 많은 이유에서 비롯된 것으로 신속하게 재결을 기하기 위해서이다. 소위원회 위원장은 중앙행정심판위원회 위원장이 지정한 상임위원이 되며, 상임위원 2명과 비상임위원 2명으로 구성이 된다. 한편 모든 회의는 구성원 과반수의 출석과 출석 위원 과반수의 찬성으로 의결한다.

"여기로 청구서를 보내세요~"

중앙행정심판위원회는 세종시에 위치한다. 주소는 다음과 같다.
세종특별자치시 도움5로 20 정부세종청사 7-2동 중앙행정심판위원회.

   나홀로 하는 운전면허취소 행정심판

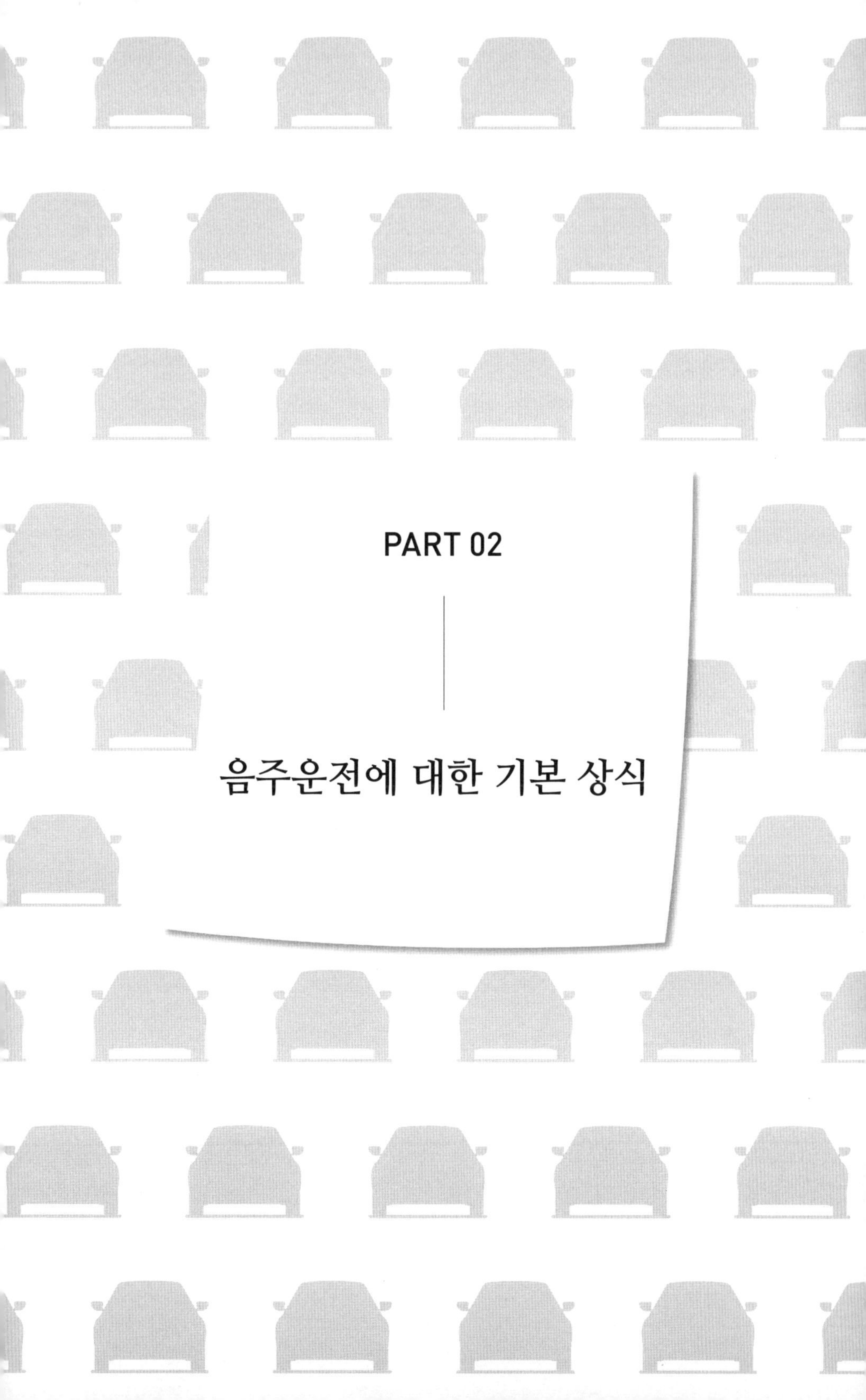

PART 02

음주운전에 대한 기본 상식

01

"행정절차, 뭐가 어떻게 진행되나요?"

음주운전 면허취소 및 정지와 관련해 운전면허 행정처분 대상자는 다음과 같은 절차로 행정처분을 당한다. 음주운전 외에도 적성검사기간 경과, 뺑소니 등 다양한 사유가 있지만, 대부분을 차지하는 음주운전으로 인한 면허의 정지·취소를 기준으로 설명한다.

음주운전은 다양한 경로로 적발이 된다. 경찰공무원의 음주단속이나 신고에 의한 적발, 또는 교통사고 발생으로 인한 적발 등이 그 대표적인 사례들이다. 운전자는 음주운전이 의심되는 경우에 경찰공무원으로부터 호흡측정을 요구받게 되고 이에 따라 호흡측정을 해야 한다. 호흡측정에 따라 혈중알코올농도가 측정되고, 경찰의 채혈측정 고지를 받은 후 만일 운전자가 이에 이의가 있으면 채혈측정을 요구할 수 있다.

이 경우 채혈측정을 하게 되면 채혈측정으로 나온 혈중 알코올 수치가 처분의 근거가 되고 호흡측정치는 인정되지 않는다. 통상 음주단속으로 호흡측정을 하면 '음주운전단속결과통보'라는 영수증처럼 생긴 문서를 교부받게 된다. 이 문서에는 최종음주일시, 혈중알코올농도 등 행정심판을 진행할 때 알아야 할 정보가 있으므로 이를 버리거나 훼손하지 말고 잘 가지고 있어야 한다.

간혹 지구대에서 신고를 받고 나온 경우에 적발을 당하면 이 문서를 받지 못할 때가 있는데, 그 경우에는 지구대에 요청하면 받을 수 있다. 다만, 이 문서가 확정적인 것은 아니다. 외부 현장에서 작성이 되고 운전자가 음주 상태이기 때문에 최종음주시각과 장소 등이 맞지 않는 경우가 간혹 있다. 이때에는 경찰서에서 진술할 때 바로잡아야 한다.

이처럼 도로와 지구대에서 조사를 받은 이후에는 관할 경찰서에서 연락이 오고 1주일 이내에 출석 날짜를 잡게 된다. 출석 날짜에 경찰서에 가게 되면 진술서를 작성하게 되고, 이 진술서는 이후 쟁송에 있어 지방경찰청 측의 증거자료로 남는다. 이런 이유로 거짓말을 해서는 안 되며, 실체적 진실에 부합하지 않는 당사자에게 불리한 정보가 존재할 때는 진술서에서 반드시 바로잡아야 한다.

이 절차가 끝나면 운전면허증을 반납하고 임시운전증명서를 발급받게 된다. 임시운전증명서는 플라스틱 카드 형식이 아니라 프린트로 인쇄한 A4지 반절만 한 크기의 종이 프린트물로 교부된다. 임시운전증명서는 그 유효기간 중에는 운전면허증과 동일한 효력이 있다. 증명서의 유효기간은 20일로 하되 운전면허의 취소 또는 정지처분 대상자의 경우 40일 이내로 할 수 있고 경찰서장은 필요하다고 인정하는 경우에는 그 유효기간을 1회에 한하여 20일의 범위에서 연장할 수 있다.

이후 임시운전면허증의 효력이 끝나기 전에 지방경찰청으로부터 등기로 처분통지서가 도착한다. 이 처분통지서에는 운전면허 정지 또는 취소 기간이 명시돼 있다. 이 기간부터는 운전해서는 안 된다. 중요한 것은 이 처분통지서를 받은 날짜이다. 이때부터 90일 안에 행정심판을 청구해야 하기 때문이다.

음주운전 면허취소 구제를 위한 행정심판을 진행할 때는 이 같은 요소를 인식하고 있어야 본인이 어느 정도 절차에 있는지를 인지하고 그에 따라 적절하게 대응할 수 있다. 이를 다시 요약하자면 이렇다.

> 최초 적발 → 호흡측정 또는 혈액측정 → 음주운전단속결과 통보 수령 → 관할 경찰서 출석 및 진술 → 면허증 반납과 임시면허증 교부 → 처분통지서 수령 → 운전면허 정지·취소 효력 발생

거듭 강조하지만, 운전면허 행정심판을 위한 가장 중요한 정보는 이 중에서 처분통지서를 수령한 날짜이다. 이 날짜로부터 90일이 지나면 행정심판을 제기할 수 없고, 영영 권리구제의 기회를 상실하기 때문이다.

"현장에서 받게 되는 음주운전단속결과통보"

'음주운전단속결과통보'를 현장에서 교부하는 경우가 일반적이나 때에 따라서 교부가 안 되는 경우도 많다. 이를 받지 못했다고 해서 절차상 하자가 성립하는 것은 아니며, 이후에 경찰서 조사 시 관련 정보를 물어보는 수밖에 없다.

음주운전단속결과통보

No. 2016-6-1124-500431

음주	일 시	2016-07-08 01:01
	장 소	천호대로
운 전	유 형	단순 음주
측 정	방 법	기기측정
	결 과	0.1440%

최종음주일시	2016-07-07 19:00
최종음주장소	서울 마포 공덕
음주후20분 경과여부	경과
구강청정제사용여부	미사용
입행굴여부	헹굼

음주운전자	성 명	
	전 화	
	주민번호	
	주 소	
아파트)	차량번호	
	운전면허번호	

위 사실이 틀림없음을 확인하고 서명함.

운전자 _______ (서명)

○ 모든 운전자는 술에 취한 상태에서 운전을 한 때에는
 - 3년 이하의 징역이나 1000만원이하 벌금의 형사처벌을 받습니다.
 - 혈중알콜농도 0.05%이상~0.1%미만은 면허정지 100일(사람을 다치게 한 경우에는 면허 취소), 0.1%이상은 면허가 취소 됩니다.

○ 귀하는 행정처분 기간중 자동차 등을 운전하게 되면 무면허 운전으로 처벌을 받습니다.

◀ 음주운전단속결과통보
▼ 주취운전자적발보고서.
　채혈한 경우에는 이 용지를 준다.

주취운전자 적발내용

(운전자용)

No.　2014-6-1703-000002

주취 운전 측정	일 시		위반유형
	장 소		☐단순음주　☑음주운전
	방 법	☐음주측정기(기기번호　　)	☐채혈검사
	결 과	혈중감찰농도:	(0.　　%)
최종음주 일시·장소	일 시		음주 후 20분 경과 여부　경과 또는 미경과
	장 소		
구강청정제 사용여부	사용 또는 미사용	입헹굼 여부	
주취 운전자	주 소		전 화
	성 명		주민등록번호　　-
	자량번호	면허번호	부호　승용, 승합, 화물, 특수, 건설기계 외

알 림

○ 모든운전자는 술에 취한 상태에서 운전을 한 때에는
 - 3년 이하의 징역이나 1000만원 이하 벌금의 형사처벌을 받습니다.
 - 혈중알콜농도 0.05% 이상~0.1% 미만은 면허정지 100일(사람을 다치게 한 경우에는 면허취소), 0.1% 이상은 면허가 취소됩니다.

○ 귀하는 행정처분 기간 중 자동차 등을 운전하게 되면 무면허운전으로 처벌을 받습니다.

02

"술은 마셨지만,
음주운전이 아닐 수 있다?"

우리나라 교통사고의 '3대악'으로 규정돼 있는 뺑소니사고, 무면허운전 사고 그리고 음주운전사고는 심각한 교통사고를 야기하는 주범들이다.

다행히 우리나라 교통사고는 꾸준히 감소 추세를 보이고 있는데, 유독 음주운전 교통사고는 2008년 2만 6,873건, 2009년 2만 8,207건, 2010년 2만 8,641건, 2011년 2만 8,461건, 2012년 2만 9,093건으로 증가세를 보이고 있다. 인명피해도 심각한 문제이다. 도로교통공단에 따르면, 최근 5년간(2008~2012년) 음주운전 교통사고는 총 14만 1,275건이 발생해 4,196명이 사망하고 25만 4,138명이 부상을 당했다.

이처럼 음주운전으로 인한 사고가 늘어나면서 단속도 강화되고 있고, 그에 따라 시비도 많이 발생하고 있다.

이 같은 논란은 주로 혈중알코올농도 수치 측정에서 비롯된다. 이는 도로교통법상에서 규정한 음주운전의 개념과 밀접한 관련성을 갖는다.

일단 술을 마시고 운전대를 잡으면 무조건 음주운전에 해당하며 수치가 낮을 때는 '훈방'을 통해 공권력이 선처를 해주는 것이라고 많은 사람이 생각하고 있다. 사실 엄밀히 말하면 법률상 음주운전 개념은 이와 다르다.

학자들이 나누는 학술상으로는, 술을 마시고 운전한 상태를 주취운전, 주기운전, 음주운전 등으로 표현하고 있는데, 이를 엄격하게 구분하는 정확한 기준은 없다.

통상 '주취운전'은 술에 취한 상태에서 운전을 하는 것을 의미하고, '주기운전'은 취기와는 관계없이 일정한 혈중알코올농도 이상의 상태에서 운전하는 것을 말한다.

학술적인 입장에서 음주운전은 술을 마신 상태를 말하는데, 도로교통법에서 정의하는 음주운전이란 주기운전의 개념에 가깝다고 할 수 있다.

현행 도로교통법 제44조 제1항은 "누구든지 술에 취한 상태에서 자동차 등을 운전하여서는 아니 된다."고 규정하고 있는데, 동조 제4항을 보면 "운전이 금지되는 술에 취한 상태의 기준은 운전자의 혈중알코올농도가 0.05% 이상인 경우로 한다."고 명시하고 있다.

엄밀하게 말해서 음주 상태로 운전하는 것 자체는 처벌의 대상이 아니다. 다만, 혈중알코올농도가 일정 수치 이상 올라가면 그때부터 처벌의 대상이 되는 것이며, 이는 안전운전에 필요한 인지능력과 신체능력이 현저히 결여되는 까닭이다.

당연히 다가오는 위험을 예방하는 차원에서, 일단 술을 마셨다면 운전대를 잡으면 안 되겠지만, 결과적으로 운전을 했으나 그 당시 혈중알코올농도가 0.05%를 넘지 않았다면 그 같은 사실만으로 운전자를 향해 '당신은 범죄자'라고 손가락질까지 할 필요는 없는 것이다.

실제로 한 회사원이 혈중알코올농도 0.032%에서 운전을 하다가 경미한 접촉사고를 냈는데 나중에 회사가 이 사실을 알고 징계를 내린 사례를 본 적이 있다.

실질적으로 법이 정해 놓은 형사처분의 대상이 된 것도 아니고 바이어 접대를 위해 어쩔 수 없이 술을 마신 경우로서, 좀 억울한 요소가 있던 사례다.

오해가 있을까 봐 다시 한 번 강조하지만, 음주운전은 당연히 하지 말아야 한다. 그러나 단속을 하는 입장이나 단속을 받는 입장에선 정확히 음주운전이 어떤 때 성립을 하는지 알아 둘 필요가 있다.

범죄자도 아닌 사람을 죄인 취급하는 일이 있어서는 안 되기 때문이다. 이런 맥락에서 죄형법정주의의 의미를 다시 한 번 새길 필요가 있다.

강화될 조짐을 보이는 음주운전 처벌 법규

최근 더불어민주당 이상민(대전 유성구 을) 의원이 음주운전 단속 혈중알코올농도 기준을 강화하는 내용의 도로교통법 개정안을 대표 발의한 상태다. 이에 따라 음주운전에 해당하는 최소 혈중알코올농도가 더 낮아질 개연성이 높아졌다. 참고로 일본의 경우, 0.03% 이상부터 음주운전으로 처벌한다.

03

"음주측정, 음주 후
얼마나 지나야 괜찮을까?"

전날 과음한 탓에 아침 음주단속에 적발돼 면허가 정지되거나 취소되는 사례가 빈번하게 발생하고 있다. 특히, 일부 지역에는 연말연시가 되면 주말 대낮에도 단속이 실시되기 때문에 음주운전 자제가 요망되고 있다.

전날 숙취가 남아 있는 상태로 차를 몰고 출근하다가 음주단속에 걸리는 경우가 잦은 것은 얼마쯤 지나야 자신이 안전하게 운전할 수 있는지 알지 못하기 때문이다. 그도 그럴 것이 사람의 체질과 몸무게, 몸 상태, 피로의 정도에 따라 혈중 알코올 분해 필요 시간이 다르게 나오므로 이를 정확히 알 수는 없다.

다만, 위드마크공식(스웨덴의 생리학자 위드마크가 창안한 공식으로, 혈중 알코올농도가 분해되는 데 소요되는 시간을 계산하는 식)에 따라 어느 정도 예상은 할 수 있다. 그러나 이는 어디까지나 '평균인'을 대상으로 한 것이며, 특히 앞서 설명했듯 몸 상태와 연령, 건강상태, 식사량이나 식사의 종류에 따라 계산이 달라질 수 있으므로 참고자료로만 활용하는 것이 바람직하다.

우리나라에서는 위드마크공식은 1996년 6월 음주 뺑소니 운전자 처벌을 위해 도입했으며 그 식은 "[(섭취한 술의 양) × (알코올농도) × (알코올비중) × (체내흡수율) ÷ (체중 × 남녀 성별계수)] ÷ 10"으로 나타낸다. 이렇게 나온 계산식의 결과값을 시간당 혈중알코올분해율로 나누면 알코올이 완전히 분해되는 시간이 산출된다.

여기서 알코올비중(0.7894)과 체내흡수율(0.7) 및 성별계수(남성: 0.69/여성: 0.55)는 고정값을 사용한다.

예를 들어 소주 1병(360ml, 알코올농도 19도)을 몸무게 80kg인 남성이 마신 경우에는 "[(360) × (19도: 0.19) × (알코올비중: 0.7894) × (체내흡수율: 0.7) ÷ (80) × (성별계수 남성: 0.69)] ÷ 10"으로 계산이 되므로 이를 산출하면 '0.068'이 나오고, 이 결과값을 혈중알코올분해율(평균치 시간당 0.019% 감소) 0.019로 나눠 시간으로 환산하면 3시간 35분이 나온다. 그러므로 80kg인 남성이 평균인으로 가정했을 때에는 소주 1병을 마신 후 넉넉잡아 4시간은 흐른 뒤에 운전하는 게 좋다.

여성의 경우를 보자. 몸무게 50kg인 여성이 생맥주 2,000cc(알코올농도 4.5도)를 마셨을 경우이다. 역시 같은 공식에 따라 "[(2000) × (4.5도: 0.045) × (알코올비중: 0.7894) × (체내흡수율: 0.7) ÷ (50) × (성별계수 여성: 0.55)] ÷ 10"을 적용하면 결과값 '0.18'이 도출되고 이 결과값을 혈중알코올분해율 평균치 0.019로 나눠 시간으로 환산하면 9시간 28분이 나오다. 가령 이 여성이 새벽 3시에 잠자리에 들었다면 그날 정오까지는 운전하지 않은 편이 안전하다.

이 여성과 함께 2,000cc의 맥주를 마신 70kg 남성의 경우에는 "[(2,000) × (4.5도: 0.045) × (알코올비중: 0.7894) × (체내흡수율: 0.7) ÷ (70) × (성별계수 남성: 0.69)] ÷ 10"에 따라 '0.102'가 나오고 이를 혈중알코올분해율 평균치로 나눠 단위시간으로 환산하면 5시간 22분이 나온다. 이 남성은 4시에 잠자리에 들었다면 오전 10시까지는 운전대를 잡을 생각을 하면 안 된다.

이처럼 위드마크공식을 통해 음주 후 어느 정도의 시간이 지나야 운전을 할 수 있는지 계산할 수는 있지만, 이 값은 사람마다 편차가 있어 정확도가 떨어진다. 그러므로 이 계산값만 믿고 운전을 하다가는 큰코다칠 수 있다. 가능한 전날 술을 많이 마셨다면 아침 운전은 피하는 게 상책이라 하겠다.

"아침 출근 시간도 조심해야 한다!"

최근에는 아침 출근길 단속이 눈에 띄게 늘었다. 전날 과음을 했다면 다음 날 운전대를 안 잡는 게 상책이다.

04

"시동만 켠 상태로 움직이지 않았다면?"

지난 2013년 5월 23일 오전 6시쯤 운전자 A씨는 혈중알코올농도 0.155%의 만취 상태에서 운전했다는 혐의로 경찰에 적발됐다. 대리기사가 세워둔 A씨의 자동차가 시동이 걸린 채 언덕길을 내려가 다른 차를 들이받았기 때문이다. 경찰 출동 당시 A씨는 차 안에서 잠을 자고 있었는데 항소심 재판부는 음주운전 혐의에 대하여 '무죄'를 선고했다. 당시 승용차는 사이드브레이크가 풀려 있었고 기어는 중립(N) 상태였다.

A씨는 이미 2년 전 음주운전으로 집행유예 2년을 받은 적이 있고, 모두 네 차례나 음주운전을 했던 전력이 있어 사실상 실형이 당연했다. 그런데도 재판부는 A씨가 승용차를 운전했다고 단정할 수 없는 만큼 범죄사실의 증명이 없다며 무죄를 선고한 것이다(유사 판례 2004도1109 판결 등).

이 같은 사례에 대하여 법원의 일반적인 판례는 다음과 같다. 첫째, 운전이라 함은 도로에서 차를 그 본래의 사용 방법에 따라 사용하는 것을 말하며, 사람의 의지나 관여 없이 자동차가 움직인 것은 운전에 해당하지 않는다. 둘째, 자동차를 움직이게 할 의도 없이 다른 목적을 위해 자동차 원동기(모터)의 시동을 걸었는데 실수로 기어 등 자동차의 발진에 필요한 장치를 건드려 원동기의 추진력으로 자동차가 움직이거나 불안전한 주차 상태, 도로 여건 등으로 자동차가 움직여도 운전에 해당하지 않는다.

따라서 일반적으로 술에 취한 채 시동이 걸린 차 운전석에 앉아 있는 것만으로는 음주운전에 해당되지 않고, 기어를 넣었더라도 시동을 걸지 않았다면 음주운전이 아니다.

그렇다면 만취한 상태에서 시동도 걸고 기어도 'D(주행)'에 넣은 경우이지만, 바퀴는 움직이지 않았다면 어떻게 될까? 이에 대해서는 의견이 분분하다. 경찰과 판례의 입장이 다르기 때문이다.

현재 경찰은 운전의 시기와 관련해 '발진조작완료설'이라는 견해를 채택하고 있다. 이는 엔진의 시동만으로는 운전이 아니며, 발진조작 행위를 개시할 것을 필요로 한다는 학설이다. 이에 따르면 만취 상태로 운전석에 앉아 시동을 켜고 있는 상태로만은 음주운전이 성립하지 않지만, 만일 기어가 즉시 출발할 수 있는 'D'에 놓여 있다면 발진조작 행위가 완료된 것이므로 비록 차량이 이동하지 않았다 하더라도 음주운전에 해당한다는 것이다.

그런데 판례는 단순히 기어가 'D'에 놓여 있었느냐만을 따지지 않고, 브레이크를 밟고 있었는지 여부까지 종합적으로 고려해 판단하고 있다. 서울동부지방법원의 관련 판례에 따르면 만취 상태에서 시동을 켜고 기어를 'D'에 놓은 상태라 할지라도 브레이크를 밟고 있는 경우에는 차량이 움직이지 않았기 때문에 음주운전이 성립되지 않고, 브레이크까지 떼고 차량이 이동한 순간부터는 음주운전이 성립된다.

사실 행정사 업무를 통한 실무를 하다 보면, 판례와 경찰 단속 기준이 다른 때가 한두 번이 아니다. 판례가 성립돼 있다 해도 경찰은 경찰의 고집대로 음주운전 단속을 하고 그 기준에 따라 면허 취소 처분을 내리는 경우가 상당히 많다. 이런 경우에는 일단 취소를 받고 재판을 통해 구제를 받을 수밖에 없다. 이러한 요소는 운전자의 큰 혼란을 초래하므로 분명 해결이 되어야 할 것들이다.

결론적으로, 경찰이 어떤 방식으로 단속하든 간에 술에 취했으면 아예 시동도 걸지 말고 차에도 타지 않는 게 가장 현명하다. 필자는 일부러 대리운전기사가 도착하기 전에는 절대로 자동차의 시동을 걸지 않는다. 시동이 걸린 차에 타고 있다가 음주운전을 했다는 오해를 살 수 있기 때문이다. 오해로 시작해 경찰에 적발되는 순간, 그때부터 고생문이 열린다는 것을 명심하자.

"시동을 걸면, 일단 의심부터 받아요."

수사기관의 절차적 실무상으로 보면, 일단 술 냄새가 나고 차에 타고 시동이 걸려 있으면 음주운전자로 강한 의혹을 받게 된다. D에 기어가 들어가 있었는지까지 살필 정도로 운전자가 침착할 수가 없기 때문에 사실상 증명하기가 어렵다.

05

"단속 현장에서 경찰관의 멱살을 잡으면 어떻게 될까?"

술에 취하면 이성을 가다듬기가 힘들다. 필자도 그렇다. 본디 술 자체를 좋아하는 데다 술을 마시고 기억의 흔적이 사라진 적이 간혹 있어 될 수 있으면 술을 자제하려고 노력하고 있다. 그보다는 직업 자체가 음주의 폐해를 정면에서 목도하기 때문이 아닌가 싶기도 하다.

술에 취한 데다 생각지도 못한 음주단속까지 당하면 침착하게 행동하는 것은 여간 힘든 게 아닐 것이다. 그래서 단속 현장에서 애꿎은 단속 경찰관에게 화풀이 아닌 화풀이를 할 때가 꽤 많이 발생한다. 위기의 순간 본능적으로 음주운전자의 방어기제가 작동하여 발생하는 이러한 행위들은 형법상 공무집행방해나 모욕죄로 이어지기 때문에 조심해야 한다.

서울행정법원은 교통사고 접수를 위해 경찰서에 자신을 데리고 오자 경찰관들의 멱살을 잡고 여러 차례 흔든 운전자에게 실형을 선고한 바 있다. 그런가 하면 우리가 간혹 뉴스에서 보는 심히 과격한 사건도 자주 발생한다.

지난 2016년 3월에는 음주운전 단속하던 경찰을 차에 매달고 도주하다 다치게 한 혐의로 기소된 50대 남성에게 실형이 선고된 바 있다.

창원지법은 특수공무집행방해치상 등의 혐의로 기소된 A씨에게 징역 2년을 선고했는데, A씨는 술에 취해 포터 화물차를 운전하다 창원 안민터널 입구에서 음주측정을 하려는 B경사를 매단 채 차량을 20m가량 몰고 도주하면서 떨어뜨려 다치게 한 혐의로 구속기소가 됐다. 당시 A씨의 혈중알코올농도는 0.090%로 면허정지 수준이었는데, 벌금으로 끝날 수 있는 사안을 순간적으로 잘못된 판단을 하게 되면서 큰 과오를 저지르게 된 사안이었다.

2016년 2월에는 무면허 상태로 음주운전을 한 행위가 적발될 것을 우려해 도주하다가 경찰관을 보닛에 매달고 20m 정도 떨어뜨리고 도주해 3주간의 비골 골절상을 입게 한 혐의로 30대 남성 C씨가 경찰에 적발되기도 했다. 당시 C씨는 도망에는 성공했으나 차량에 끌려가다가 바닥에 쓰러진 경찰관이 차량 번호를 외우면서 덜미를 잡혔다.

이처럼 일반적으로 공무집행방해에 대해서는 형사법원이 엄격한 처벌을 하고 있으므로 섣부른 행동은 하지 않는 게 좋다.

모욕죄도 마찬가지다. 정당한 절차를 진행하고 있는 경찰관에게 욕설한 경우 모욕죄가 성립할 수 있다. 모욕죄의 구성요건 중 '공연히'라는 요건이 있는데, 이에 따라 모욕죄가 성립하기 위해서는 불특정 다중이 인식할 수 있는 상황에서 상대방에게 욕설했을 때라야 한다. 물론 수사기관의 절차적 실무상에서 이런 법리까지 일일이 따져가며 경찰관에게 욕설할 운전자는 없을 것이므로 욕설은 자제하는 게 가장 좋겠다.

다만, 경찰관이 위법한 공권력 행사를 했을 때 이를 벗어나기 위한 목적으로 다소 과격한 행동을 한 경우에는 공무집행방해가 아니라는 점에 착안할 필요가 있다. 아무런 이유 없이 경찰관이 경찰서까지 임의동행할 것을 요구했는데, 이후에도 아무런 설명 없이 곧바로 운전

자에게 음주측정을 강요한 때 운전자가 음주측정에 저항하면서 경찰
관들의 멱살을 잡았다는 사실만으로 공무집행방해죄나 음주측정거부
죄는 성립하지 않는다는 것이 판례의 태도이다.

따라서 경찰관이 불법체포를 시도하거나 임의동행의 고지에 있어서
정확한 절차를 지키지 않는다면 이에 대해서는 정중히 거부하고, 적법
절차의 원리를 지킬 것을 요구하는 게 가장 지혜로운 행동일 것이다.

"절대 경찰의 멱살을 잡으면 안 되는 이유가 있다!"

경찰도 공무를 집행하기 위해서 어쩔 수 없이 음주단속을 하는 것이다. 술
에 취하면 이성을 잃을 때가 많은데, 당연한 말이지만 경찰관이 정당한 요
구를 하면 그에 순순히 응하는 게 상책이다. 공무집행방해죄는 일반인들의
생각보다 비난 가능성이 큰 죄이기 때문이다. 현실은 절대 영화가 아니다.

   나홀로 하는 운전면허취소 행정심판

06

"동생아, 나 대신 네가 운전한 걸로 하자."

음주운전으로 적발되면 누구든 어떻게든 그 순간을 모면하려고 머리를 굴리기 마련이다. 특히, 음주운전이 현장에서 적발되지 않은 경우에는 더욱 그렇다.

처음에는 "그런 적 없다."고 말할까 생각을 하다가도, 그건 금방 들통이 날 거 같아서 지인에게 전화를 거는 경우가 있다.

"어, 형 난데. 내가 또 음주로 걸렸어. 이번이 네 번째 적발된 무면허잖아. 나는 집에서 마신 걸로 하고 형이 내 차 몰고 집까지 온 걸로 해주면 안 될까?"

이런 경우가 있을까 생각할 수는 있겠으나 실제로 많이 발생하는 유형이다. 위의 사례에서 지인이 승낙하면 이때부터 범인도피죄(또는 교사)가 성립된다.

범인도피죄는 벌금 이상의 형에 해당하는 죄를 범한 자를 은닉 또는 도피하게 함으로써 성립하는데, 그 방법에는 제한이 없다. 위 사례처럼 음주운전을 한 경우나 뺑소니의 경우 지인이 운전자를 은닉하는 경우가 대표적이다. 이때 부탁을 한 사람은 범인도피교사죄로 부탁을 받고 허위진술을 실행에 옮긴 사람은 범인도피죄로 처벌을 받게 된다.

그런가 하면 이런 경우도 많다. 단속을 당할 때 자신의 신분증 대신 다른 사람의 신분증을 제시하거나 신분증을 일부러 제시하지 않고 타인의 주민등록번호를 말하는 경우이다.

 법원은 음주운전으로 징역 8월을 선고받아 복역하고 출소한 뒤 다시 무보험 차량을 운전하다가 음주운전으로 적발된 사람이 자기 친형의 인적사항을 도용해 진술하다가 적발된 사안에 대하여 주민등록법위반, 사문서 위조, 위조사문서행사 등의 죄를 물어 징역 8월을 선고하기도 했다. 주민등록법 위반은 다른 사람의 주민등록번호를 부정하게 사용함으로써, 사문서 위조는 주취운전자정황진술보고서에 친형의 이름을 서명함으로써 위조사문서행사는 이 보고서를 '진짜'인 것처럼 제출한 것으로써 성립하게 된 것이다.

 필자가 실제로 겪은 사례를 소개하자면, 3개월 전에 음주운전으로 적발되어 조사를 받고 있던 차에 다시 음주운전으로 적발된 상황에서 자신의 친형 행세를 했는데, 친형의 직업이 공교롭게도 공무원인지라 일이 커져서 후에 이실직고하고 위조사문서행사죄 등으로 가중 처벌을 받은 사례가 있기도 했다. 이처럼 처벌을 할 수 있는 법이 촘촘하게 세워져 있으므로 음주운전이나 뺑소니로 인해 적발된 상황이라면 다른 생각은 하지 말고 솔직하게 말을 하는 게 좋다. 그 순간을 모면하려다가 나뿐만 아니라 다른 사람에게도 큰 피해가 돌아갈 수 있기 때문이다.

"잘못했으면, 자백하세요!"

운전자 바꿔치기를 한 경우에는 일이 커질 수 있으므로 경찰서에서 순순히 자백하는 게 좋다. 검찰로 송치되기 전에 솔직히 자백하면 어느 정도 선처를 받을 수 있다.

 나홀로 하는 운전면허취소 행정심판

07

"단속 현장에서 도망갔는데요."

아직 우리나라에서는 음주운전검문불응죄가 입법화되지 않았다. 이렇다 보니 차량 도주 범죄가 늘어 해마다 경찰관 수십 명이 음주운전 단속을 하다가 다치는 안타까운 일이 많이 발생하고 있다. 그런가 하면 도심 한복판에서 경찰과 운전자가 추격전을 벌이고, 급기야 실탄을 쏘며 운전자를 검거하는 '영화' 같은 일이 일어나기도 한다.

과거 폐기된 개정 법률안은 벌칙 조항을 신설하여 '술에 취한 상태에 있다고 인정할 만한 타당한 이유가 있는 사람으로서 경찰공무원의 측정에 응하지 않고 정지명령에 따르지 않고 도주한 사람'에 대하여 형벌을 부과하게 했다.

관련 조항이 입법화가 되지 않는 이유는 아마도 불심검문에 대한 국민의 반정서 때문인 것으로 보인다. 군부 독재 시절에는 시도 때도 없이 불심검문을 행사했고 길을 걷다가 영문도 모른 채 경찰서로 끌려가는 경우가 비일비재했는데, 그에 대한 반정서가 음주운전검문불응죄 신설 반대 입장에 투영된 게 아닌가 싶다.

어쨌든 현재 실정법상 검문에 불응하고 도주를 하는 경우에는 추격전을 벌여서 검거해도 검문불응 자체에 대해서 처벌할 근거는 없으나, 다른 죄목으로 운전자에게 책임을 묻게 할 수는 있다. 실제로 수사기관의 절차적 실무상에서는 검문 불응 도주자에 대해서는 처벌의 수위를 간접적으로 높이고 있다.

가령 검문 불응을 하고 도주하는 경우에는 정신없이 도주하기 때문에 차선 위반, 신호 위반, 중앙선 침범 등의 도로교통법 위반 행위를 저지르는 경우가 대부분이므로, 도주 후 검거가 되면 이 모든 행위에 대해서 위반 규정을 적용하게 된다. 물론 교통사고가 났다면 그 죄목도 추가된다.

음주운전 면허취소 구제에서 벌점과 교통법규 위반 전력의 문제는 상당히 중요한 사항이기 때문에 검문 불응으로 인하여 도주하다가 '벌점 폭탄'을 받게 된다면 구제가 힘들어질 수밖에 없는 것은 당연하다.

한편으로 음주운전 단속을 피할 요량으로 도로 위에 차를 세워두고 도주하는 경우가 있다. 이 경우에는 형법상 일반교통방해죄로 처벌된다. 일반교통방해죄는 "육로, 수로 또는 교량을 손괴 또는 불통하게 하거나 기타 방법으로 교통을 방해한 자는 10년 이하의 징역 또는 1,500만 원 이하의 벌금에 처한다."는 규정이다.

보통은 차량을 놓고 도주한다고 해도, 차적 조회가 금방 되기 때문에 바로 붙잡히기 마련이다. 결론적으로 말하면, 운전하고 있을 때 뜻밖에 검문을 실시하고 있다면 마음을 비우고 순순히 응하는 것이 가장 좋다.

검문불응죄 신설이 급한 이유

검문불응죄 신설이 시급하다. 검문 불응 시 도주하면서 사람을 다치게 하거나 기물 파손을 하는 경우가 너무 많기 때문이다. 한편으로 검문 불응 도주 시에는 대부분 벌점이 부과돼 구제가 어려워지는 경우가 많으므로 이 부분도 음주운전 구제에 있어서 고려해야 한다.

08

"음주운전 신고, 일반인도 할 수 있다."

많은 사람이 알고 있듯이, 최근에는 지역마다 음주운전 신고포상금 제도가 운영되고 있다. 위험요소를 미리 제거해 참사를 막자는 취지다.

이 같은 포상제도가 없다고 하더라도 음주운전자를 인지한 경우 일반인은 누구나 경찰에 신고할 수 있다. 설사 운전한 것을 직접 보지 못했더라도 그러한 정황이 있다면 무고죄는 성립하지 않는다. 보통 신고를 받으면 경찰이 출동하여 용의차량을 적발하고 임의동행을 통해 운전자가 음주했는지 여부를 밝혀내는데, 의외로 많은 음주운전자가 택시 기사의 신고나 일반인의 신고로 붙잡히는 추세다.

이와 함께 일반인이 음주운전자를 신고하는 가장 많은 경우가 도로에서 운전자가 잠이 든 때이다. 주로 신호대기 중에 잠드는 경우가 많으며 대로에서 잠든 운전자 중 열에 아홉은 음주를 한 상태이다. 일단 신호대기 중 대로에서 잠이 들면 다른 핑계를 댈 수도 없다. 그대로 경찰의 음주측정을 통하여 형사·행정처분의 예정 대상이 되게 된다. 이런 경우에는 대리기사가 그 장소까지는 운전을 해주었고, 그 이후 그 자리에서 잠이 들었다는 등 특별한 사유가 없는 이상 음주운전 혐의에서 쉽게 빠져나갈 수 없다. 최근 판례를 보면, 사거리 1차선에서 차를 정차시킨 후 운전석에 앉아 졸던 A씨가 일반인의 신고를 받고 출동한 경찰관에게 적발된 사례에서, A씨는 음주측정을 끝내 거부하며 대리운전기사가 자신을 그 장소까지 태워다 줬다고 주장했으나 별다른 증거가 없어 종국적으로 음주운전을 한 사실이 인정됐다.

결국, 음주운전을 하고 있던 당시에 적발되지 않더라도, 일단 음주운전을 한 정황이 있다면 처벌을 받을 수 있다는 것이다. 신고자의 진술을 통해 운전자의 외모, 차량의 일치 여부, 시간 및 장소의 동일성 등을 종합할 때 객관적 사정이 충분하면 정황상 음주운전을 한 것이 된다. 따라서 어설프게 부르지도 않은 대리운전기사의 존재를 꾸며내는 일은 하지 않는 것이 좋다.

하지만 다른 한편으로는 운전을 하지 않은 채 시동만 켜고 잠을 자다가 신고로 적발되는 경우도 많다. 정말 억울한 경우인데, 이때는 자신이 운전하지 않고 그 자리에서 잠이 들었음을 증명할 수 있는 모든 자료를 모아서 적극적으로 소명을 해야 한다. 그렇지 않고 가만히 기다리면 정황상 음주운전이 성립되기 때문에 큰 불이익을 받을 수 있다. 소명을 못 하면 억울해도 소용이 없다.

결론적으로 극심한 폐해를 일으키는 음주운전을 막기 위해선 의심이 되는 차량이 지나가는 경우 신고하는 것이 최우선이다. 그것이 음주운전 차량에 노출돼 있는 나와 우리 이웃의 가족을 지키는 일이다.

"대리운전기사도 음주운전방조죄의 적용을 받습니다!"

대부분의 주행 중 신고는 택시기사가 하는 경우가 많고, 주택단지에서는 시동이 켜진 채 자고 있는 모습을 이상하게 여긴 주민들이 신고하는 경우가 많다. 대리운전 요금으로 싸운 뒤 대리운전기사가 신고하는 경우도 있으나, 이 경우에는 대리운전기사도 음주운전방조죄가 성립된다.

09

조심해야 할
억울한 음주운전 적발 사례들

일단 음주운전을 했고, 억울한 점이 있다면 소명할 기회를 충분히 갖는 것이 좋다. 가령 이런 경우이다. 실제로 필자가 맡았던 사건이다.

강원도에 사는 A씨는 술을 마시고 차를 집 근처에 놓고 갈 생각으로 길가에 주차하고 걸음을 옮기고 있었다. 그런데 반대편에서 걸어오던 연인 한 쌍이 심하게 싸우고 있는 것을 목격하고 말리려고 다가갔다. 그 후 A씨는 상대편 남성과 말싸움이 붙었고, 그 남성과 싸우고 있던 여자 친구까지 가세해 A씨를 말로 공격하기 시작, 상대편 쪽은 급기야 위력을 행사하려는 자세를 취했고, 이에 당황한 A씨는 차 안으로 긴급히 피난했다. 차 안으로 피신하긴 했지만 연신 차 문을 두드리고 발로 차는 통에 A씨는 극도의 불안을 느껴 차를 운전해 반대편 길가로 약 30m를 움직였는데, 그것을 상대편 남녀가 신고하는 바람에 면허가 취소되었다. 이 건은 현재 행정심판을 위한 준비 상태에 있다.

하지만 이런 사건은 극히 예외적인 경우이다. 이번에는 주변에서 상당히 많이 발생하는 사례를 소개해본다. 바로 대리운전기사와의 실랑이로 인해 벌어진 사례다. 대리운전기사와 요금 문제로 다투거나 혹은 "대리운전기사가 왜 이렇게 길을 못 찾느냐?", "운전을 왜 그따위로 하느냐?"는 말로 대리운전기사의 감정을 상하게 하여 도중에 대리운전기사가 운전을 그만하고 차를 세운 채 가버리는 경우가 많다. 이때 "조금만 더 가면 우리 집이 나오는데……."라는 생각으로 운전대를 잡으면 큰 낭패를 볼 수 있다. 대리운전기사가 여전히 그 주변에 남아 있다는 점을 기억해야 한다. 감정이 상한 대리운전기사가 경찰에 신고하는 일이 상당히 많이 일어나기 때문이다. 이 경우에도 음주 수치에 따라 면허 정지 또는 취소 처분이 내려진다. 어느 정도 참작은 되겠지만, 행정심판이라는 쟁송을 거치는 동안 몸과 마음이 피곤해진다는 점을 기억하자.

이와 함께 자주 발생하는 사례 중 하나가 술을 마시고 차 안에서 잠이 드는 경우이다. 날이 춥기 때문에 술을 마시고 차에서 잠시 쉬어 갈 요량으로 잠을 청하는 경우가 많은데, 이때 신고를 받고 온 경찰에게 적발되는 것이다. 술은 마셨지만, 운전대를 잡지 않았기에 음주운전은 아니지만, 그것을 증명하기가 쉽지 않다. 정말 억울하지만, 실제로 많이 이런 사유로 면허 취소를 당하고 있다. 증명력의 부재 때문이다. '오비이락'이라고 했다. 술을 마셨으면 애초에 차 안에 들어가서 자는 것도 피해야 한다.

"무죄 주장, 쉽지 않습니다!"

음주운전을 전혀 하지 않았는데도, 의심을 사서 적발이 되는 경우가 상당히 많다. 자신이 음주운전을 하지 않았다는 점을 증명해야 하는데 이를 증명하기가 힘든 경우가 대부분이다. 만일 자신의 무죄가 확실하다면 형사재판이나 행정소송을 통해서 끝까지 주장해야 한다. 그렇지 않으면 정황상 유죄로 확정될 수밖에 없다.

나홀로 하는 운전면허취소 행정심판

10

"차만 살짝 빼주려고 했는데요."

음주운전을 할 당시 의외로 5m도 채 움직이지 못해서 신고가 들어가 적발이 되거나 다른 사유로 적발되는 때가 행정사 업무 실무를 하다 보면 상당히 많다는 걸 알게 된다.

가령 골목길 입구에 주차를 한 상태로 술을 마시고 있는데 막힌 골목인 줄 알았던 그 좁은 골목이 사실은 차량의 통행이 잦은 자리여서 급하게 차를 이동시켜야 하는 사정이 생긴 경우거나, 아니면 모텔이나 카센터같이 차량 이동이 빈번한 자리 앞에 주차해놓고 술을 마시다가 항의 전화를 받고 서둘러 차를 이동한 사례가 여기에 해당이 된다.

이 경우에도 1m라도 차를 움직였다면 당연히 음주운전이다. 다만, 참작할 여지는 있다.

실제 판례를 보면 가족휴가촌 내 민박집 주차장에 승용차를 주차해둔 채 그곳 잔디밭에 텐트를 치고 술을 마시다가 뒤에 주차되어 있던 다른 차량의 진로를 열어주기 위해 자신의 승용차를 운전하여 25m 정도 움직였다가 타인의 신고로 적발된 사건에서 법원은 운전자에게 면허 취소는 지나치게 가혹하다며 원고승소판결을 내린 바 있다(97누20755 판결).

또한, 이런 사례도 있다. 모텔 앞길에 차량을 주차하고 술을 마셨는데 모텔 주인집 아들이 영업장 앞에 놓인 차량을 보고 여러 차례 차를 이동시켜줄 것을 전화와 문자메시지로 요구하였는데 이에 차주가 부랴부랴 그 자리에 갔으나 이미 술은 마신 상태였던지라 대리운전기사를 호출했다. 그런데 대리운전기사가 불러도 오지 않는 데다가, 머리끝까지 화가 난 모텔 주인집 아들이 차주에게 폭행까지 가해, 차주는 어쩔 수 없이 2m가량 차량을 움직였다가 적발된 사건이었는데, 이 사례에 대해서 법원은 '사회통념상 허용되는 범위'라고 판단하고 무죄를 선고했다(2013노343 판결).

수사기관의 절차적 실무상 이런 사례들은 사실 비일비재하다 할 정도로 많이 발생한다. 보통 이 같은 사례들에 있어서는 자택까지 음주운전을 하고 갈 생각으로 운전대를 잡은 게 아니라는 점이 인정이 많이 되기 때문에 선처를 받을 때가 종종 있다. 특히, 검찰에서 기소유예 처분으로 벌금과 면허에 있어서도 선처를 받는 경우가 많다.

어찌 됐든 1m라도 차를 움직인 이상 당연히 음주운전에 해당된다. 다만, 그렇게 이른 사정에 있어서 어쩔 수 없었다는 점을 증명하게 된다면 법의 관용의 테두리 안에 놓일 수 있다는 점을 잘 상기해둘 필요가 있다.

"움직인 거리가 짧다면, 이 부분을 어필해라!"

혈중알코올농도가 높고 음주운전 전력도 있지만, 거리가 매우 짧다면 과감하게 다른 부분은 제외하고 거리를 위주로 진술해야 한다. 거리가 짧다는 것은 운전할 의도가 없었고, 다른 어떠한 이유로 인하여 차를 어쩔 수 없이 움직였다는 사실을 성립시킬 수 있는 증거로 활용할 수 있기 때문이다.

11

"대리운전기사가 신고했어요."

세상에 이런 일이 있겠느냐 싶지만 실제로 많이 발생하고 있다. 대리운전기사가 자신이 태우고 온 사람을 음주운전자로 신고하는 일 말이다. 사연은 보통 이렇다.

직장인 A씨는 모처럼 회식자리에서 고기를 먹고 소주를 곁들여 마셨다. 귀가 시간이 되었는데 술이 좀 취했다고 판단돼 평소 이용하는 대리운전업체에 전화를 걸어 대리운전기사를 호출했다. 몇 분 뒤 급하게 도착한 대리운전기사의 태도가 처음부터 마음에 들지는 않았지만, 주말이라 일찍 도착한 것만 해도 다행이라고 생각한 A씨는 자동차 키를 대리운전기사에게 맡기고 차를 타고 이동했다. 이후 자택인 아파트로 들어가는 대로에서 A씨는 대리운전비를 미리 준비하려고 입을 열었다.

"기사님, 1만 원 드리면 되죠?"

"아니요. 거리가 있으니까 1만 5,000원은 주셔야죠."

"황당하네요. 저번에는 1만 원에 왔는데."

몇 분간 대리운전비를 두고 실랑이가 이어졌고, 결국 대리운전기사는 1만 원을 받고 화가 나서 문을 '꽝' 닫고 유유히 사라졌다. 문제는 대로 한복판에 차를 방치해두고 대리운전기사가 떠나버린 것. 차량의 흐름이 많은 곳이라 이대로 놔두면 미처 발견하지 못한 후행 차량에 의해 큰 사고로 이어질 가능성도 있었다.

가족을 부르기에는 새벽 시간이라 좋은 소리를 듣지 못할 거 같고, 다른 대리운전기사를 부르기에는 집까지의 거리가 불과 200m. 결국, '이 정도쯤이야.'라는 생각에 다다른 A씨는 스스로 운전대를 잡고 말았다. 집까지 무사히 돌아온 A씨는 잠이 들었으나 20분 뒤에 집 앞으로 출동한 경찰관의 전화를 받고 호흡측정을 하게 되었다. 차 주변에서 이를 지켜보고 있던 대리운전기사가 보복성으로 A씨를 음주운전자로 신고를 한 것이다. A씨는 그대로 1년 면허 취소 행정처분을 받았다. A씨 입장에서는 억울할 수밖에 없었다.

"제가 운전을 하려고 했던 것도 아니고, 대리기사가 저를 놓고 가서 도로 한가운데 차가 있는데, 어떻게 합니까. 사고가 나면 안 되는데, 움직이고 봐야지. 이게 말이 돼요?"

다행히 A씨는 억울한 사정을 참작 받아 검찰에서 기소유예 처분을 받아 벌금도 내지 않고 운전면허를 바로 취득할 수 있었다.

음주운전 구제 업무를 하다 보면 대리운전기사와 얽힌 사연을 꽤 많이 겪게 된다. 대리운전기사가 인사불성이 된 의뢰인을 길가에다가 내버려두고 갔다가, 도롯가에서 시동을 켠 채 잠을 자고 있는 것을 이상하게 여긴 행인이 신고해 음주운전이 적발된 경우(이때에는 무죄를 주장해야 한다), 또는 앞서 살펴봤듯 대리운전기사와 요금문제나 운전 스타일 때문에 말다툼하다가 보복성으로 신고하는 경우도 있다. 최근엔 법률 개정이 돼 이 경우에는 대리운전기사도 방조죄로 같이 처벌을 받는다.

대리운전기사가 차량 통행이 잦은 길 한복판에 차를 세워두고 간 경우 2차 사고 예방 차원으로 긴급이동을 시키기 위하여 음주운전을 한 경우에는 행정법원 등에서 면허를 다시 회복시켜준 판례(2009구단

5438 판결)가 있고, 이 같은 경우에는 검찰에서도 기소유예로 선처를 해주는 때가 많으므로 억울한 점이 있다면 한 번 권리구제에 힘써 볼 필요가 있다.

그러나 어찌 됐든 소송으로 가면 많은 시간적·경제적 비용이 수반된다. 우스운 이야기일지도 모르겠지만, 대리운전기사와 싸우지 않는 게 가장 좋고, 설령 길 한복판에 방치됐다면 직접 운전을 하는 것보다는 다른 방법을 찾는 게 좋다.

"대리운전기사와 절대 싸우지 마세요!"

음주를 한 상태에서는 절대 운전하면 안 되기 때문에 대리운전기사와 실랑이를 벌여봐야 좋을 게 없다. 너무 부당한 요금을 요구하는 경우에는 술이 다 깬 다음 날 업체에 전화하든지 해서 해결하는 게 좋고, 요금이 사내 방침에 맞는 요금인지를 정확히 따지려면 대리운전기사와의 대화를 녹음해두는 게 좋다. 그러나 대리운전기사의 도움이 없으면 집에 도착할 수 없기 때문에 현장에서만큼은 실랑이를 벌이지 않는 게 좋다.

음주운전자가 도로에서 잠이 든 경우

음주운전으로 적발되는 장소는 대부분 집중 단속 현장에서다. 그런데 그 외의 경우에도 적발되는 유형이 상당히 많다. 주로 타인의 신고로 적발되거나, 교통사고로 적발되거나, 차 안에서 자다가 적발되는 경우들인데 이 중에서도 신호대기 중 도로에서 잠드는 경우가 상당히 많이 발생한다. 신호대기 중 교차로에서 잠이 들면 차량 흐름에 방해가 되고 위험하므로 대부분 신고가 들어가기 마련이다. 간혹 대리운전 기사가 악심을 품고 뒷좌석에 잠이 든 차량 소유자를 교차로에 놔두고 가는 경우를 제외하고는 신고가 되면 음주운전 혐의를 피할 길이 없고, 호흡측정을 요구받게 된다. 경찰은 음주운전자로 추정되는 운전자가 도로에서 잠이 든 때에는 바로 음주측정을 하지 않고 일단 안전구호조치를 해야 한다. 구체적으로 말하면, 운전석에서 잠을 자고 있는 상황을 동영상이나 사진으로 촬영하고 난 뒤 운전자를 깨우게 되는데 운전자를 갑자기 깨우면 놀란 나머지 가속페달을 밟아서 급출발할 수 있으므로 안전조치를 해야 한다. 그런데 수사기관의 절차적 실무상 경찰이 이 안전조치를 소홀히 하여 잠을 자고 있던 운전자가 가속페달을 밟아 앞에 세워둔 경찰차를 받는 경우가 종종 발생한다. 이렇게 되면 경찰차의 대물 파손에 대한 민사 손해배상 문제가 발생하는데 이는 경찰이 최대한의 안전조치를 했는지 여부를 따져 분쟁

을 해결해야 할 것이다.

안전조치가 끝나면 경찰이 운전석 문을 열고 시동을 끈 뒤 운전자를 운전석 밖으로 나오게 하여 음주측정을 하거나 지구대 등으로 임의동행(수사기관이 피의자 또는 참고인 등에 대하여 검찰청 또는 경찰서 등에 함께 가기를 요구하고 상대방의 승낙을 얻어 연행하는 처분이다)하게 된다.

대법원 판례에 따르면, 술 냄새가 나고, 혈색이 붉으며, 혀가 심하게 꼬이고 비틀거리며 걷는 등 술에 취한 것으로 보인다면 현장에서 음주측정을 할 수 있다. 그런데 운전자가 경찰에게 차 문을 열어주지 않는 경우에는 문제가 발생한다. 이때 경찰이 10분 이상 간격을 두고 3회 이상 음주측정을 받아야 함을 고지했음에도 불응하게 되면 음주측정불응죄가 성립되므로 유의해야 한다. 어떠한 방법도 통하지 않아 어쩔 수 없는 경우에는 부득이하게 경찰이 영장 없이 창문을 부수고 문을 여는 것도 인정이 될 수 있다.

한편 도로에서 잠이 든 경우에 운전자는 '혈중알코올농도 상승기'에도 유의해야 한다. 잠을 자는 동안에도 혈중알코올농도가 계속 상승하거나 하강하는 까닭에 이 시간대를 제대로 진술하지 못하면 후에 위드마크공식이 적용될 소지가 있기 때문이다.

"저는 잠을 자다가 적발됐거든요?"

잠을 자다가 적발이 됐든, 현장에서 적발이 됐든, 음주운전 행정심판에 영향을 미치는 요소는 없다. 많은 사람이 잠을 자다가 적발이 되면 조금 더 선처를 구할 수 있다고 생각하는 데, 그건 착각이다.

PART 03

음주운전 단속
절차상 하자

01

"음주운전자에게 차 키를 줘도 되나요?"

음주운전 구제 업무를 하다 보면, 단속 과정에서 경찰관이 절차를 어기는 사건을 적지 않게 접하게 된다. 대부분은 절차상 경미한 하자가 있거나, 피의자가 그 하자를 증명하지 못하기 때문에 결과적으로 행정심판이나 형사소송에서 큰 위력을 발휘하지는 못한다.

경찰관의 음주운전 차량관리 소홀도 그런 경우 중 하나다. 음주단속 시 지켜야 하는 경찰 내부지침인 '교통단속처리지침'에는 음주측정 결과 주취운전자로 확인된 자에 대해서는 운전을 하지 못하게 해야 한다는 규정이 있는데, 이 규정을 경찰관이 준수하지 않아 웃지 못할 일이 벌어지는 경우가 제법 있다.

실제로 있던 사례다. 회사원인 40대 여성 A씨는 회식에서 음주 후 무심결에 운전대를 잡고 집으로 가던 중 경찰관에게 적발이 됐다. 모든 것을 인정한 A씨는 음주측정에 순순히 응한 뒤, 귀가하고자 했다. 그런데 문제가 발생했다. 일반적인 경우라면 경찰관이 차 열쇠를 빼앗거나 대리운전기사를 불러 귀가를 시키는 게 보통인데, 당시엔 경찰관이 A씨에게 자동차 키를 다시 돌려준 것이다. 경황이 없던 A씨는 그대로 다시 차를 몰고 귀가하고자 했는데, 그 과정에서 또다시 몇 미터 못가 음주운전이 적발돼 두 건에 해당하는 형사상 벌금을 물게 됐다.

당시 A씨의 하소연은 이랬다. "경찰관이 키를 주니까 당연히 그냥 가도 된다고 생각해서 차를 몰았다."는 것이다. 이유야 어쨌든 이 여성은 하룻밤에 자신의 몇 달치 월급을 벌금으로 냈으니 화가 날만도 했다.

한편 판례는 경찰관이 음주운전자에게 적절한 조치를 취하지 못한 경우에는 국가배상책임이 있다고 판시하고 있다. 이 지점에서 국가배상책임은 면허구제나 형사 벌금 감경과는 관련이 없다는 점을 먼저 상기해야 한다. 이를 엮어서 면허 취소를 정지로 감경받을 수 있느냐는 문의가 들어오는데, 경찰관의 차량 관리 소홀은 음주측정 절차 이후에 이뤄지는 것이므로 손해배상의 문제만 발생할 뿐이니 유념해야 한다.

대법원 판례에 따르면, 경찰관의 주취운전자에 대한 권한 행사가 관계 법률의 규정 형식상 경찰관의 재량에 맡겨져 있다고 하더라도, 그러한 권한을 행사하지 아니한 것이 구체적인 상황하에서 현저하게 합리성을 잃어 사회적 타당성이 없는 경우에는 경찰관의 직무상 의무를 위배한 것으로 위법하게 된다. 이에 따라 단속 경찰관으로부터 보관 중이던 차량 열쇠를 반환받아 몰래 운전하여 가던 중 사고가 난 경우에 국가배상 책임을 일부 인정하기도 했다.

이처럼 차량 관리 소홀에 대하여 법원이 국가배상 책임을 인정하고는 있지만, 실질적으로 소송을 통해 배상을 받는 것은 시간이나 비용 투입이 상당하므로 합리적인 판단이 필요한 지점이다.

"다시 차 키를 돌려주는 경우도 있어요!"

적발 이후 대부분의 경우는 차를 경찰서에서 보관하다가 다음 날 돌려준다. 다만, 경미하게 알코올농도가 넘은 경우에는 상당 시간 후에 호흡측정을 다시 해서 혈중알코올농도가 0.05% 미만이면 스스로 운전을 해서 귀가하게 하는 경우도 있다.

 나홀로 하는 운전면허취소 행정심판

02

"음주 단속 절차,
다소 잘못됐더라도 적법하다."

"행정사님, 단속 경찰관이 호흡측정 이후 채혈할 수 있다는 말을 한 적이 없습니다. 이거 잘못된 거 아닌가요? 너무 억울합니다."

음주운전으로 적발되면 지푸라기라도 잡고 싶은 게 인지상정이다. 그렇다 보니 인터넷으로 검색한 정보를 통해 단속 경찰관의 잘못을 지적하는 사람들이 많다. 그렇게라도 해서 살아남을 수 있다면 해보겠다는 의지의 표현인 셈이다.

하지만 실상 단속 경찰관의 적법절차 미준수로 행정심판 및 행정소송에서 구제가 되는 사례는 많지 않다. 그러니 얄팍한 지식으로 무턱대고 위법 요소를 주장하기보다는 감경 사유를 찾는 것이 더 지혜로운 처신이다.

음주운전 단속과 관련된 준수 절차와 행동 요령은 경찰청의 교통단속처리지침에 실려 있다. 2016년 8월 현재 교통단속처리지침의 제3편은 주취운전 단속 편으로 규정되어 있는데, 제1장 주취운전자 적발보고서(제34조~제36조), 제2장 주취운전자 단속(제37조~제39조), 제3장 음주측정기 및 측정기록 관리(제40조~제42조)로 구분돼 있다. 일반적으로 교통단속처리지침은 내부지침서이기 때문에 공개가 되지 않는 것이 원칙이지만, 실제로는 별 무리 없이 구해볼 수 있다. 음주운전 단속의 절차는 이 지침에 의하는데, 수사기관의 절차적 실무상 경찰공무원이 이에 대한 모든 절차를 완벽하게 지키는 경우는 드물다.

현장의 상황에 따라 준수하지 못하는 사정이 있는 경우도 많지만, 경찰공무원의 실수나 무지로 인하여 준수되지 못하는 경우도 더러 있다.

우리나라 법제상 교통단속처리지침은 경찰청이 만든 것으로서 대외적으로 일반 국민에게 그 권력이 미치거나 법률을 구속하는 것이 아니라 내부 사무처리준칙(행정규칙)의 성격을 갖는다. 따라서 이를 지키지 않았다고 해서 무조건 절차상 하자가 발생하여 위법 요소가 발생하는 것은 아니다. 따라서 음주단속 절차가 다소 잘못됐더라도, 그것만으로 무죄를 주장할 수는 없다는 것이다.

이에 대해서 판례는 사안에 따라 개별적이고 구체적으로 판단해야 한다고 보고 있다. 대법원은 단속 경찰공무원의 행위가 법령에 위반된다거나 그 객관적 정당성을 상실하여 운전자가 음주운전에 대한 단속 과정에서 받을 수 있는 권익이 현저하게 침해되지 않았느냐를 기준으로 보기도 했다(2006다32132 판결).

"단속 절차상 잘못된 점은 밝히기 어렵습니다!"

음주운전 단속 절차상 하자를 밝히는 것은 증거를 확보해야 한다는 측면에서 어려울 수밖에 없다. 다만, 시간과 관련된 위법한 음주측정은 카드 계산 내역서 등을 첨부하면 인정이 될 가능성이 크다.

  나홀로 하는 운전면허취소 행정심판

03

불대 사용과 입 헹굼 절차

음주단속 현장에서도 일반적으로 지켜야 할 적법절차가 있다. 물론 이를 단속 경찰관이 준수하지 않았다고 하여도 곧바로 중대한 위법 사유가 발생하는 것은 아니다. 단속 경찰관의 작은 실수를 크게 들춰서 어떻게든 음주운전을 빠져나가려는 음주운전자가 많은데, 그런 행동은 대부분 무용할 뿐이다. 잘못을 인정하고, 위법을 따지는 것보다는 선처를 구해 감경에 신경 쓰는 게 좋다. 단, 경찰관이 중대하고 명백한 잘못을 했다면 적법절차의 원리에 따라 다퉈볼 만은 하겠다.

음주 측정 시에는 최종 음주 후 20분이 지났는지를 확인하고 지났으면 입안을 물로 헹구게 한 뒤 5분 후에 측정하는 게 교과서적인 측정법이다. 이 과정에서 구강청정제를 사용했는지도 정확히 확인해야 하며, 음주측정기가 어떤 방식으로 작동되는지도 고지를 해야 한다.

한편 운전자의 음주운전 여부를 확인할 때 사용하는 불대(mouth piece)는 1인 1회만 사용할 수 있는데, 한 개의 불대만으로 연달아 측정하게 되면 측정 과정상의 절차상 하자가 발생할 수 있다.

실제로 대법원 판례(2005도7528 판결)를 보면 한 개의 불대만으로 약 5분 사이에 5회에 걸쳐 연속적으로 불게 한 경우에는 정확한 혈중알코올농도를 알 수 없다고 하여 무죄를 선고한 사례가 있기도 하다.

그런가 하면 단속 과정에서 입을 헹구지 않아 문제가 되는 사례가 많다. 입을 헹구는 이유는 음주 후 구강 내에 잔류 알코올이 남아서, 측정 시 실제 혈중알코올농도보다 높게 나올 우려가 있기 때문이다. 알코올 성분을 함유한 구강청정제 사용 여부를 먼저 물어보는 것도 같은 맥락이다.

입 헹굼 여부에 대한 판례가 상당히 많은데, 음주 종료 후 4시간이 지났다 하더라도 입을 헹구지 않고 음주측정을 하면 무죄라는 대법원 판례(2009도1856 판결)를 비롯해 입 헹굴 기회를 주지 않았으면 무죄라는 대법원 판례가 존재한다.

그러나 음주운전 구제 절차 실무상에서는 이를 입증하기가 쉽지 않다. 먼저 음주운전 단속 시 교부해야 하는 '음주운전 단속결과 통보'라는 종이에 입 헹굼 여부를 묻는 칸이 있는데, 입 헹굼을 안 했어도 여기에 '헹굼'이라고 표시가 돼 있으면 운전자가 무죄를 주장하기가 굉장히 어렵다.

실제 현장에서는 입 헹굼을 제대로 실시하지 않는 사례도 제법 많다. 운전자가 현장에서는 그것이 잘못된 일이란 것을 몰라서 아무런 조치를 취하지 못했다가, 현장에서 벗어난 후 그러한 규정이 있다는 사실을 인지하고 대응하는 경우가 대부분인데 이미 입 헹굼난에 '헹굼'이라고 표시가 돼 있거나, 아예 입 헹굼난이 공란으로 돼 있거나 하면 절차상 하자를 주장하기가 애매하다는 이야기다. 실제로 현실상 업무를 해보니까 그렇다는 이야기다.

적법절차의 원리를 실현하기 위하여 모든 경찰관이 이를 준수해야 하지만, 제대로 교육을 받지 않았거나, 깜빡 잊고 제대로 입을 헹구게 하지 않는 까닭에 이런 일이 발생하는 것이다. 결론적으로 운전자 본인이 평소 많은 법 상식을 갖고 유연하게 대처하는 수밖에 없다. 자신의 무지로 인하여 이미 수사기록에 남게 되면 그것을 바꾸는 일에는 아주 많은 힘이 들어간다는 점을 명심해야 한다.

따라서 음주운전을 하지 않는 것이 최우선이며, 만일 음주운전을 하지 않으려고 노력을 했으나, 누가 봐도 억울한 사연의 주인공이 되었다면, 그에 맞는 감경 절차나 참작 요소를 찾아서 자신의 권리구제를 위해서 노력을 해야 한다는 것이다. 권리는 그것을 찾지 못하는 사람에게는 영영 보장되지 못한다.

"불대도 재사용하나요?"

실제 단속 현장에서 불대를 거듭 사용하는 경우는 거의 없다. 다만, 거의 없다는 것이지 아예 없다는 것은 아니므로, 혐의자 스스로가 이를 잘 판단해야 한다.

04

"강제로 채혈을 당했어요."

　음주운전을 하게 되어 사고가 크게 난 경우 음주운전자가 의식을 잃는 경우가 더러 있다. 이 경우에는 호흡측정이 불가하고, 이 때문에 음주운전자가 병원에 실려 간 뒤 동의하에 채혈측정을 하게 되어 그 측정치를 음주운전 처벌의 기준으로 삼는 경우가 일반적이다.

　그런데 음주운전을 해서 의식이 없는 피의자에 대해서 동의를 받거나 법원으로부터 영장을 발부받지도 않은 채 강제채혈을 한 경우에는 문제가 발생한다.

　이를 영장주의라고 하는데, 우리 형사소송법에는 '위법수집증거배제법칙'이란 원칙에 따라 위법하게 수집된 증거는 증거로써 사용할 수 없다. 채혈의 특성상 사람의 신체에 대하여 강제처분을 하는 것이므로 이런 관점에서 반드시 피의자 및 피고인의 동의나 법관이 발부하는 사전·사후영장이 필요하다. 따라서 이러한 적법절차의 원리를 벗어나 강제채혈을 하게 된 경우에는 그 채혈로 도출된 혈중알코올농도를 인정하지 않는 것이다.

　이에 일반적으로 법원은 "수사기관이 영장주의 원칙을 위반해 위법하게 수집한 증거를 근거자료로 삼아 해당 피의자에게 불이익한 행정처분을 발령하는 것은 적법절차의 원칙의 본질적인 부분을 침해하는 것으로 위법하다."고 판시하며 강제채혈의 증거능력을 배제하고 있다.

만일 이렇게 위법한 절차로 공권력을 투입하여 획득한 증거의 증명력을 인정하게 될 경우에는 적법절차에 위반되는 증거 수집을 용인하는 결과가 되고 결과적으로 국민의 인권을 보호하고자 하는 영장주의 및 적법절차 원칙의 취지 자체를 심각하게 훼손한다는 우려가 투영된 판례이다.

다만, 이와 대비되는 판례도 없지 않다. 2010년 9월 10일, 의정부지법 항소심에서 강제채혈에 대한 일반적인 판례 경향을 깨고 유죄를 선고한 바 있는데, 실체적 진실규명의 중요성을 강조한 이유에서다. 실체적 진실규명은 진실을 밝히는 데 초점을 맞춘 것으로서, 적법절차의 원칙과 실체적 진실규명이 조화를 이뤄야 한다는 취지에서 나온 판례인데, 쉽게 말해서 "진짜 진실을 밝혀야 한다는 점"과 "절차를 지키자."라는 측면을 다 고려해야 하는 것이지 적법절차만 생각할 수는 없다는 것이다.

이런 측면에서 강제채혈에 있어 과거와 같이 오롯이 적법절차의 원리만을 주장한다고 해서 무조건 무죄가 선고되는 것은 아니다.

"수사기관도 강제채혈은 조심하는 중입니다."

수사기관의 절차적 실무상으로도 요즘에는 수사기관 내부에서도 강제채혈을 하지 않기 위하여 최대한 노력을 하는 모습을 보이고 있어, 강제채혈에 대한 논란이 많이 발생하지는 않는다. 어찌 됐든 음주 사고가 발생하면 강제채혈이 발생할 가능성 자체를 배제할 수는 없기에 피의자 자신이 강제채혈을 당한 것 같다면 이러한 법리를 알아둘 필요가 있다.

05

체포가 가능한 경우와
문제가 되는 경우

음주운전 측정 사건에서 현행범 체포와 불법 체포의 문제는 그림자처럼 붙어 다니는 화두이다. 이는 신체의 자유와 범죄의 예방이라는 상호 가치의 충돌로 야기되는 문제인 동시에, 음주운전 측정이라는 행위의 특수성에서 비롯된 문제라 여전히 논란이 많다.

알다시피 도로교통법상 음주운전이란 죄는 단지 술을 마시고 운전을 했다는 사실만으로 성립하진 않는다. 반드시 혈중알코올농도 0.050% 이상이라는 합리적인 근거가 있어야 한다. 이런 맥락에서 순찰 등 외곽 근무를 하는 경찰관들은 필수적으로 음주측정기를 휴대하고 있는 것인데, 음주측정기가 있으면 설령 임의동행이나 현행범 체포가 불가하더라도 음주측정 거부죄를 물을 수 있어서 법적 강제력이 수반되기 때문이다.

문제는 음주측정기가 없을 때이다. 음주측정기가 없을 때는 측정기가 있는 장소까지 혐의자를 동행시켜야 하는데 이를 거부하면 임의동행 문제가 발생하다. 아울러 혐의자에게 술 냄새가 많이 나고 발음이 정확하지 않으며 비틀거리는 경우에는 음주운전자에 해당한다고 볼 개연성이 상당하기 때문에 현행범으로 체포를 하는 경우가 많은데,

이 경우에도 과연 현행범 체포가 적법한지에 대해서 논란이 많다.

대법원은 운전자가 운전을 종료하여 더 이상 자동차를 운전한 상태로 운전하지 아니할 것이 명백한 경우에는 비록 그가 음주운전의 직후에 있었다는 점에서 도로교통법상 현행범에 해당한다고 판시하고 있는데, 이에 따라 음주측정이 이뤄지지 않았더라도 현행범으로 체포할 수 있다는 근거의 실마리를 제공하고 있다.

반대 의견도 있다. 반대 논거는 범죄 혐의의 상당성만(범죄자로 보이는 점이 많다는 뜻)으로 언제든지 현행범 체포가 가능하고 이에 따라 강제 채혈이 가능하다고 보는 것은 음주측정불응죄를 통하여 측정 의무를 이행시킴으로써 죄 없는 자를 조기에 형사절차에서 배제하는 효과와 비교할 때 더욱 심각한 인권침해를 초래하게 된다고 지적하고 있다.

어찌 됐든 음주측정불응죄가 법의 테두리 안에 존재하는 한 음주측정기를 휴대한 경우에는 논란의 소지가 적다. 하지만 수사기관의 절차적 실무상 음주측정기가 고장이 나거나 음주측정기를 휴대하지 못한 채 절차가 진행되는 경우가 적지 않기 때문에 불법체포 논란은 계속될 전망이다.

따라서 음주운전자 혐의자 입장에서는 자신의 의사에 반하여 체포를 당했다면 불법체포 문제를 거론할 수 있다.

한편으로 음주측정을 한 결과 0.05% 이상이 나온 경우 현장 귀가를 시키는 것이 일반적이지만 상황에 따라서는 현행범으로 체포할 수 있다. 즉, ①음주운전 범죄사실을 부인하는 경우, ②신원이 불확실한 자, ③음주측정을 불응한 자, ④음주운전으로 중한 인적 피해 교통사고를 야기한 자, ⑤상습 음주운전으로 구속수사가 예상되는 자, ⑥수배 중인 자, ⑦기타 증거인멸 및 도주우려가 있는 자 등이 이에 해당한다.

이 경우 경찰관은 미란다 원칙을 고지해야 하며 관계 서류를 작성해야 문제가 되지 않는다. 대법원은 사안마다 현행범 체포의 적법성을 구체적이고 종합적으로 판단하고 있는데, 방금 음주운전을 실행한 범인이라는 점에 관한 죄증이 명확한지 여부를 중점적인 기준으로 두고 있다. 이런 맥락에서 현행범 체포가 불법인지 적법인지 여부는 각 사안의 실체와 사실관계를 명확히 따져볼 필요가 있다.

현행범인체포의 이유 통지서

현행범으로 체포된 경우에는 아래와 같은 '범죄사실의 요지 및 현행범인 체포의 이유'라는 사후 통보가 온다. 이것은 현행범 체포를 왜 했는지를 통보하고 있는데, 이 문서를 받고 앞으로 체포될까 봐 공포감에 질리는 사람들이 상당히 많다. 사후 통보이므로 구속이나 체포에 대한 겁을 먹을 필요는 없다.

범죄사실의 요지 및 현행범인체포의 이유

[범죄사실의 요지]

1. 범죄사실

피혐의자는 직업불상의 자이다.

가. 절도

　2016. 3. 6. 02:25경 부산 사하구 하단동 OOO에서 피해자 OOO이 시동을 켜놓은 채 잠시 정차해둔 그의 소유 OOO호 OO 승용차 1대(시가 1800만원 상당)를 감시가 소홀한 틈을 타서 차량 운전석 문을 열고 들어가 약 200M 가량 운전하는 방법으로 이를 절취하였고,

나. 도로교통법위반(측정거부)

　위 일시 및 장소에서부터 같은 날 02:30경 하단동 OOO 앞 도로에 이르기까지 술에 취한 상태로 OOO 승용차를 200M 가량 운전하였음에도 불구하고 2016. 3. 6. 03:24경부터 같은 날 04:16경 까지 총 4회에 걸쳐 음주측정을 할 것을 요구 하였으나 정당한 사유 없이 음주측정에 불응한 것이다.

2. 체포의 사유

　차량을 절취 당하였다는 신고(신번:622번)를 접하고 현장에 임장하여 피해자 상대 피해경위에 대해 물어보니 차량을 정차해두었던 장소에서 약 200M가량 떨어진 장소에서 차량을 발견하여 차량을 출발하려고 하니 갑자기 피혐의자가 술에 취한 상태에서 조수석 문을 열고 자신이 이 차량을 여기까지 운전하여 왔다고 하였다고 하고 피혐의자에게 상황에 대해 물어보니 자신이 술에 취한 상태로 편의점 앞에 세워져 있던 피해자의 차량OOO을 지목하면서 자신이 직접 운전하여 현장까지 왔다고 진술하므로 위 건 관련 범증 인정되어 범죄사실 및 체포사유, 변명

06

"같이 서까지 가시죠."
…… 임의동행에 문제는 없나?

법인 대표 A씨는 직원들과의 회식자리에서 소주를 마시고 대리운전 기사를 호출하였으나 아무리 기다려도 오지 않자 스스로 운전대를 잡게 되었고, 100m를 움직이던 중 마침 술집에서 나오는 것을 본 경찰관에게 적발되어 임의동행 요구를 당하게 되었다.

A씨는 술을 마시긴 했으나 취한 상태는 아니라고 판단했고, 당시 경찰관들은 음주측정기를 소지하지는 않은 상태여서 "선생님, 여기서 이러지 마시고 지구대로 같이 가시죠."라고 몇 차례 요구했으나, 결과적으로 A씨는 "나는 술 마신 적이 없다. 거부하겠다."고 의사를 표명하며 순찰차에 타기를 거부했다.

이에 4명의 경찰관이 A씨의 팔다리를 잡아 강제로 순찰차에 태워 지구대로 데려갔는데, 그 과정에서 경찰관들은 A씨의 권리 보호를 위한 어떠한 고지도 하지 않았다. 이에 A씨는 지구대로 연행된 후 경찰관들로부터 호흡측정을 요구받았으나 끝까지 이를 거부하다가 "계속 불응하시면 구속될 수도 있습니다."라는 경찰관의 말을 듣고 호흡측정에 응하였고 그 결과 음주운전으로 처벌을 받는 수치가 나왔다. 이에 A씨는 억울함을 토로하며 혈액채취를 요구하였고 채혈측정이 진행되었다.

　위의 사례는 필자가 맡았던 사건을 재구성한 것이다. 임의동행과 불법체포 문제는 음주측정에 있어서 가장 논란이 많은 지점이기도 하다. 헌법 제12조 제1항은 "모든 국민은 신체의 자유를 가진다. 누구든지 법률에 의하지 아니하고는 체포·구속·압수·수색 또는 심문을 받지 아니하며, 법률과 적법한 절차에 의하지 아니하고는 처벌·보안처분 또는 강제노역을 받지 아니한다."고 명시하고 있고, 제5항은 "누구든지 체포 또는 구속의 이유와 변호인의 조력을 받을 권리가 있음을 고지받지 아니하고는 체포 또는 구속을 당하지 아니한다. 체포 또는 구속을 당한 자의 가족 등 법률이 정하는 자에게는 그 이유와 일시·장소가 지체 없이 통지되어야 한다."고 천명하고 있다. 이에 따라 미란다 원칙이 지켜지고 있는데, 형사소송법도 위법한 절차에 따라 수집된 증거는 증명력을 배제하고 있다.

　이런 맥락에서 경찰이 동행에 앞서 음주운전자 혐의자에게 동행을 거부할 수 있다는 사실을 고지하고, 동행한 뒤에도 언제든지 돌아갈 수 있는 상황이 인정되는 경우에만 적법한 임의동행이 인정된다. 한편으로 경찰의 입장에서는 현장에서 음주측정을 할 수 없는 상황인 경우에는 임의동행 외에는 딱히 음주운전 혐의자를 지구대나 경찰서로 연행할 수 있는 방법이 없기 때문에 임의동행을 요구할 수밖에 없는 현실적인 어려움이 존재한다. 수사기관의 절차적 실무상에서는 이 때문에 임의동행과 불법체포 문제와 더불어 공무집행방해 문제가 발생하는 것이다.

　또한, 판례(2012고합182 판결)를 보면 교통사고를 조사할 목적으로 임의동행을 요구했는데, 동행에 수락한 후 경찰관이 목적을 바꿔 음주측정을 요구한 경우나 이 경우에 혐의자가 지구대에서 도주한 사례에서도 무죄를 선고하기도 했다. 아울러 경찰서까지 왜 가야 하는지에 대한 설명이 결여되어도 위법한 측정요구로 판시한 바 있다. 이처럼 헌법이 보장하고 있는 적법절차의 원리가 강하게 작용하고 있으므로 수사기관에서 이를 위반하면 무죄가 되는 경우가 많다.

"미란다원칙 고지가 중요합니다."

결론적으로 음주운전을 했다는 정황이 있어 동행을 경찰관이 요구할 경우, 그 이유와 사안에 따라 미란다원칙을 고지하며 이 같은 점을 수사기록에 첨부하는 등의 요건이 갖춰졌는지를 유심히 살펴볼 필요가 있다.

　나홀로 하는 운전면허취소 행정심판

07

호흡측정 시 20분 경과와
채혈측정 시 알코올 솜의 문제

음주운전 구제 업무를 하다 보면 똑같은 경우는 하나도 없다는 점을 실감한다. 저마다 혈중알코올농도 수치가 다르고, 움직인 거리도 다르며, 무사고 경력도 하나같이 다르기 때문이다. 따라서 같은 사례는 하나도 없다는 게 답이다. 다만, 음주운전 단속 시 사용되는 호흡측정과 혈액측정에 대한 논란이 있는 부분은 한두 가지 사례로 수렴되는 경향이 있다.

호흡측정의 경우 가장 문제가 되는 것은 물로 입안을 헹궜느냐 여부다. 만일 입을 헹구지 않은 경우에는 구강 내 잔류 알코올로 인해 과다 측정되었을 가능성을 배제할 수 없어 유죄의 증거로 삼을 수 없다는 게 대법원의 입장(2013도15968 판결)이다. 이 판례가 나온 후 행정사나 변호사, 그리고 음주운전 당사자가 음주운전 적발통보서에서 입 헹굼 여부가 체크돼 있는지를 이 잡듯이 찾아 이를 행정절차상 위법 사유로 삼으려는 경우를 많이 목도한다.

실제로 의뢰인들을 만나보면 입을 헹구지 않았다고 주장하는 경우가 많다. 한 번은 적발통보서의 입 헹굼 여부란이 공란으로, 아예 표시가 안 된 사례를 보기도 했다. 실제 단속 현장에선 입 헹굼 여부가 체크 항목에 명시돼 있기 때문에 이를 놓치는 경우는 없다. 그런데 단속으로 적발된 경우가 아니라 폭력 시비로 적발이 된 후 나중에 음주운전을 한 정황이 드러났다거나 하는 때에는 경찰관이 운전자에게 입을 헹구게 하지 않는 경우가 더러 나온다.

그러나 이 같은 경우에도 구제가 될 가능성은 상당히 낮다. 대법원 판례를 자세히 보자. 해당 사례는 피고인이 음주를 한 후 불과 10분도 경과되지 아니한 시점에 적발됐다는 걸 알 수 있다. 단속까지 이어진 시간이 짧기 때문에 적어도 입을 헹구는 등 과도 측정→ 과다 측정을 방지하기 위한 조치를 취했어야 했다는 게 판례의 요지다.

따라서 시간이 상당히 경과한 뒤에는 이미 입에 남아 있는 알코올이 사라진 후이므로 입 헹굼 여부가 절차상 하자로 이어질 개연성이 상당히 낮다. 20분 규정도 마찬가지다. 흔히 최종 음주운전 후 20분이 지나지 않은 때에 호흡측정기를 불게 되면 위법이라고 알고 있는데, 만일 이 경우에도 입을 헹궜다면 구강 내 잔류 알코올을 제거하려는 조치가 취해졌다고 할 수 있다. 20분이 지나지 않았다는 점 하나만 가지고 음주 측정 과정의 절차상 위법을 주장하는 것 자체는 가능하다고 해도, 과연 구제확률을 높일 수 있을지는 의문이다.

이와 함께 호흡측정 결과치에 불복해서 하게 되는 채혈측정은 '알코올 솜'이 문제가 된다.

이에 대해선 지난 2007년 광주고등법원의 유명한 판례(2006노1642 판결)가 존재한다. 평소 술을 한 모금도 마시지 않았던 A씨는 교통사고를 당해 수술을 받기 전 채혈을 했는데 간호사가 에틸알코올 소독제를 사용하는 바람에 혈중알코올농도가 0.294%나 나왔다. 이에 따라 경찰은 A씨의 면허를 취소했고, 재판 끝에 알코올 솜을 사용한 채혈 과정에 문제가 있다는 판결로 A씨는 무죄를 얻어냈다. 통상 음주단속

　　나홀로 하는 운전면허취소 행정심판

에 불복해 채혈측정을 할 때는 무알코올 소독제로 소독한 채혈 세트를 사용하게 돼 있기 때문이다.

다만, 알코올 솜으로 채혈했다고 해서 무조건 무죄가 되는 것은 아님을 상기할 필요가 있다. 2011년 행정심판 재결례를 보면 혈중알코올농도 0.184%로 측정된 사안으로 알코올 솜을 사용해 채혈한 정황이 인정되는 경우임에도 기각 처분을 한 경우가 있다. 행정심판위원회는 청구인의 음주량에 비해 혈중알코올농도가 과도하게 측정됐을 가능성을 배제할 수 없다고 하면서도 여러 가지 정황과 일반인의 경험칙상 청구인의 혈중알코올농도는 운전면허 취소 기준치 이상에 해당했을 것으로 인정하기에 충분하다고 판단했다. 당시 청구인은 수술에 이를 정도로 심각한 교통사고를 야기했고, 혈중알코올농도에 대해서도 아무런 이의가 없다고 진술했다.

알코올 솜 사용 사실확인서

알코올 솜을 사용하는 경우가 수사기관의 절차적 실무상에서 상당히 많다. 다만, 그걸 증명하기가 어렵다. 간호사에게 사실 확인을 요청하더라도 병원 측 입장이 있으므로 난감해 하는 경우가 대부분이다. 다만, 진술을 받을 수 있다면 알코올 솜과 관련된 사실확인서는 아래와 같이 받아오면 된다.

제 일 병 원

수신 :
(경유) :
제목: ███ 님(820805-*******) 관련 혈액 채취 확인서(음주관련)

1.의료기관 : ██제일병원
2.요양기관번호 : ███
3.2014년 7월 11일 08시 45분경 ███(820805-*******)님의 혈액 채혈시에 무알콜 솜을 사용하지 못하고 담당 간호사 (██ 진술) 알코올 솜을 사용 채혈을 하였음을 확인합니다.

제 일 병 원 장

2014년 07월 15일

원무과장 : ███
주소 : ███
전화번호 : ███ /팩스번호 : ███ /

08

"채혈측정은 30분 이내에 해야 한다."

음주운전 혐의자가 현장에서 호흡측정에 대하여 불복할 수 있는 유일한 수단은 채혈측정이다. 경찰관은 운전자가 채혈 요구를 할 때는 즉시 운전자의 동의를 얻어 가까운 병원 등 의료기관에서 채혈하고 그 혈액을 국립과학수사연구소(국과수)에 보내어 감정의뢰를 해야 한다.

수사기관의 절차적 실무상 보면 채혈 시의 혈중알코올농도가 호흡측정치보다 더 높아지긴 하지만 낮아지는 경우도 간혹 있기 때문에 이 사실을 알든 모르든 운전자가 채혈을 요구하는 경우가 상당히 많다.

이 경우 단속 경찰관은 운전자에게 채혈측정을 할 수 있는 권리가 있음을 고지해야 하지만, 음주측정을 거부하는 사람에 대해서까지 채혈측정을 안내할 필요까지는 없다는 것이 일반적인 견해이다. 다만, 절차적 정당성을 담보하기 위해서는 호흡측정에 순순히 따른 운전자에 대해서는 채혈측정을 할 수 있음을 고지해야 한다. 이를 지키지 않을 경우 문제가 발생할 소지가 있다.

한편 운전자는 처음부터 호흡측정이 아닌 채혈측정을 해달라고 요구할 수도 있다. 가령 구강이나 폐에 장애가 있거나, 교통사고로 상해를 입는 등 기타 사유로 호흡측정을 할 수 없을 때는 채혈측정을 해야 하고, 이러한 예외적인 경우에는 호흡측정에 불응하거나 제대로 응하지 못했다 해도 음주측정거부죄가 성립하지 않는다. 이런 때에는 경찰관이 채혈측정을 안내해야 한다.

　그리고 호흡측정에 대한 불신 때문에 애초에 "저는 호흡측정을 하지 않고 채혈측정을 하겠습니다."라고 한다고 해서 문제가 되지는 않는다. 이 경우에 경찰관은 호흡측정을 배제하고 곧장 채혈측정 절차를 밟아야 한다.

　채혈측정에 대한 요구는 정당한 사유가 없는 한 호흡측정 종료 후 30분 안에 해야 한다. 대법원 판례에 따르면 호흡측정으로부터 1시간이 지난 시점에 채혈측정을 요구한 사례에 대해서 경찰관이 채혈 요구를 거절한 것은 정당하다. 혈중알코올농도는 상승기를 지나 최대치에 오른 이후에 회복이 되는 하강기를 거치게 되는데, 하강기가 계속 이어진 상태에서 채혈을 하게 되면 운전 당시의 혈중알코올농도를 산출할 수 없기 때문이다.

"호흡측정 이후, 30분 넘으면 채혈도 못 해요!"

일반적으로 운전자가 채혈을 뒤늦게 요구하는 경우는, 그동안 물을 최대한 많이 마시거나 일부러 구토하는 등의 방법으로 혈중알코올농도를 낮추려고 노력을 하는데, 이런 방법이 의학적으로도 별로 도움이 안 될뿐더러 호흡측정 이후 30분이 지나면 채혈도 할 수 없게 되므로 유의해야 한다.

　　나홀로 하는 운전면허취소 행정심판

09

"저는 입을 헹군 적이 없는데요?"

음주운전으로 최초로 적발되면 단속 현장에서 단속 경찰관이 지켜야 할 것들이 몇 가지 있다. 이는 음주단속이라는 행동을 함에 있어서 그 절차상 적법성을 확보하기 위함인데, 이를 위하여 경찰 업무를 규율하고 있는 교통단속처리지침은 제38조에 "음주측정자는 음주 측정 시에 운전자에게 최종음주시각 및 구강청정제 등 유사 알코올 사용 여부를 확인하여 구강 내 잔류 알코올(음주 시부터 구강 내 잔류 알코올 소거에 20분 소요)에 의한 과대 측정을 방지하여야 한다."고 명시하고 있고, 이에 현장에서는 생수와 같은 물을 통하여 입을 헹구게 한 뒤 음주측정을 하고 있다.

이는 구강 내에 잔류하고 있을지도 모르는 알코올을 없애고자 함이다. 음주측정의 기준이 되는 혈중알코올농도는 말 그대로 혈액 내에 녹아 있는 알코올의 농도를 의미하므로, 호흡측정 시 구강 내 잔류하고 있는 알코올이 가산될 경우 실질 혈중알코올농도보다 더 가산될 가능성이 있기 때문이다.

그런데 급박한 현장에서 이를 경찰들이 지키지 않거나 지키지 못할 때가 더러 있다. 이 경우에는 문제가 된다.

대법원 판례(2009도1856 판결)는 "혈중알코올은 체내의 액체에 고루 분산되는데 대부분이 물인 타액에도 혈액에 함유된 양 정도의 알코올이 존재하므로, 타액 내에 포함된 이러한 알코올 성분이 음주 측정 시 영향을 미칠 수 있다."고 판시하고 있다. 따라서 잇몸과 치아 틈새 등에 알코올이 남아 있을 가능성이 있고, 그런 까닭에 물로 입안을 헹구지 아니한 채 음주측정을 하였기 때문에 입안에 남아 있는 알코올로 인하여 혈중알코올농도가 더 높아질 수 있다는 이야기다.

이런 점 때문에 경찰관이 단속 현장에서 교부하는 주취운전자 적발 내용 등에도 '입 헹굼 여부'를 표시하게끔 돼 있다. 만일 입을 헹구지 않았다는 점이 실체적이고 객관적으로 증명이 된다면 이 부분을 통하여 행정처분의 절차상 위법성을 주장할 수 있다.

그러나 단지 "내가 입을 헹구지 않았다."는 사실만으로는 이러한 입증을 하기가 곤란하고, 실질적으로 그러한 점을 운전자 본인이 입증을 해야 가능성을 담보할 수 있다. 이와 마찬가지로 호흡측정이 술을 끝까지 마신 시간(최종음주시각)으로부터 20분 후에 이뤄지도록 하는 것도 구강 내에 혹여나 남아 있을 수 있는 잔류 알코올이 완전히 없어지는 시간을 기다려야 한다는 점에 뿌리를 두고 있다. 이러한 점을 잘 살핀다면 억울한 운전면허 취소 사례를 뒤집을 수 있다는 점에서 그 실효성이 적지 않다고 볼 수 있다.

"입 헹굼 여부 표시를 잘 확인해야 한다!"

음주운전 단속 현장에서 입을 헹군 경우에는, 입 헹굼 여부에 표기가 된다. 이를 잘 확인해야 한다.

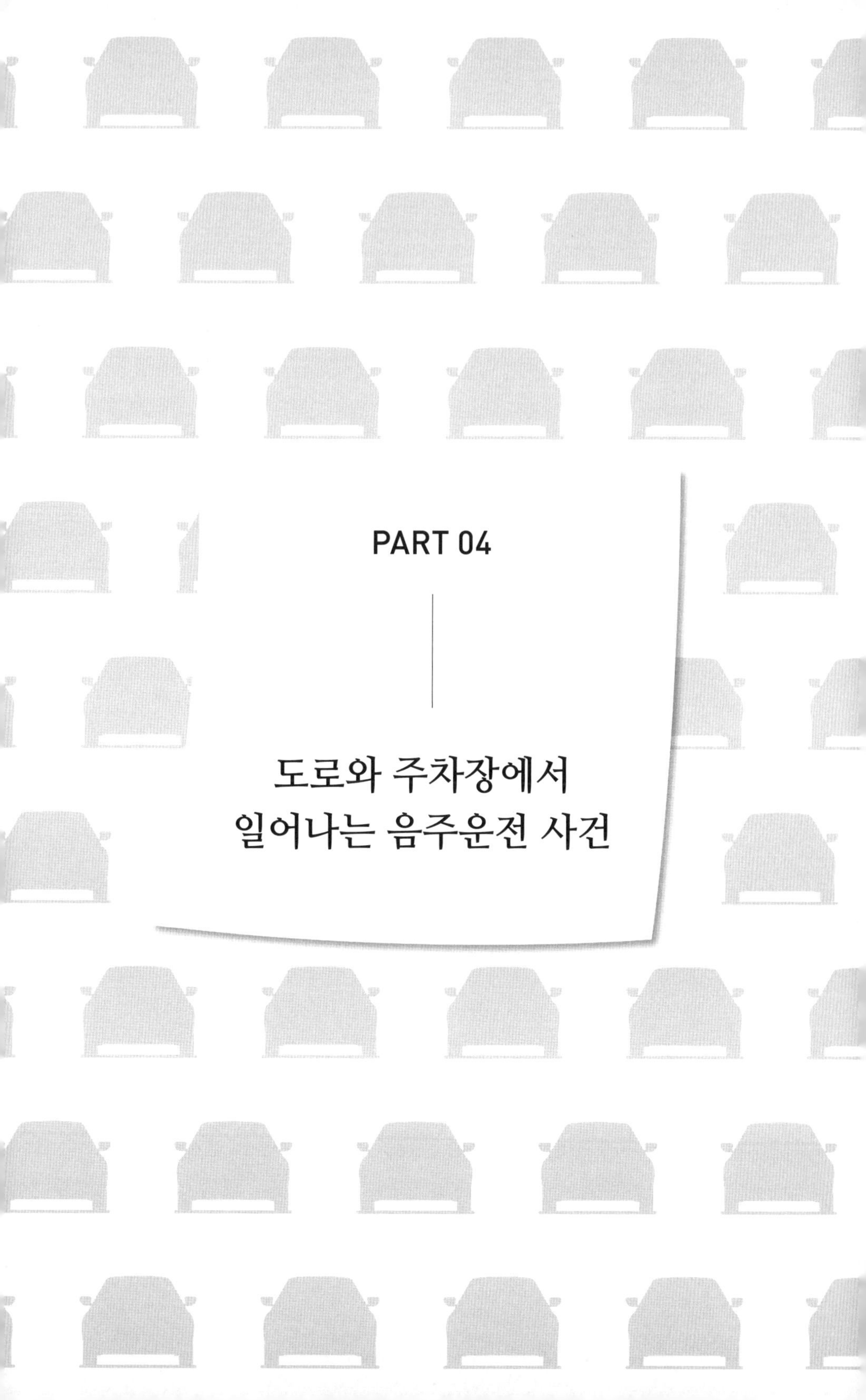

PART 04

도로와 주차장에서
일어나는 음주운전 사건

도로교통법상 도로와 음주운전

죄를 지었으면 마땅히 처벌을 받아야겠지만 죄가 성립하지 않는데도 애매하게 처벌을 받는 경우가 간혹 발생한다. 운전면허는 생계와 직결돼 있는 사항이고 적지 않은 사람들이 면허취소로 퇴사를 당하기도 하므로 이를 따져보는 것은 상당히 중요하다.

그러한 중요 요소 중 하나가 바로 '도로교통법상의 도로에 해당하는지 여부'이다. 요즘은 운전자들의 지식 수준이 높아져서 도로교통법상 '도로'에 해당하지 않는 지역에서의 음주운전에 대해서는 처벌을 받지 않는다는 것을 알고 있다. 하지만 정확히 말하면, 행정처분은 면하지만, 형사처분은 그대로 적용이 된다. 민사상 손해 발생도 당연히 책임져야 한다.

형사 및 민사 문제는 변론으로 하고, 행정처분, 즉 면허가 취소되느냐 마느냐만 놓고 볼 때 도로교통법상 '도로'의 개념은 상당히 중요할 수밖에 없다. 실제로 필자도 이와 관련해 수많은 질문을 받고 있을 정도로 운전자들의 관심이 높은 항목이다. 음주운전 혐의자로서는 어떻게 해서든 면허취소만큼은 피하고 싶기 때문이다.

최근 실제로 필자가 맡았던 사건 하나를 소개해본다. 중견기업의 과장급인 A씨는 영업업무를 위해 경기도 소재 B업체 접대 차 회식에 참여하게 되었고, 평소 하던 대로 공영주차장에 주차하게 되었다. 이 주차장은 주차장 관리원이 따로 있었고, 차단기가 설치돼 있는 공간이었으며 주차 이외의 용도, 가령 차량이 순환하는 용도로는 사용되지 않는 공간이었다.

A씨는 회식 이후 대리운전기사가 잘 보이는 주차장 모퉁이에 차를 옮기고자 잠시 차를 이동하던 중 주차장 내에서 이동 중이던 다른 차와 가벼운 접촉사고를 일으켰다. 당시 A씨는 상당히 취해 있던 상황이어서 이를 알아본 상대방 차주가 즉시 경찰에 신고해서 음주운전 혐의로 적발된 사건이었다. 호흡측정 결과 A씨의 혈중알코올농도는 0.137%로 물적 피해 사고까지 있어 행정심판으로 감경을 받기에 어려운 상황이었다.

결국, 이 사건에서의 쟁점은 이 주차장이 도로교통법상 '도로'인지 아닌지 여부였다. 중견기업이기 때문에 음주운전에 대해서는 무조건 퇴사 처리를 당하게 되는 까닭에 A씨로서는 생사의 갈림길에 서게 되는, 정말 중요한 요소였다. 결론부터 말하자면, 이곳은 도로가 아닌 것으로 판단이 났다.

이유는 이 사건이 발생한 공영주차장은 입·출입 장소가 동일하고, 주차를 위한 출입 외 순환 통행이 불가능한 장소이며, 또한 입·출입구에는 차량 출입을 통제하는 차단장치가 있고 요금징수원(주차관리원)이 관리하고 있기 때문이었다. 이런 연유에서 차량의 출입이 자유롭지 않으며 특정한 용건이 있는 사람들만이 사용할 수 있는 주차를 위한 공간이라 보기에 충분했다. 따라서 이는 현실적으로 불특정 다수의 사람 또는 차마(車馬)의 통행을 위해 공개된 장소로서 안전하고 원활한 교통을 확보할 필요가 있는 장소라고 보기는 어려우므로 도로교통법상 '도로'가 아니라는 것이었다.

사실 도로교통법상 '도로'인지 여부는 법률에 명확히 그 기준을 정하고 있지 않으므로 판례상 그리고 학문적으로 정립돼 있는 몇 가지 요소를 면밀히 고려해야 한다.

몇 차례 걸쳐 강조했지만, 술을 마셨으면 운전대를 잡지 않는 게 최선이다. 음주 후 차 안에서 잠을 자다가 적발되는 경우가 많으므로 음주 후에는 차에도 타지 말아야 한다. 그러나 순간적인 부주의나 잘못된 판단으로 운전을 하게 돼 면허가 취소되었다면, 반성은 충분히 하되 삶까지 잃어버릴 수는 없기 때문에 그에 대한 자신의 권리구제 수단을 강구하는 것이 지혜로운 처신이다.

쟁송으로 구제를 받는 사람은 따로 정해져 있는 것이 아니라 많이 알고 즉시 행동하는 사람이 구제를 받는다. 그러나 의외로 많은 사람이 시도도 해보지 않고 스스로 기회를 반납한다. 권리 위에 잠자는 자는 보호받지 못한다. 자신의 권리구제를 위해 끝까지 포기하지 않는 적극성이 가장 중요하다.

"주차장 음주운전 사건은 형사처분만 받습니다."

주차장 사건과 관련된 잘못 알려진 사실로 인해 문의가 많이 들어온다. 법이 바뀌어 도로가 아닌 곳에서 음주운전을 해도 면허가 취소된다는 것인데, 이는 사실과 다르다. 여전히 도로가 아닌 곳에서 음주운전을 하면 행정처분은 없고, 형사처분만 받게 된다.

02

아파트 구내 주차도
음주운전에 해당할까?

술을 마셨다면 당연히 운전대를 잡으면 안 된다. 그런데 음주 후 피치 못할 사정으로 차를 옮겨야 하는 경우가 종종 발생한다. 주차 문제가 그중 하나다. 대리운전기사가 제대로 차를 주차하지 않고 갔거나, 차량의 통행을 방해하지 않기 위해 잠시 차를 옮겨야 하는 경우에 운전자는 어쩔 수 없이 운전대를 잡게 된다. 문제는 부주의로 주차돼 있는 다른 차량과 가벼운 접촉사고를 일으키거나 주차를 하려고 차를 옮기다가 그곳을 지키고 있던 교통경찰관에게 적발된 경우이다.

원칙적으로 도로에서 자동차의 시동을 걸어 이동 주차를 했다면 단 1m를 운전했다고 해도 음주운전에 해당한다. 그런데 이 경우 '도로'라는 개념이 문제가 된다. 도로교통법상 운전을 한 장소가 '도로'에 해당해야만 행정처분을 할 수 있기 때문이다.

도로교통법상 도로란 도로법에 의한 도로, 유료도로법에 의한 유료도로, 그 밖의 '일반교통에 사용되는 모든 곳'을 말하는데, 여기서 규정한 '일반교통에 사용되는 모든 곳'이란 불특정 다수의 사람이나 차량의 통행을 위해 공개된 장소이면서 경찰권이 미치는 공공의 영역을 뜻한다.

이에 따라 개인 음식점의 마당이나 차고, 공원, 대학교 구내는 도로에 해당하지 않는다. 주차장은 상황별로 나눠 고려해야 하는데 일반적으로 음식점 부설 주차장은 도로에 해당하지 않는다. 음식점 주차장은 현실적으로 음식점 관계자와 고객들이 주차하는 곳으로 불특정 다수나 차량 통행로로써 공개적으로 사용되는 공간이 아니기 때문이다. 그럼 아파트 구내 주차장의 경우에는 어떨까? 많은 사람이 아파트 주차장에선 운전을 해도 음주운전에 해당하지 않는다고 알고 있는데, 이는 잘못된 상식이다. 실제로 지난 2015년 5월에 서울행정법원은 아파트 단지 내부를 도로로 판단한 바 있다. 사건의 내용은 이렇다. 직장인 A씨는 술을 마신 뒤 대리기사와 요금문제로 다투고 결국 스스로 차를 몰고 단지 안으로 들어갔다가 대리기사의 신고를 받고 출동한 경찰관에게 적발돼 운전면허가 취소됐다. 이에 A씨는 "아파트 단지 내부는 도로교통법에서 말하는 도로가 아니다."라고 주장하며 소를 제기했다. 하지만 법원은 "일반 도로에서 아파트 단지로 진입하는 차도에는 차단기가 설치돼 있지 않고 경비원이 배치돼 있지 않아 외부 차량도 아무런 제한 없이 단지 내로 들어오는 것이 가능하다."며 아파트 단지 내 공간을 도로로 판단했다.

"주차장 음주운전인데. 왜 벌금은 내야 하나요?"

운전자가 한 가지 더 알아둬야 할 것이 있다. 도로가 아닌 곳에서 술을 마시고 운전을 했을 때 면허취소나 정지 등과 같은 행정처분은 면할 수 있지만, 형사상 벌금 처분은 피하지 못한다는 점이다. 행정처분과 형사상 처분은 규율 목적이 다르기 때문이다.

03

주목해야 할 '주차장 차단기'

음주운전으로 면허가 취소되는 경우 가장 논쟁이 많은 요소 중 하나는 도로교통법상 도로에 해당하는지 여부이다. 수사기관의 절차적 실무상에서 이를 판단하기는 상당히 어렵다. 하나의 적발 장소를 놓고도 전문 법조인은 물론이고, 단속 경찰관들조차 의견이 분분하기 때문이다. 그래서 전문 지식이 없고 처음 사건을 겪은 일반인이 이를 입증하기란 상당히 어려울 수밖에 없다.

통상적으로 도로 여부를 따지게 되는 데 이르는 사건은 주차장 내에서 10m 이내로 움직이다가 경미한 단순 접촉사고가 발생해 적발이 된 경우에서 비롯된다. 그 피해의 정도가 미미하지만, 음주운전이라는 행위를 저지른 이상 면허를 취소당하기 때문에, 억울함이나 후회의 정도가 다른 사례들보다 훨씬 심하다.

이유가 어찌 됐든 '사회악'으로 규정된 음주운전을 한 이상 행정처분을 받아야 하는 것은 당연하다. 하지만 정당하게 법에 근거해 받지 않을 수 있는 처분을 '무지'로 인하여 일부러 받을 필요는 없다. 이런 맥락에서 주차장 안에서 자동차를 움직이다가 음주운전으로 적발이 됐다면 반드시 다음과 같은 면허취소 구제 방법을 알아둘 필요가 있다.

도로교통법 제2조 제1호 각 목에 의하면, '도로'라 함은 도로법에 의한 도로, 유료도로법에 의한 유료도로, 그 밖에 현실적으로 불특정 다수의 사람 또는 차마의 통행을 위하여 공개된 장소로서 안전하고 원활한 교통을 확보할 필요가 있는 장소를 말한다.

이 문구만 가지고는 좀 모호하기 때문에 판례를 통해 자세히 살펴보자. 대법원 판례는 도로교통법이 정의하고 있는 도로는 현실적으로 불특정의 사람이나 차량의 통행을 위해 공개된 장소로서 교통질서 유지 등을 목적으로 하는 일반 교통경찰권이 미치는 공공성이 있는 곳을 의미하고, 특정인들 또는 그들과 관련된 특정한 용건이 있는 자들만이 사용할 수 있고, 자주적으로 관리되는 장소는 이에 포함되지 않는다고 판시하고 있다.

그리고 강학상(講學上)으로 보면, 도로교통법상 도로에 해당하기 위해선 '이용성'과 '공개성'을 갖고 있어야 한다. '이용성'은 '현실적으로 불특정 다수의 사람 또는 차마의 통행을 위한 것일 것'을, '공개성'은 '공개된 장소로서 안전하고 원활한 교통 확보의 필요성이 있는 장소일 것'을 의미하는데 이에 따라 공개성이 없는 자주적 관리 및 통제가 되는 장소는 도로교통법상의 도로가 아니라고 볼 수 있다.

결론적으로 말하면, 아무나 출입할 수 없고, 독자적으로 통제가 되며, 관리가 되는 공간이면 도로가 아닐 가능성이 크다. 특히, 주차 차단기가 설치돼 작동하고 있고, 요금징수원이 존재하는지 여부를 살펴보는 것이 좋다. 하지만 이것만 가지고 도로인지 아닌지 여부를 판단하기는 어렵고 구체적인 사안에 따라 제반 사정을 종합적으로 판단해야 한다. 가령, 차단기가 설치돼 있다 하더라도 주민 편의를 위해 시간이나 요일에 따라 차단기를 올려놓고 무료로 주차하게끔 하는 주차장이 많기 때문이다. 이런 경우에 판단이 쉽지 않고 이를 제대로 공부하고 인지하고 있는 전문가의 도움을 받는 게 좋다.

운전면허 구제절차 실무상에서는 도로인지 아닌지를 경찰 진술 작성 시 확실하게 호소하는 것이 가장 좋다. 일단 처분이 내려지면 그것을 취소하기 위해서는 행정심판이라는 구제 절차를 거쳐야 하고, 그 시간만큼 운전하지 못하는 것은 물론, 노력이 많이 투입될 수밖에 없다. 경찰에서 처분을 내리지 않을 만큼 확실한 증명 자료를 첨부한다면 좋은 결과를 얻을 수 있다. 그렇지만 이를 모르고 아무런 노력도 기울이지 않다가 처분이 나온 뒤에 부랴부랴 움직이는 경우가 많아서 이를 보고 있노라면 참으로 안타깝다. 명심하자. 권리 위에 잠자는 자는 아무도 보호해주지 않는다는 사실을.

"주차장임을 증명하는 방법이 있다!"

다음과 같이 출입구에 주차 차단기가 설치되어 있는지를 꼭 확인해야 한다.

04

유료주차장과 공영주차장 내 음주운전

최근 일이다. 주차장에서 음주운전을 한 의뢰인이 전화를 걸어왔다. "유료주차장 안에서 이동하다가 음주운전으로 적발됐습니다. 주변에서는 다들 요즘 사회 분위기가 좋지 않아서 무조건 면허취소가 될 거라고 하는데요. 저는 그렇게 되면 퇴사를 해야 합니다. 어떻게 하면 좋죠?"

이 전화를 받고 참 안타까웠다. 중요한 것은 사회 분위기가 아닌데 말이다. 가장 중요한 것은 음주운전을 한 주차장이 도로교통법상 도로인지 여부이다.

다행히 이 고객은 유료주차장 안에서 차를 움직이다가 적발된 경우였다. 언뜻 보기에는 유료주차장이 아닌 것 같이 보여 경찰이 면허 취소할 뻔한 사건이었는데, 적절한 시기에 소명을 함으로써 취소를 막을 수 있었다. 정말 다행이었다.

운전면허 구제절차 실무상 주차장 안에서 음주운전으로 적발된 경우를 상당히 많이 보게 된다. 이 경우에 주차장의 특성에 따라 운전면허가 취소되거나 취소되지 않기 때문에 이를 유심히 눈여겨볼 필요가 있다.

먼저 유료주차장의 경우이다. 특별한 사정이 없는 한 유료주차장은 도로교통법상 도로가 아니다. 유료라는 단어 안에는 '관리'와 '통제'라는 의미가 내포돼 있기 때문이다. 물론 '관리'와 '통제'라는 요소로만 도로교통법상 도로인지 아닌지를 따지는 것은 아니다. 도로교통법상 도로란 현실적으로 그 장소가 차량과 사람의 통행로로서 기능이 있어야 하며 그러한 기능이 어느 정도 계속성과 반복성을 갖추어야 한다. 그리고 사유지이거나 또는 그 장소의 출입에 있어 사용료 등 이용요금이 부과된다 할지라도 반드시 공개성이 부정되는 것은 아니고 도로가 될 수도 있다. 결론적으로 장소마다 구체적이고 개별적인 판단을 해야 한다는 이야기다.

다만, 일반적으로 유료주차장은 요금징수원인 관리인이 배치돼 있고, 불특정 다수 차량이 자유롭게 이용할 수 있는 공간이 아니므로 도로성이 부정된다. 차단기가 없더라도 요금징수원이나 관리인이 있다면 도로가 아닐 가능성이 크다. 그러나 유료주차장이라 하더라도 관리인이 없고 통제가 이뤄지지 않는 공간이라면 설령 요금을 받는다 해도 도로로 인정될 가능성이 있는 것이다.

이와 달리 무료 공영주차장은 대부분 관리인이 없고 불특정 다수가 이용할 수 있는 곳이므로 도로일 가능성이 크다. 이런 곳에서 음주운전을 하다 적발이 되면 면허취소가 된다.

그 외에 차단기와 요금징수원이 있지만, 시간에 따라 무료로 전환되는 공영주차장은 또 다르게 접근해야 한다. 이 부분은 전문가마다 의견이 분분한 영역이기도 하다. 가령 08:00~22:00경까지는 관리원이 상주하면서 유료로 이용되는 주차장에 21:00경에 요금을 내고 주차를 한 후 23:00경에 사고가 난 경우 이를 어떻게 처리해야 할지가 문제가 된다. 이때에도 단순히 하나의 사정만 보고 판단할 것은 아니므로 당시 상황을 종합적으로 놓고 판단해야 한다.

아울러 법원에서는 도로 형태만 갖춰져 있으면 도로로 보는 경향이 있으므로 행정심판 이후에 행정소송을 진행할 때에는 유념해둘 필요가 있다.

"유료주차장임을 증명하는 방법이 있다!"

유료주차장의 경우 아래와 같은 유료주차장임을 증명할 수 있는 요금 정산 패널 등의 사진 자료로 첨부하면 좋다.

05

"아파트 단지 입구에서도 음주운전이 성립하나요?"

일반적으로 차단기가 설치돼 있고 주차관리원이 있는 곳으로 특히, 주차요금을 징수하고 있는 공간은 도로교통법상 도로가 아니라는 것에 대해 이견이 없다.

그런데 아파트 단지 내가 문제이다. 아파트에 따라 입주자를 식별하는 차단기가 있는 곳이 있는가 하면 차단기가 없는 곳도 많기 때문이다. 차단기가 있다면 음주운전 적발 시 도로가 아니므로 면허취소 등 행정처분을 받지 않는다는 점을 용이하게 주장할 수 있겠지만, 그렇지 않은 경우에는 여러 가지 요소를 함께 따져봐야 한다.

일단 아파트 단지 진입 입구부터 보자면, 비록 입구 앞에 차단기가 설치돼 있다 하더라도 그 차단기를 지나치기 전까지는 도로로 판단하는 게 타당하다. 그 장소가 아파트 단지 내의 통행로이긴 하지만 누구든지(불특정 다수) 차단기 앞까지는 차량을 이동시킬 수 있기 때문이다.

실제로 운전면허 구제절차 실무상 차단기 바로 앞에서 음주운전 사고가 나는 경우가 종종 있다.

2014년 가을 A씨는 입구에 차단기가 설치된 자신의 아파트로 귀가하고 있었다. 당시 차량은 아파트 경비실에 등록돼 있는 본인 차량이 아닌 친구의 차량이었는데, 술을 마신 A씨는 대리운전기사를 호출해 집으로 향하는 길이었다.

아파트 입구에 다다르자 대리운전기사가 운전한 차량은 차단기 앞에 섰고 A씨는 평소 안면이 있던 경비원 B씨에게 인사를 건네며 "아저씨, 오늘은 친구 차를 타고 왔으니까 차단기 좀 올려주세요."라고 말했다. 그러자 경비원 B씨는 "선생님이 누군지 잘 모르겠고요. 등록돼 있는 차량이 아니니 들여보낼 수 없습니다."라고 답했다.

순간 A씨는 당황스럽기도 하고 화가 나서 B씨와 실랑이를 벌였고, 그사이 대리운전기사는 돌아갔다. 당시 A씨가 타고 온 차량 뒤에는 3대의 아파트 주민 차량이 대기 중이었는데, 계속 시간이 지체되자 항의가 빗발쳤다.

이에 A씨는 어쩔 수 없이 일단 차량을 가장자리로 이동시키고 경비원과의 일을 마무리 지으려고 운전대를 잡게 됐는데 자신의 차량이 아니다 보니 조작법이 미숙해 실수로 후진하게 되었고, 뒤에 있던 차량의 앞범퍼를 들이받게 되었다. 가뜩이나 화가 나 있던 뒤 차량 운전자는 그 길로 바로 경찰에 신고하였고 A씨는 혈중알코올농도 0.100% 이상이 나와 면허취소 행정처분을 받게 됐다.

위 사례는 우리 주변에서 심심치 않게 발생하는 일이다. 결론은 아파트 입구라고 해서 음주운전을 하면 큰코다친다는 것이다.

한편 아파트 입구가 한 개이면 도로가 아니라고 알고 있는 사람이 있는데, 그것도 틀린 말이다. 아파트 입구가 한 개라고 해도 외부 도로와 연결돼 있고 그곳을 자주적으로 관리하는 주차관리원이 없거나 차단기가 없으면 외부 차량이 제한 없이 쉽게 이용할 수 있는 공간이 되므로 도로교통법상 도로가 될 개연성이 상당하다.

이와 달리 아파트 단지에 차단기가 설치돼 있거나 주차장 관리원이 자주적으로 관리하는 곳으로서 현실적으로 불특정 다수가 이용할 수 없는 공간이라면 도로가 아니므로 음주운전으로 형사처분은 받지만, 행정처분은 받지 않는다.

"법 개정이 진행 중인 주차장 음주운전!"

아파트 단지 내 음주운전이 빈번하게 발생하는데 행정처분이 이뤄지지 않는 이러한 현실이 국회로부터 질타를 받고 있어서 향후 몇 년 안에는 법이 개정돼 차단기가 설치된 아파트 단지 내에서도 음주운전이 성립될 것으로 보이므로 운전자라면 미리 조심할 필요가 있다.

 나홀로 하는 운전면허취소 행정심판

06

식당주차장 내 음주운전

음주운전을 한 공간이 식당주차장인 경우, 과연 음주운전이 성립할 수 있는가를 두고 의견이 분분할 수 있다. 가령 이런 경우이다.

A씨는 중소기업을 운영하는 대표로 한정식으로 유명한 모 음식점에서 거래처 대표인 사장 B씨를 독대했다. 당시 저녁 7시를 조금 넘은 시간이었고, A씨는 접대를 위하여 B씨에게 좋은 술을 권했으며, 평소 술을 좋아하던 B씨는 그 자리에서 포장을 풀러 A씨와 함께 술을 나눠마셨다. 문제는 정작 A씨는 술을 잘 못 마신다는 점이었다.

오랜만에 주량을 넘는 술을 마시게 된 A씨는 인사불성이 되었고, 같이 취한 B씨도 몸을 못 가누고 식당 구석에 누워 잠을 자게 되었다. A씨는 B씨를 귀가시켜야 했기 때문에 겨우 정신을 차려 대리운전기사를 불렀는데, 어찌 된 영문인지 30분이 넘도록 대리운전기사가 오지 않았고, 한편 취기가 계속 올라 결국 A씨는 이성을 잃고 운전대를 잡게 됐다. 그렇게 운전을 하고 식당주차장에서 1m 정도 움직였을 무렵, A씨의 차량은 식당주차장 구석의 벽을 들이받았고, 그 상태로 A씨는 잠이 들었다.

A씨는 이후 출동한 경찰관으로부터 호흡측정을 요구받아 혈중알코올농도 0.165%로 면허가 취소되고 말았다.

실제로 있던 사건인데, 쟁점이 된 것은 해당 식당주차장이 도로교통법상 도로에 해당하는지 여부였다. 도로교통법상 도로가 아니라면 형사상 처벌은 받더라도 면허는 취소되지 않기 때문이었다. 중소기업 대표로서 늘 차량으로 움직여야 하는 A씨로서는 한 가닥 희망일 수밖에 없었던 것이다. 아쉽게도 해당 주차장은 도로로 인정되어 A씨는 결국 면허가 취소되고 말았다.

위와 유사한 사례들이 판례에도 제법 나타난다. 일단 판례는 누구나 이용할 수 있는 공개된 식당주차장에 대해서는 도로라고 인정한다. 관리인이 상주하여 관리하지 않고 출입 차단 장치가 설치되어 있지 않으며, 무료로 운영되고 있어 식당 이용객뿐 아니라 산책객 등과 같은 불특정 다수가 수시로 이용할 수 있도록 항상 개방돼 있는 공간은 도로교통법상 도로라는 판단이다.

물론 도로가 아니라고 인정되는 경우도 있다. 일반적으로 음식점 부설 주차장의 경우 주차구획선이 그려져 있고 관리인이 있다면 주차장법에 따른 부설 주차장이 될 수 있다. 아울러 비록 차단 시설이나 그 공간을 관리하는 관리인이 없다고 해도 식당 관계자가 주체적으로 그 공간을 관리하고, 특히, 그 공간을 사용하는 사람이 식당 고객과 관계자뿐이라면 도로교통법상 도로가 아닐 가능성이 상당하다. 그러나 이는 획일적으로 판단할 수 없고, 제반 요소를 함께 참작해야 한다는 것이 판례의 태도이다.

결론적으로 식당주차장 역시 출입과 주차관리가 엄격하게 통제·관리되는지 여부를 따져봐야 한다. 이 부분이 쟁점이 된다면 확실하게 도로가 아니라는 점을 증명해야 한다.

　　　　　　　　　　　나홀로 하는 운전면허취소 행정심판

"삼면이 막혀 있어야 주차장입니다!"

실제로 경찰서에서 주차장이라고 인정을 받은 지점이다.

삼면이 막혀 있으면 차단기가 없더라도 주차장이라고 주장을 해볼 만하다.

07

"대학 구내 통로도 도로인가요?"

지난 2015년 4월 국회에는 눈길이 가는 법률안이 하나 발의됐다. 도로교통법 일부 개정법률안인데, 그 내용 중에 필자가 몇 차례에 걸쳐 설명한 도로교통법상 '도로'에 대한 부분이 수록돼 있다.

현행법상 도로교통법상 도로로 인정되지 않는 대학 캠퍼스 또는 아파트 단지 내에서는 형사처분은 별도로 하고 행정처분은 이뤄지지 않고 있는데, 법률안은 이러한 점을 지적하며 이에 일정 규모 이상의 대학교 및 아파트 단지 내에서도 법을 적용할 수 있도록, '도로'의 영역에 대학교 내와 아파트 단지 내의 공개된 장소를 추가한다는 게 그 골자이다.

상습적인 음주운전이 근절되지 않고 지난 3년간 음주운전자들이 계속해서 늘어나고 있어, 이에 대한 처벌규정을 더 강화할 필요가 있고 또한 2011년부터 운전면허증 취득 시 절차와 교육이 간소화되어 이틀 만에도 운전면허증을 교부받을 수 있는 환경이 됨으로써 위험운전을 부추기는 경향이 있다는 게 법률안이 밝히고 있는 입법 취지이다.

아직 법률안은 통과되지 않은 상태지만, 이 법률안이 통과되면 앞으로는 대학 구내나 아파트 단지 내에서도 '음주운전'이 성립할 가능성이 더 커질 것으로 보인다. 다만, 개정 법률안은 행정자치부령으로 정하는 규모의 대학교 및 아파트 단지 내의 사람 또는 차가 통행할 수 있는 '공개된 장소'를 '도로'의 영역에 포함시킨다고 나와 있어 '공개된 장소'가 어떤 곳인지를 해석함에 있어서 차단기 등이 설치된 곳을 '공개된 장소'로 봐야 할지 '공개된 장소가 아닌 곳'으로 봐야 할지는 다툼의 여지가 있다.

한편 이 같은 법률안이 상정될 정도로 대학 구내의 음주운전이 사회적인 문제가 되고 있다. 현행법상 대학 구내 안에서 음주운전을 하면 벌금 등 형사처분이 부과된다. 다만, 대학 구내 통로가 도로교통법상 도로가 아닌 경우에는 면허정지나 면허취소 등 행정처분은 면하게 된다.

대법원 판례(2005도6986 판결)에 따르면 기본적으로 대학 구내 통로가 일반인에게 공개돼 있으면 도로로 본다. 설사 입구에 차단기가 설치되어 있지 않거나 설치가 되어 있더라도 식당 및 학원 등이 모여 있어 불특정 다수의 사람이 운전하는 데 경비원들이 별다른 통제를 하지도 않고, 심야 시간에는 항상 개방하는 대학 구내의 경우 도로에 해당한다는 판례가 존재한다.

이와 달리 대법원 판례(96도1848 판결) 중 출입과 주차관리가 엄격히 이뤄지는 대학 구내 통로는 도로가 아니라는 판단도 동시에 존재한다. 정문과 후문에서 수위 및 주차관리 근로학생의 엄격한 통제하에서 교직원 외 일반인과 학생들의 차량 출입을 통제하는 경우에는 자주적으로 관리 및 통제하고 있는 사실을 인정할 수 있다는 취지로 '도로'가 아니라는 것이었다.

운전면허 구제절차 실무상으로도 시내권에 있는 대학 구내 주변에는 유흥가가 밀집해 있어 음주운전이 빈번하게 발생하고, 이와 같은 법리를 따질 필요성이 잦다.

일단 개정법률안이 통과되지 않은 상태지만 사회적으로도 이 같은 문제가 있기 때문에 조만간 어떤 방식으로든 개정될 것으로 보인다.

한편 차단기가 대학의 모든 입구에 설치돼 있다고 하더라도, 공휴일이나 주말에는 외부인에게도 개방이 되는 경우가 많다. 이 까닭에 차단기가 올라간 채로 통제를 하지 않는 경우도 많기 때문에 차단기가 설치돼 있다는 사실만으로 도로성을 판단하기 어려운 부분도 존재한다.

"대학 구내 음주운전 관련 법 개정해야 한다!"

대학 구내는 비교적 차량 통행이 적기 때문에 운전자가 심리적으로 속도를 내고 싶은 충동을 느낄 때가 많으므로 늦게 남아서 공부를 하고 돌아가는 대학생들의 안전을 위해서라도 충분히 입법할 필요성이 있다.

나홀로 하는 운전면허취소 행정심판

노상주차장과 주유소에서의 음주운전

도로를 지나가다 보면 자동차의 주차를 위해 도로의 노면 또는 교통광장의 일정한 구역에 설치해 놓은 시설을 볼 수 있다. 도로 가장자리 한편에 있는 이곳을 '노상주차장'이라고 하는데 단시간 주차를 위하여 마련된 공간이다. 이 노상주차장은 특별시장·광역시장, 시장·군수 또는 구청장이 설치 및 관리를 하게 된다.

관리 위탁도 가능한데, 위탁을 받은 자는 노상주차장에 주차하는 사람들에게 주차요금을 받을 수도 있다. 그러나 보통은 무료로 이용되는 경우가 많다. 문제는 음주운전과 관련하여 이 노상주차장을 도로로 볼 것인지 주차장으로 볼 것인지 여부이다.

노상주차장은 도로와 주차장의 두 가지 성격을 다 가지기 때문에 실질적으로 도로이자 주차장이다. 그렇다면 노상주차장에 대하여 주차장법을 적용해야 하는지, 아니면 도로교통법을 적용해야 하는지가 문제가 된다. 대법원 판례에 따르면 노상주차장에 대해서는 주차장법의 규정이 우선 적용되고 주차장법이 적용되지 않는 범위에서 도로교통법 등이 적용된다.

이 논거를 유력하게 뒷받침하는 근거는 주차장법에 있다. 주차장법 제2조는 '주차장'에 대해서 개념정리를 하고 있는데, 그중에 '노상주차장'이란 단어가 명기돼 있다. 법률에 명확히 나와 있는 이상 노상주차장을 주차장이라고 보는 것이 정확하다.

그렇다면 노상주차장에서 음주운전을 하면 어떻게 될까?

노상주차장은 주차장법에 의하여 규율을 받는 공간이므로 벌금 등 형사처분은 받겠지만, 면허취소 등 행정처분은 부과되지 않는다. 다만, 노상주차장 구획선에서 1cm라도 벗어나면 도로로 인정되므로 그때에는 면허의 정지나 취소를 감수해야 한다.

이러한 법리는 노상주차장에서 대리운전기사를 기다리면서 차량 안에 대기하다가 기어 조작 실수로 약간 차량을 이동시켰을 경우에 떠올리면 도움이 될 것이다. 그런 경우라도 신고가 들어가면 일단 경찰은 조사를 해야 하기 때문에 운전자 입장에서는 억울한 일이 발생할 수 있다. 그러므로 이성적으로 판단하고 적절한 대응을 해야 한다.

한편 자주 발생하는 일은 아니지만, 주유소나 가스충전소 안에서 음주운전을 했을 경우도 논란이 된다. 대법원(2002도6710 판결)은 특정한 용건이 있는 사람들만 이용하는 공간이므로 이러한 곳을 도로가 아니라고 판시했지만, 주유소나 가스충전소는 도로와 연접해 있는 곳이 대부분이고 주유 목적 외에 화장실을 이용한다든지 하기 위하여 아무나 출입할 수 있는 공간이므로 도로에 해당한다는 의견도 많다.

판례에 따를 경우에는 구제가 되겠지만 소송에 앞선 행정심판은 판례의 경향과 어긋나는 경우가 많아 행정심판위원회가 이를 받아들일지는 미지수이다.

이처럼 음주운전 사건은 상당히 다양한 모습으로 이뤄지고 있는 것이 현실이다. 어찌 됐든 술을 마셨으면 운전대를 잡지 않는 게 가장 좋다. 그러나 진정으로 억울하게 적발이 된 경우라면 이러한 사례들 역시 한 번쯤 떠올려 볼 만하겠다.

노상주차장과 함께 아래와 같은 공터도 문제가 된다. 법으로 확실하게 규정된 부분도 없고 법으로 일일이 정할 수도 없기 때문에 주차장인지 도로인지는 경우에 따라 판단할 수밖에 없다.

PART 05

위드마크공식

"위드마크공식 과연 신빙성이 있을까?"

필자는 2015년 7월에 공중파 3사 중 한 방송국과 전문가 인터뷰를 한 적이 있다. 당시 취재진이 자문을 구한 것은 다름 아닌 위드마크공식의 계산법 때문이었다. 뉴스나 교과서에 나온 대로는 아무리 계산해도 식이 산출이 안 됐기 때문이다. 여러 명이 머리를 맞대도 정확한 답이 나오지 않고 식도 어렵다는 하소연이었다. 사실 그만큼 어려운 게 위드마크공식이다.

앞에서 위드마크공식에 대해서 잠깐 설명한 바 있다. 다시 언급하자면, 위드마크공식이란 스웨덴의 독일계 생리학자 위드마크가 1931년 창안한 공식이다. 당시 위드마크는 흥미로운 실험을 했다. 일단 그는 스웨덴의 명문 룬드(Lund)대학 의과대학을 다니고 있는 학생들(19~40세까지)을 남자 20명 여자 10명을 모았다. 그리고 실험을 위해 당일에는 식사를 못 하게 한 뒤에 희석 알코올음료, 브랜디, 코냑 등 세 종류의 술을 마시게 했다.

당시 학생들은 술을 15분 이내에 마셔야만 했으니 상당히 고통스러웠을 것이다. 그 후 4시간 동안 9회에 걸쳐 혈액을 채취했는데, 이 같은 실험을 50일이 넘도록 비슷한 방법으로 반복해서 나온 공식이 위드마크공식이다. 한마디로 알코올이 체내에서 어느 정도 시간에 얼마만큼 흡수가 되고 분해가 되는지를 나타낸 수식이다.

현재 이러한 위드마크공식은 1985년 우리나라 경찰청이 처음 도입한 이래 음주운전 여부를 증명할 때 요긴하게 사용되고 있다. 하지만 이 공식의 계산식이 과연 과학적인지에 대해서는 아직도 논란이 많다.

첫째로 이 공식은 우리나라의 실정에 안 맞는다는 지적이 있다. 위드마크공식은 스웨덴 사람을 대상으로 한 것으로 우리 사회의 일반적인 경험칙으로 받아들이는 것은 우리 사회의 인종 구성이나 음주문화의 특수성을 전적으로 도외시한 것이라는 학계의 비판이 존재한다.

둘째로 전제조건 자체가 비현실적이라는 이야기도 나온다. 학계의 논문 등에 따르면 위드마크공식의 실험조건은 피실험자가 실험 당일 '공복에' 희석 알코올음료, 브랜디, 코냑 등 세 종류의 술을 마시게 하였고 '약 15분 이내에 신속하게 한꺼번에 마시는 방법'을 택했다. 그런데 통상 우리나라 사람의 음주습관은 이와는 상당히 다르다. 다른 음식물과 함께 이야기를 나누며 천천히 술을 마시는 데다, 일정한 시간을 정하고 마시는 일이 거의 없는 우리네 음주문화와는 너무 동떨어져 있다는 지적이다.

마지막으로 혈중알코올농도에 영향을 미치는 다양한 요소들은 여러 가지가 있다는 점이다. 위드마크공식에서 기준으로 삼는 요인은 음주량, 알코올농도, 음주자의 체중, 위드마크 상수 등 상당히 단순하다. 그러나 이외에도 음식의 섭취 여부, 음주량과 음주 속도, 체온 및 호흡온도, 술의 종류와 알코올 도수, 음주 시간대, 성별 차이, 개인별 알코올 분해 효소인 알코올 데히드로게나제(ADH) 보유율 차이, 육체 활동 등 여러 가지 원인이 있고, 이와 같은 것들을 고려해야 하지 않겠느냐는 것이 학계의 목소리다.

필자 자신이 느끼기에도 위드마크공식은 상당히 불완전한 부분이 있다. 그런데도 수사기관에서는 이를 마치 절대 진리인 것처럼 활용하는 사례가 많은데, 사실 이런 점이 개선되지 않는 이상 운전면허 구제 절차 실무상 위드마크공식으로 피해를 보는 일을 막을 수는 없다.

어찌 됐든 위드마크공식은 그 불완전성이 인정되는 만큼 최대한 사용을 제한해야 한다. 그렇지 않으면 피의자의 권리구제는 저만치 더 멀어질 수밖에 없다.

"위드마크공식을 대체할 공식을 찾아야 한다."

음주측정 시 사용할 위드마크공식을 대체할 만한 공식이 나오지 못하고 있다. 만들어진 지 100년이 다가오는 불완전한 공식이 아직도 사용되고 있는 게 현실이다. 이를 조속히 우리 실정에 맞춰 대체할 수 있는 관련 학계의 노력이 필요하다.

"무리한 위드마크공식의 적용은 무죄로 이어진다."

지금은 시간이란 망각제에 묻혀 많이 잊혔지만 지난 2015년 1월 국민적 공분을 샀던 20대 가장 뺑소니 사고, 이른바 '크림빵 뺑소니' 사건은 음주 수치 기준에 대한 모호함을 정확히 드러낸 사례라 할 수 있다.

당시 아내에게 줄 크림빵을 갖고 귀가 중이던 29살 강 모 씨가 뺑소니 차량에 치여 숨진 이 사건이 발생한 뒤 운전자 허 모 씨는 사고 발생 19일 만에 자수했다. 법원은 운전자 허 씨에 대해 징역 3년을 선고했는데 논란이 됐던 부분은 음주운전 혐의였다.

법원은 위드마크공식을 적용해 기소한 허 씨의 음주운전 혐의에 대해서 정확한 음주 수치를 알 수 없다며 무죄를 선고한 것이다. 알다시피 음주운전 혐의는 술을 마셨다고 무조건 성립이 되는 것은 아니다. 운전 당시의 혈중알코올농도가 0.05% 이상이 나와야 하며 이를 증명하지 않으면 결과적으로 음주운전이 아니게 된다. 재판부는 이 점을 인정해서 음주운전 사실에 대해서는 증거 불충분으로 무죄를 선고한 것이다.

여기서 주목해야 할 부분은 검찰 측의 기소 이유다. 검찰은 허 씨와 사고 전까지 술자리를 함께했던 직장동료의 증언, 체포 당시 측정한 허 씨의 체중 등을 토대로 음주량을 소주 900㎖, 체중을 67.5㎏으로 위드마크공식을 적용했다. 그 결과 혈중알코올농도가 0.260%가 나왔는데, 여기서 재판 과정에서 나타난 동료들의 증언, 허 씨의 당시 음주량, 음주 후 사고 발생까지의 시간 경과 등이 다소 차이가 난다는 이유로 위드마크공식을 다시 계산해 0.162%의 혐의로 기소했다.

단순히 증언과 정황만 가지고 계산을 하다 보니 이처럼 큰 차이를 만들어낸 것이다. 결과적으로 이처럼 신빙성 없는 계산 결과 때문에 법원은 검찰의 음주운전 혐의 기소 부분을 인정하지 않았던 것이다.

수사시관의 절차적 실무상 위드마크공식은 광범위하게 활용이 되고 있는데, 위와 같은 사례에서 보듯 위드마크공식은 상당한 한계를 가지고 있다. 일반적으로 술을 마시고 운전을 한 정황은 있는데, CCTV도 없고, 목격자의 진술만 있는 데다 시간이 많이 흐른 뒤에 혐의가 드러난 경우라면 최후의 수단으로 위드마크공식을 적용해 처벌하게 된다. 하지만 이 같은 적용은 확실한 증거 없이 간접 증거만 가지고 혐의를 입증한다는 데서 큰 허점이 있을 수밖에 없다.

이와 관련해 실제로 필자가 맡았던 사건을 하나 소개해본다. 자동차 생산직 직원인 남성 A씨는 어느 날 채팅에서 알게 된 20대 여성 B씨를 만나게 된다. 호프에서 가볍게 술을 마시고 2차로 술을 한 잔 더 마시기로 한 둘은 이동을 하게 됐는데, 대리운전기사를 부르지 않고 A씨가 직접 차를 운전하고 10km 정도를 이동했다. 그런데 그 와중에 차량에 펑크가 나, 견인차를 부르게 됐고 차는 놔둔 채 둘은 그 자리에서 숙박업소에 가서 잠을 청하게 됐다. 그런데 다음날 일어나 보니 A씨는 지갑이 없어져 있었고, B씨도 이미 자리를 뜬 후였다. 속칭 '꽃뱀'에게 당했음을 직감한 A씨는 절도죄로 B씨를 신고했는데, 조사를 받은 뒤 이에 앙심을 품은 B씨는 A씨를 음주운전으로 신고했다.

사건이 발생한 지는 이미 한 달이 넘은 시점이었는데, 경찰은 B씨의 증언을 토대로 A씨가 술을 마신 양과 A씨의 체중을 계산해 음주운전 의견으로 검찰에 송치했다. 그런데 A씨와 B씨의 주장이 상당히 달랐다. A씨는 맥주 1잔을 마셨다고 주장하는 반면, B씨는 소주 1병을 마셨다고 주장을 했는데, CCTV도 이미 지워진 상태로 검찰 역시 딱히 증거로 삼을 만한 것이 없었다. 그런데도 검찰은 B씨의 증언을 인정해 기소했고, A씨는 무죄를 받았다.

위드마크공식의 한계

상반된 진술이 있는 경우에도 수사기관은 일단 위드마크공식을 적용해서 혐의를 입증하는 경향이 있다. 하지만 피의자의 권리 보호 측면에서 과연 이러한 경향이 바람직한지는 의문이 아닐 수 없다. 확실한 정황상 증거가 없고, 목격자의 진술에 신빙성이 없는데다, 목격자 자체가 피의자와 이해 관계에 놓여 있다면 무리하게 위드마크공식을 적용하는 데 있어 다시 한 번 생각해볼 필요가 있다. 위드마크공식은 그 자체로도 명확한 한계가 존 재하기 때문이다.

03

"무분별한 위드마크공식
사용을 자제해야 한다!"

위드마크공식은 법원이 채택하고 있는 혈중알코올농도 역추산 방식이긴 하지만, 상당한 문제점이 있으므로 무분별한 적용은 자제해야 한다.

그런데도 수사기관의 절차적 실무상에서는 거의 동일한 사안에 대해서도 A경찰관은 위드마크공식을 적용하고, B경찰관은 적용하지 않는 '묻지 마' 식 적용이 판을 치고 있다. 이는 교통계 경찰관들의 이론·실무지침서인 『음주운전수사론』(2015, 경찰교육원 발간)에서도 지적하고 있는 바이기도 하다.

이 수사지침서에서도 위드마크공식은 5가지 사례에 한정하고 있으며, 공식 적용에 있어서도 도로교통법에서는 혈중알코올농도 0.05% 이상의 수치를 확인하는 방법으로 음주측정기에 의한 호흡측정방법과 채혈에 따른 혈액측정방법을 택한다고 규정돼 있다.

"법 규정이 없는 위드마크공식을 형사처분의 기준으로 삼고자 한다면 구체적이고 합리적인 적용기준을 만들어 법제화하는 것이 타당하다."고 기술하고 있을 정도로 그 적용을 정확하게 해야 한다는 점을 강조하고 있는 것이다.

이 책에서 기준으로 삼고 있는 위드마크공식 적용 사례는 ①음주측정결과에 이의를 제기하여 채혈하는 경우, ②교통사고가 발생한 경우, ③뺑소니 후 검거된 경우, ④음주운전을 종료한 후 추가로 술을 마신 경우, ⑤유일하게 운전자의 진술만 있고, 혈중알코올농도를 측정할 방법이 없는 경우 등이다.

구체적으로 보자면 음주측정결과에 대해 이의를 제기한 경우는 예를 들어 22:00에 0.100%에 측정되었다가 22:30경에 채혈하여 0.097%가 나온 사례를 들 수 있다. 이 경우 원칙대로라면 채혈 수치가 적용되어야 하지만 호흡측정 시간과 채혈측정 사이의 간격이 발생하기 때문에 그동안의 알코올농도 상승 정도를 계산하여 1시간당 0.008%(평균값) - 30분당 0.004%를 더하면 0.101%가 되므로 면허는 취소되고 벌금도 300~500만 원의 형사처분을 받게 된다.

교통사고와 뺑소니가 발생한 경우도 이와 동일한 법리이며, 음주운전을 종료한 후에 술을 마신 후 적발이 되면, 음주 측정한 결과값에서 운전을 종료한 후 마신 술의 양을 위드마크공식으로 계산해 감해주게 된다.

마지막으로 적발현장에서 적발되지 않고 수일 후에 적발되어 피의자가 음주운전 사실을 자백한 경우 혈중알코올농도를 측정할 방법이 없는데, 이 경우 음주운전자의 체중 등을 위드마크공식에 대입하여 계산함으로써 당시 마신 혈중알코올농도를 추측해내야 한다. 이 방법이 예전에 전국을 떠들썩하게 했던 일명 '크림빵 뺑소니 사건'에서 사용된 것인데, 사실 그 정확도가 매우 떨어진다는 단점이 있다. 실제로 이 사건에서 음주운전자는 그 신빙성을 인정받지 못해 음주운전 혐의에 대해서는 1심 법원에서 무죄를 선고받았다.

한편 위에서 서술한 5가지 사례 외에도 무분별하게 위드마크공식이 활용되고 있는 게 현실이다. 가령 음주운전자가 적발이 된 후 호흡측정기가 고장 나서 단속 경찰관이 호흡측정기를 다른 지구대에서 빌려 오느라고 1시간 이상을 지체한 경우, 최종음주시각을 현장에서 잘못 적었다가 나중에 정정되지 않고 끝까지 확정되는 경우까지 위드마크를 적용하는 경우가 심심치 않게 나오고 있다.

이런 사례까지도 위드마크공식을 적용하여 혈중알코올농도를 가산하는 것은 너무 가혹하다. 위드마크공식은 그 한계성이 명확한 만큼 위와 같은 공식적인 5가지 사례 외에는 적용을 지양해야 하며 5가지 사례에 있어서도 확실한 경우에만 적용해야 할 것이다.

무분별하게 적용되는 위드마크공식

그런데도 일선 경찰서에서 위드마크공식을 무분별하게 적용하고 있는 게 현실이다. 확실한 기준을 마련해서 적용해야 함에도, 이에 대한 정확한 기준이 없다. 경우에 따라서는 음주운전자의 면허가 취소되고 안 되고의 문제가 발생하기 때문에 위드마크는 그 적용에 있어서 신중을 기해야 할 것이다.

04

"알코올농도가 높으면
위드마크공식 활용은 무리다."

앞서 설명하였든 위드마크공식은 혈중알코올농도 0.049%나 0.101% 등 면허정지 또는 취소 기준의 최소치에 근접할 때 혈중알코올농도 상승기 및 하강기를 통하여 가산하거나 감산하는 게 가능하다.

그런데 이러한 위드마크공식에 대한 지식이 인터넷 등을 통하여 널리 퍼지면서 "저는 농도가 높지만, 혈중알코올농도 상승기에 걸렸으니 호소할 수 있는 부분이 없지 않습니까?"라는 질문이 많이 들어온다. 어떤 질문자는 의기양양하게 수사기관에 이런 부분을 따져서 무죄를 만들 수 있다는 자신을 갖고, 그것을 다시 한 번만 확인시켜달라는 식으로 대뜸 질문을 던지기도 한다.

속담에 선무당이 사람을 잡는다고 했다. 위드마크공식은 한계가 있으므로 이미 규정되어 있는 대표적인 5가지 사례 외에는 경찰 역시 무분별하게 적용해선 안 되겠지만, 음주운전자 역시 위드마크공식을 자신의 음주운전을 정당화하는 데 악용해선 안 된다.

혈중알코올농도 상승기나 하강기로 인하여 약간의 차이로 면허의 생사를 가를 수 있는 상황을 제외하고는 위드마크공식의 활용은 사실상 무용하다.

나홀로 하는 운전면허취소 행정심판

가령 혈중알코올농도 0.164%가 나왔다고 가정해 보자. 이 경우에 술을 마시고 5분도 되지 않아 운전을 시작했고 그 결과 100m도 못 가 적발이 되었는데, 어떤 불가피한 사유로 1시간 뒤에 호흡측정을 한 결과 혈중알코올농도가 0.164%가 나왔다면 억울한 부분이 있을 수 있다.

운전이 종료된 시각부터 60분간 혈중알코올농도는 계속 상승을 하다가 측정된 것이기에 적어도 운전 당시의 혈중알코올농도가 0.164%보다는 낮다는 것은 인정 받을 수 있을 것이다. 하지만 그뿐이다. 설령 위드마크공식에 따라 혈중알코올농도 0.008%를 감한다고 해도 0.156%가 되므로 상황이 달라지는 것은 거의 없다고 봐야 한다. 그런데도 이런 사례에 있어 정확한 지식도 없이 혈중알코올농도 상승기에 측정이 지연됐다는 사유만으로 이에 대해 이의를 제기한들 의미가 없다. (관련 판례 2010노1811 판결)

**"위드마크공식은 혈중알코올농도
0.050%. 0.100% 등에서만 활용 가능해요."**

결과적으로 법원의 표현대로 혈중알코올농도 수치가 0.050%와 0.100%의 경계선상에 있으면 실익이 있겠으나, 농도 자체가 높다면 섣부른 위드마크공식의 활용은 금물이라 하겠다.

위드마크공식의 적용 방법

이전에 설명했듯 위드마크공식은 태생적인 한계를 갖고 있다. 그런데도 이를 대체할 만한 공식이나 의학적인 접근방식이 없어서 법원이 이를 채택하고 있는 상황이다. 어찌 됐든 대체재가 없는 이상 이 공식을 인정할 수밖에 없다는 뜻이다.

한편으로 위드마크공식은 그 적용 방식이 의외로 간편하다는 장점이 있다. 수사기관의 절차적 실무상 채택하고 있는 최종음주시각으로부터 90분이 지난 시점(혈중알코올농도 상승기)부터는 혈중알코올농도가 하강한다고 보고, 90분이 지난 시점에서 호흡측정까지 흐른 시간을 계산해서 혈중알코올농도를 가산해주기만 하면 된다. 이때 1시간당 혈중알코올농도 0.008%를 합산하게 되며, 30분이라면 0.004%를 가산한다.

예를 들어서 최종음주시각이 23:00경이고 적발돼 운전을 종료한 시각이 00:30경인데, 현장에서 경찰과 실랑이를 벌이느라 시간이 경과돼 01:00경에 호흡측정이 이뤄졌다면, 다음과 같이 판단을 한다. 첫째 최종음주시각과 호흡측정시간 사이의 간격이 90분이 넘는지 여부를 먼저 판단해야 한다.

위 사안에서는 최종음주시각이 23:00경이고 호흡측정 시각이 01:00경이므로 그사이 120분이 경과했고 따라서 혈중알코올농도 상승기 90분을 넘어 하강기로 접어든 시점에 측정된 것이다. 혈중알코올농도 상승기인 경우에는 위드마크공식으로 가산을 시키지 않지만, 하강기에 해당하기 때문에 가산할 수 있고, 이 경우 90분 이후 30분이 더 지났기 때문에 0.004%를 가산하면 된다.

따라서 만일 호흡측정 당시 운전자의 혈중알코올농도가 0.098%였다면 30분의 하강기에 해당하는 농도 0.004%를 가산하여, 0.102%로 최종 도출이 되는 것이다. 이 경우 운전자 입장에서는 곡소리가 날 수밖에 없다. 면허가 100일 정지인 줄 알았는데(교육을 받으면 50일 정지로 감해진다) 1년 취소가 됐으니 말이다. 수사기관의 절차적 실무상 이런 일이 비일비재하게 일어나고 있으며 원칙적으로 위드마크공식을 무리하게 적용한 경우가 아니라면 정당한 공권력의 행사라고 할 수 있다.

다음으로 교통사고가 발생한 경우이다. 사고가 발생하면 사고 수습을 위하여 통상 호흡측정이 늦게 이뤄질 수밖에 없는데 이때 위드마크공식은 요긴하게 사용된다.

가령 최종음주시각이 19:30경이었고 술을 마신 상태로 운전하여 20:30경에 교통사고가 발생해 경찰이 출동하여 20:50경에 사고 현장에 도착, 21:00경에 호흡측정을 하여 혈중알코올농도가 0.088%가 나왔고 이에 불복하여 운전자가 채혈측정을 요구하여 21:30경에 채혈측정을 한 결과 0.097%가 나왔다면 채혈측정 결과가 호흡측정에 우선하므로 최종음주시각과 채혈측정 시각 사이의 간격을 우선 고려해야 한다. 그 간격이 120분이므로 역시 위드마크공식 적용 대상이 되며 이경우에는 혈중알코올농도 하강기를 적용하며 최종운전시각과 채혈측정시각의 간격은 60분이므로 0.008%를 가산해 위드마크 적용 최종 혈중알코올농도는 '0.097 + 0.008'로써 0.105%가 나옴으로써 면허는 취소가 된다. 즉, 위드마크공식을 적용할 때는 먼저 혈중알코올농도 상승기(최종음주시각으로부터 90분 이내)인지 하강기인지를 판단한 뒤에, 최종운전시각과 호흡측정(채혈측정)을 한 시각의 간격을 놓고 계산을 해주면 된다.

이처럼 위드마크공식은 혈중알코올농도 상승기를 지나서 측정이 이뤄졌을 때 사용이 된다. 통상적으로는 교통사고가 발생하여 시간이 많이 흘렀을 때 적용되는 경우가 많다. 하지만 법원 역시 위드마크공식의 사용 시 상당한 주의가 필요하다고 인정하고 있는 만큼 무분별한 적용은 자제해야 할 것이다.

위드마크 계산식

1. 일반 공식

$$\frac{\text{음주량(ml) 알코올농도} \times \text{알코올비중(0.7894g/ml)} \times \text{체내흡수율(0.7)}}{\text{체중(kg)} \times \text{R(남: 0.86\%, 여: 0.64)} \times 10}$$

2. 부가적인 공식

혈중알코올농도(C) =

$$\frac{\text{섭취한 알코올의 양(g)}}{\text{체내 모든 수분의 양(dl)}} =$$

$$\frac{\text{A(알코올의 양)}}{\text{P(체중)} \times \text{R(성별계수)} \times 10} =$$

나홀로 하는 운전면허취소 행정심판

"운전이 끝난 뒤 술을 마신 경우는?"

2015년 6월의 어느 날. 회사원 박 모 씨(43)는 야근을 끝내고 직장에서 나와 자신의 승용차를 운전하면서 집으로 향했다. 10분 정도 운전을 하던 도중 두 개 차선을 동시에 끼고 달리는 운전자와 약간의 실랑이가 있었지만, 자택에는 무사히 도착할 수 있었다. 이후 야근으로 인한 스트레스를 풀려고 저번 주에 사둔 맥주 2캔을 벌컥벌컥 마시고 있을 때였다. 밖에서 벨 소리가 났다. 박 씨는 늦은 밤이라 짜증이 올라왔지만, 일단 인터폰으로 불청객의 신원을 확인했다.

"밤중에 누구세요?"

"경찰입니다. 늦은 밤 죄송합니다. 00다 0000 차주분이시죠? 음주운전 신고가 들어와서요."

음주운전을 전혀 한 적이 없는 박 씨는 어이가 없었다. 그러나 일단 경찰의 요구대로 호흡측정을 하였고 그 결과 혈중알코올농도는 0.115%가 나왔다. 박 씨는 운전을 끝내고 난 뒤 술을 마신 것이라 전혀 문제가 없을 거란 생각에 경찰의 요청대로 임의동행에도 그대로 응했다. 알고 보니 아까 시비가 있었던 상대 운전자가 홧김에 박 씨를 음주운전으로 신고한 모양이었다. 박 씨는 이때까지만 해도 당연히 문제없이 종결될 것이라고 믿고 있었다.

하지만 결과는, 면허취소에 벌금 300만 원. 박 씨가 운전을 종료한 뒤 술을 마셨다는 증거를 내놓지 못했기 때문이다. 박 씨는 너무 억울했지만 어찌할 방법이 없어 행정심판을 준비 중이다.

위 사례는 실제로 발생한 일이고, 운전면허 구제절차 실무를 하다 보면 위와 같은 사례를 적지 않게 본다. 운전을 끝낸 후 술을 마시다가, 신고를 받고 나온 경찰에게 적발된 경우다. 이런 때에 운전을 종료한 후 술을 마셨다는 증거를 제시하지 못하면 열에 아홉은 음주운전 혐의가 적용된다.

박 씨의 사례도 상대편 운전자가 "음주운전을 한 것처럼 비틀거리면서 운전을 하고, 눈이 충혈됐고, 술 냄새가 났어요."라고 진술을 했기 때문에 이를 뒤집을 수 있는 반대 증거가 없으면 신고자의 말이 더 신빙성이 있다고 판단된다는 이유에서 순식간에 음주운전자가 되고 만 것이다.

누가 봐도 억울한 사례지만, 운전종료 후 술을 마셨다는 확실한 영상자료나 물증이 있어야 만 이를 뒤집을 수가 있고, 운전면허 구제절차 실무상 목격자나 지인의 진술만으로는 혐의를 벗기에는 충분하지 않다. 그러나 많은 경우, 이를 증명할 길이 묘연해서 그대로 취소를 당하고 벌금을 내야 하는 경우가 많다. 이와 비슷한 경우로 술을 마신 뒤 음주운전을 하지 않고 차에서 잠을 자다가 적발이 되는 사례들이 있다. 이때에도 역시 음주운전을 안 했다는 증거를 제시하지 못하면 정황상 음주운전을 한 것이 되어 행정처분과 형사처분을 받게 된다.

이 같은 일이 발생했을 때 가장 좋은 방법은 감정을 앞세우기보다 냉정하게 상황을 직시하고 자신에게 유리한 증거를 수집하는 것이다. 박 씨처럼 "당연히 내 말을 믿어 줄 것"이라고 생각해선 안 된다. 확실한 증거가 없으면 진실도 가려지기 때문이다.

　나홀로 하는 운전면허취소 행정심판

위드마크공식을 통해 구제가 된 사례

대법원 2008. 8. 21. 선고 2008도5531 판결【교통사고처리특례법위반·도로교통법위반(음주운전)】

[판시 사항]

1. 음주측정 결과를 유죄의 증거로 삼기 위한 요건
2. 위드마크(widmark) 공식을 사용하여 주취 정도를 계산하는 경우, 그 전제 사실을 인정하기 위한 증명의 정도와 방법
3. 운전자에 대한 음주 측정 시 구강 내 잔류 알코올 등으로 인한 과다측정을 방지하기 위한 조치를 전혀 취하지 않았고, 위드마크공식에 따라 혈중알코올농도를 산출하면서 적합하지 아니한 체중 관련 위드마크 인수를 적용한 점 등에 비추어, 음주운전을 하였다고 단정할 수 없다고 한 사례

[판결 요지]

1. 도로교통법 제44조 제2항의 규정에 의하여 실시한 음주측정 결과는 그 결과에 따라서는 운전면허를 취소하거나 정지하는 등 당해 운전자에게 불이익한 처분을 내리게 되는 근거가 될 수 있고 향후 수사와 재판에 있어 중요한 증거로 사용될 수 있으므로, 음주측정은 음주측정 기계나 운전자의 구강 내에 남아 있는 잔류 알코올로 인하여 잘못된 결과가 나오지 않도록 미리 필요한 조치를 취하는 등 그 측정결과의 정확성과 객관성이 담보될 수 있는 공정한 방법과 절차에 따라 이루어져야 하고, 만약 당해 음주측정 결과가 이러한 방법과 절차에 의하여 얻어진 것이 아니라면 이를 쉽사리 유죄의 증거로 삼아서는 아니 된다.
2. 범죄구성요건 사실의 존부를 알아내기 위해 과학 공식 등의 경험칙을 이용하는 경우에 그 법칙 적용의 전제가 되는 개별적이고 구체적인 사실에 대하여는 엄격한 증명을 요하는바, 위드마크공식의 경우 그 적용을 위한 자료로 섭취한 알코올의 양, 음주 시각, 체중 등이 필요하므로 그런 전제 사실에 대한 엄격한 증명이 요구된다. 한편, 위드마크공식에 따

른 혈중알코올농도의 추정방식에는 알코올의 흡수분배로 인한 최고 혈
중알코올농도에 관한 부분과 시간 경과에 따른 분해소멸에 관한 부분이
있고, 그중 최고 혈중알코올농도의 계산에서는 섭취한 알코올의 체내흡
수율과 성, 비만도, 나이, 신장, 체중 등이 그 결과에 영향을 미칠 수 있
으며 개인마다의 체질, 음주한 술의 종류, 음주 속도, 음주 시 위장에 있
는 음식의 정도 등에 따라 최고 혈중알코올농도에 이르는 시간이 달라
질 수 있고, 알코올의 분해소멸에는 평소의 음주 정도, 체질, 음주 속도,
음주 후 신체활동의 정도 등이 시간당 알코올 분해량에 영향을 미칠 수
있는 등 음주 후 특정 시점에서의 혈중알코올농도에 영향을 줄 수 있는
다양한 요소들이 있는바, 형사재판에 있어서 유죄의 인정은 법관으로
하여금 합리적인 의심을 할 여지가 없을 정도로 공소사실이 진실한 것이
라는 확신을 가지게 할 수 있는 증명이 필요하므로, 위 각 영향 요소들
을 적용함에 있어 피고인이 평균인이라고 쉽게 단정하여서는 아니 되고
필요하다면 전문적인 학식이나 경험이 있는 자의 도움을 받아 객관적이
고 합리적으로 혈중알코올농도에 영향을 줄 수 있는 요소들을 확정하여
야 한다.

3. 운전자에 대한 음주 측정 시 구강 내 잔류 알코올 등으로 인한 과다측
   정을 방지하기 위한 조치를 전혀 취하지 않았고, 위드마크공식에 따라
   혈중알코올농도를 산출하면서 적합하지 아니한 체중 관련 위드마크 인
   수를 적용한 점 등에 비추어, 혈중알코올농도 측정치가 0.062%로 나
   왔다는 사실만으로는 운전자가 혈중알코올농도 0.05% 이상의 상태에
   서 자동차를 운전하였다고 단정할 수 없다고 한 사례.

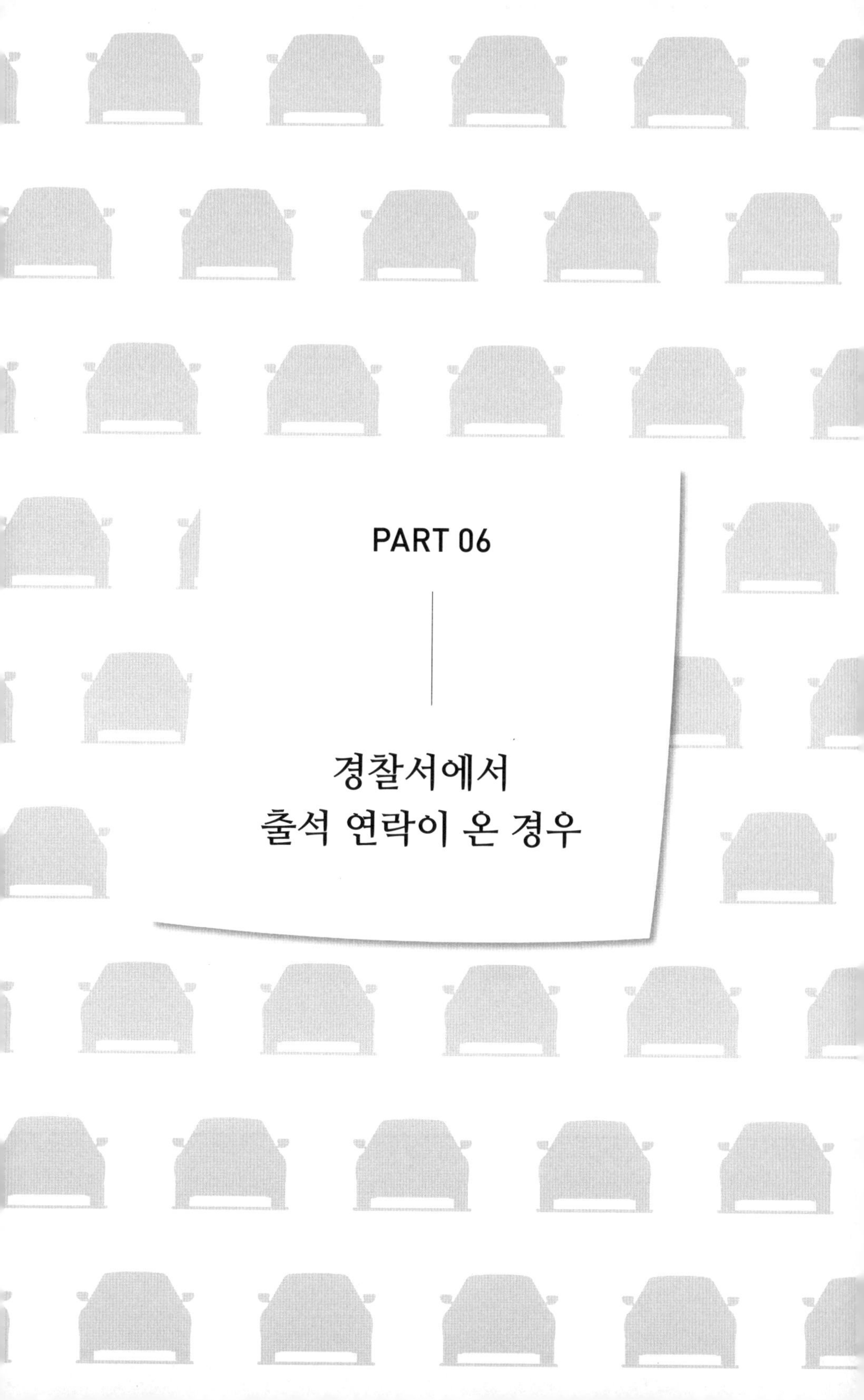

PART 06

경찰서에서
출석 연락이 온 경우

01

"경찰서 가기 전에 뭘 해야 하죠?"

"행정사님, 내일 경찰서 갈 일을 생각하니까 심장이 다 떨립니다. 태어나서 한 번도 경찰서 가 본 적도 없는데, 어떻게 해야 합니까?"

평소 선량하게 살아온 사람이라면 나이, 성별, 직업에 상관없이 경찰서가 공포의 대상으로 다가온다.

그 두려움을 없애기 위해서는 경찰서에 가기 전에 미리 마음을 정리해 두는 것이 좋다. 모든 두려움은 '무지(無知)'에서 태어나는 것이고, 그 두려움이 커져 '말실수'로 귀결되는 경우가 적지 않기 때문이다. 그러니 경찰서에 가기 전에 잘못은 인정하되 담담하게 마음가짐을 바로하고 가는 게 좋다.

일반적으로 음주운전으로 적발되면 경찰서에서 7일 안에 전화로 음주운전 혐의자에게 연락을 준다. 이 경우 담당 경찰관이 배정되는데, 담당 경찰관은 현장에서 음주운전을 단속했던 사람일 수도 있고 아닐 수도 있는데, 대부분은 다른 사람인 경우가 많다. 현장에 출동하는 경찰과 조서를 작성하는 경찰이 다르기 때문이다. 그런 이유로 현장에서 술김에 경찰에게 약간의 실수를 했다 하더라도 충분히 사과했다면 그 때문에 경찰서에 가서까지 주눅이 들 필요까지는 없다.

음주운전 적발 이후에 경찰서에서 전화가 오면 출석 날짜를 잡는다. 이 날짜는 담당 경찰관이 근무하는 날짜와 음주운전 혐의자의 시간에 맞춰 평일·휴일·낮·밤 상관없이 정해진다. 만일 시간이 여의치 않으면 정중하게 조사를 미뤄달라고 요청하면 조사를 미룰 수 있다. 다만, 연락이 오지 않는다고 해서 사전에 약속도 없이 경찰서를 방문할 필요는 없다. 담당자가 없을 수 있으므로 헛걸음만 할 가능성이 크기 때문이다.

그리고 조사를 받는 장소가 너무 멀다면 집 근처 경찰서로 이관해 달라고 하면 된다. 다만, 이렇게 이관이 된 경우에는 이관 절차에 시간이 소요되기 때문에 빠르게 절차를 진행하는 사람에게는 불이익이 따를 수 있다.

아울러 경찰서에 가기 전에 반성문을 써가는 게 좋다. 반성문의 효과에 대하여 문의가 상당히 많은 편인데, 정확히 반성문 때문인지는 모르겠지만, 반성문을 낼 경우 벌금이 감경되는 사례가 적잖게 있고, 일단 자신의 사연을 한 번 정리하는 차원에서라도 한 번쯤 써보는 것도 나쁘지 않다. 반성문은 경찰서에 나오기 전에 서류봉투에 넣어 담당 경찰관에게 주면 되고, 이후 검사에게 사건이 송치(이전)될 때 같이 전달이 된다.

한편 약속 시간을 잡고 경찰서에 가게 되면 신상정보와 음주운전 당시의 상황을 물어본다. 경찰이 일일이 확인을 해가며 회사에 전화를 해보거나 하지는 않기 때문에 굳이 거짓말을 할 필요는 없다. 그리고 방문 전에 미리 피의자신문조서 질문지를 보고 가는 것이 떨지 않고 제대로 이야기를 할 수 있는 지혜로운 방법이겠다.

피의자신문조서 작성이 끝나면 임시운전면허증과 경우에 따라서 사전 예정 통지서를 교부해 준다. 당연한 이야기이겠지만 임시운전면허증의 기간이 만료되면 더 이상 운전을 해서는 안 된다. 그런데도 이 기간을 깜빡 잊고 운전을 하다가 무면허로 적발되는 경우가 제법 있으

   나홀로 하는 운전면허취소 행정심판

니 주의해야 한다. 피의자신문조서 작성 이후에는 임시운전면허증과 사전통지서를 발급해 준다. 이 경우에 이미 임시운전면허증을 받은 경우라면 주지 않는 경우도 있고, 사전통지서 역시 등기로 보내주는 경우도 있으니 알아두는 게 좋다. 아울러 경찰 조서 이후에는 행정심판을 청구할 때 필요한 취소결정통지서가 오기 때문에 잘 챙겨두는 게 좋다.

"행정심판 청구 시 언제 법조인에게 위임해야 하나요?"

경찰서 가기 전이 가장 이상적이다. 경찰서를 가게 되면 '피의자신문조서'라는 것을 작성하게 된다. 이 과정에서 해야 할 말과 하지 말아야 할 말이 있는데 경험이 없으면 제대로 답변을 할 수가 없고 잘못 말하게 되면 문서에 그대로 남기 때문에 자신이 한 말에 발목이 잡히고 만다. 그래서 경찰서 가기 전에 법조인에게 위임을 시작하라고 조언을 드리는 것이다. 이외에도 경찰서에 갈 때 반성문을 가져가면 효과가 있으므로 미리 시작하는 것이 가장 유리하다.

02

"반성문은 어떻게 써야 하나요?"

법조인 입장에서 반성문을 어떻게 써야 하는지까지 알려줘야 하는 게 과연 맞나 하는 생각을 수차례 거듭하다가 글로 옮기게 됐다. 체면 문제이기 때문이다. 그러나 면허취소가 예정된 사람들에게 반성문은 거의 유일하게 쉽게 접근할 수 있는 권리구제 수단이기 때문에 짚고 넘어가야겠다.

절실하게 도움이 필요한 이들에게 실질적으로 도움이 되는 것인데 마다할 일이 있겠는가. 필자의 경우에는 경찰서 피의자신문조서를 앞둔 의뢰인들에게 반드시 반성문만은 써가게 하고 있다. 이 때문에 한쪽에서는 공공연히 반성문 대필업자들에 대해서 문제로 삼은 MBC 보도 내용을 근거 삼아 필자를 간접적으로 조롱하기도 하는데, 어찌됐든 필자의 생각과 기조는 변함이 없다.

반성문은 분명 효과가 있기 때문이다. 하루에 수십 건씩 상담하다 보면 반성문의 효과를 직접 체험할 때가 많다. 그 효과가 미미하든 크든 간에 반성문을 검사실에서 참고한 뒤 피의자에게 전화를 걸어서 사실관계를 확인하거나, 선처해줄 요소를 찾는 경우가 적지 않다. 이런 현실적인 이유만으로도 반성문은 쓸 필요가 분명히 있으며, 다만, 피의자 자신이 전혀 관여하지 않은 틀에 박힌 듯한 대필 반성문은 효과가 없으니 이는 주의해야 한다. 즉 반성문 효용성이라는 본질적인 문제를 다뤄야지 대필이라는 현실로 이러한 점을 가려선 안 된다.

필자가 법조인이자 기자 출신으로서 경험에 뿌리를 두고 말씀드리는 반성문의 작성법은 이렇다. 반성문에는 반드시 3가지 요소가 들어가 있어야 한다.

첫째, 진심이 담긴 반성이다. 말 그대로 반성문은 반성이 담겨야 하는데, 문제는 이 반성을 통해 추상적으로 "음주운전을 해서 잘못했습니다. 한 번만 살려주세요. 다시는 이런 행동을 하지 않겠습니다."라고 적는 것보다는 "아침에 출근해서 문제가 없겠거니 착각했던 제 생각이 짧았습니다. 설마 아침에 단속할 것이라고는 생각을 못 했는데, 그런 잘못된 생각이 저를 이렇게 만든 것 같습니다. 사고가 발생하기 전에 적발되어 오히려 다행입니다. 정말 죄송합니다."라는 식으로 담담한 어조로 무엇을 잘못했는지를 확실하게 고백할 필요가 있다.

두 번째는 자신의 어려운 형편을 넣어야 한다. 이 부분에서 물론 거짓은 안 된다. 자신이 어떤 부분에서 어떻게 힘든지, 가령 부양가족이나 채무, 장애, 그리고 차량을 운전하지 못할 경우에 발생하는 문제점 등을 구체적으로 기재할 필요가 있다.

세 번째는 재발방지의 다짐이다. 사람들이 이 부분을 많이 놓친다. 앞으로는 어떤 방식을 통해서 같은 잘못을 하지 않을 것인지를 분명하게 적어 놓아야 한다. 필요하다면 각서라도 써서 첨부하든지 하는 노력도 살아보려고 하는 그 절실함을 본다면 마냥 웃기지만은 않는다.

반성문은 피의자가 할 수 있는 가장 간편한 권리구제 방어권이다. 간혹 있는 일이지만 이 같은 노력을 무시하고 "그런 거 써서 뭐해요. 효과도 없어요. 도로 가져가세요. 아니면 그냥 거기 놓고 가든지……." 라고 말하면서 피의자를 범죄자 취급을 하면서 면박만 주는 일선 경찰관들의 작태를 지켜볼 때마다 마음이 착잡해진다. 설령 그렇다고 해도 진심이 담긴 반성문은 꼭 제출해야 한다. 그게 과오를 범한 자신을 스스로 돕는 길이기 때문이다. 아울러 반성문과 함께 자신의 어려운 형편이나 억울한 부분 또는 참작사유를 증명할 수 있는 서류를 같이 넣어주는 것도 효과적이다. 다만 일선 경찰서에서 꼭 이를 받아줄 의무는 없기 때문에, 거부한다면 사건이 검찰에 송치된 후에 직접 검찰청 민원실에 제출하면 된다.

"경찰서에서 연락이 안 옵니다. 먼저 전화를 해봐야 하나요?"

적발 이후 경찰서에서 연락이 지연되는 경우가 상당히 많다. 이 경우에 먼저 전화를 해보는 것이 문제가 되지는 않지만, 전화한다고 해서 경찰이 스케줄을 조정해준다거나 하지는 않는다. 경찰서도 시스템으로 움직이는 곳이므로 경찰서 사정에 따라 사건이 지연되는 것이다. 그러나 반드시 전화가 오므로 마음을 가다듬고 기다리고 있는 편이 가장 좋다.

 나홀로 하는 운전면허취소 행정심판

03

"경찰서 진술 시 조심해야 할 말이 있다!"

"정직을 잃은 자는 더 이상 잃을 것이 없다."는 명언이 있다. 이 명언이 세상살이에서만 통용되는 것은 아니다. 음주운전으로 인하여 경찰서에서 진술할 때에도 이 명언은 어김없이 적용된다. 순간적으로 상황을 모면하려는 짧은 생각과 자기합리화가 상황을 더욱 나쁘게 만들어 가기 때문이다. 더 큰 문제는 많은 사람이 수사기관에 거짓말을 하면 조금이라도 상황이 나아질 것이라는 착각을 하고 있다는 것이다.

운전면허 구제절차 실무를 하다 보면 음주운전에 대한 반성보다는 뻔뻔함과 당돌함으로 무장한 사람들 때문에 혀를 내두를 때가 많다. 며칠 전 메신저를 통해 상담을 걸어온 젊은 여성도 그런 부류이다.

사정은 이랬다. 음주운전을 하고 집에 도착했는데, 도착하고 나서 10분 뒤쯤 경찰이 신고를 받고 왔다면서 호흡측정을 요구한 것이다. 이 여성이 운전하는 차가 지그재그로 이동하는 것을 이상하게 보고 누군가 112에 신고한 모양이었다. 밤늦게 경찰이 와서 여성 입장에선 상당히 놀란 데다, 운전이 꼭 필요한 사정이 이해는 됐지만, 이 여성, 꽤 당돌한 면이 있었다.

반성은커녕 자신이 현장에서 적발된 것도 아닌데 어떻게 음주운전을 했다고 단정 지을 수 있느냐고 따져 묻는 것이었다. 자신은 운전한 적이 없고 친구가 차를 빌려 갔다가 돌려주고 갔다고 진술하면 문제가 없지 않으냐는 말도 잊지 않았다.

　말만 들으면 그럴듯하다. 아무도 이 여성이 직접 운전한 것을 본 사람이 없기 때문이다. 그러나 현장에서 적발되지 않고도 음주운전을 했던 정황은 얼마든지 밝혀낼 수 있다. 필자 역시 업무를 처음 시작할 때는 이 여성과 같이 짧은 생각을 했던 적이 있었다. 그러나 이러한 주장은 수사 기법을 잘 몰라서 하는 순진한 이야기다. 필자가 수많은 경험을 하면서 뼈저리게 느낀 것은 경찰과 검찰과 같은 수사기관은 결코 어리숙하지 않다는 점이다. 만일 이 여성이 이대로 주장할 경우 필자가 경찰이라면 정당한 절차를 밟아 이 여성의 휴대전화 위치추적을 할 것이다. 그렇게 되면 이 여성의 동선이 파악될 것이고 신고가 들어온 지점과 위치추적 범위가 일치하면 혐의는 확정될 수밖에 없다.

　그런데 이 여성도 만만치 않았다. 그러면 친구가 본인 차로 집까지 운전해줘서 돌아왔다고 하면 안 되겠느냐고 되물었다. 만일 이렇게 대답하면 경찰은 그 친구가 누구인지 진술을 받기 위하여 출석 요구를 할 것이다. 친구가 대담하게 거짓진술을 해준다고 해도, 거기서 그대로 넘어가지 않는다. CCTV 확보, 거짓말탐지기 동원, 위치추적 등을 통하여 얼마든지 거짓말을 밝혀낼 수 있다. 이런 경우에는 친구까지 처벌을 받게 된다.

　필자가 이 이야기를 언급하는 이유는 단 하나이다. 자기 깜냥을 믿고 수사기관에서 거짓말을 하지 말라는 것이다. 그보다는 진실에 부합하면서도 조금은 조정할 수 있는 부분을 조율하는 게 합리적이다. 가령 마신 술의 양, 최종음주시각, 움직인 거리 등이 여기에 속한다. 그리고 반성을 하면서 선처를 구하는 게 낫다. 결국엔 드러날 거짓말은 상황만 더욱 악화시킨다. 잊지 말자. 수사기관은 뻔한 거짓말을 놀랍게도 잘 가려낸다는 사실을.

"피의자신문조서의 내용이 궁금합니다."

경찰서에서 작성하는 '피의자신문조서'에 대해 궁금해하는 분들이 많다.
피의자신문조서는 대부분 아래와 같이 작성된다.

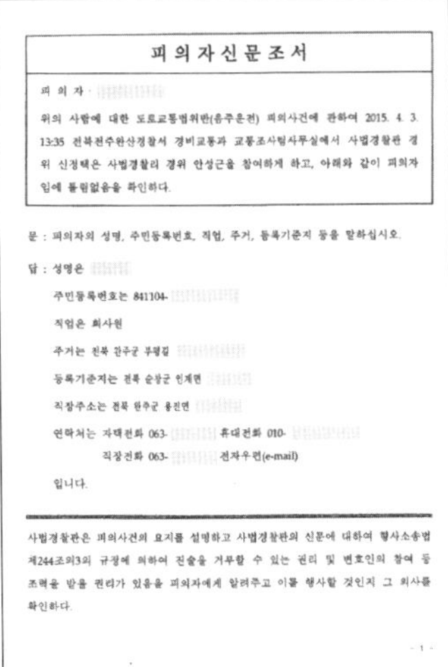

피 의 자 신 문 조 서

피 의 자 :

위의 사람에 대한 도로교통법위반(음주운전) 피의사건에 관하여 2015. 4. 3. 13:35 전북전주완산경찰서 경비교통과 교통조사팀사무실에서 사법경찰관 경위 신정택은 사법경찰리 경위 안성근을 참여하게 하고, 아래와 같이 피의자임에 틀림없음을 확인하다.

문 : 피의자의 성명, 주민등록번호, 직업, 주거, 등록기준지 등을 말하십시오.

답 : 성명은

주민등록번호는 841104-

직업은 회사원

주거는 전북 완주군 부평길

등록기준지는 전북 순창군 인계면

직장주소는 전북 완주군 용진면

연락처는 자택전화 063- 휴대전화 010-

직장전화 063- 전자우편(e-mail)

입니다.

사법경찰관은 피의사건의 요지를 설명하고 사법경찰관의 신문에 대하여 형사소송법 제244조의3의 규정에 의하여 진술을 거부할 수 있는 권리 및 변호인의 참여 등 조력을 받을 권리가 있음을 피의자에게 알려주고 이를 행사할 것인지 그 의사를 확인하다.

- 1 -

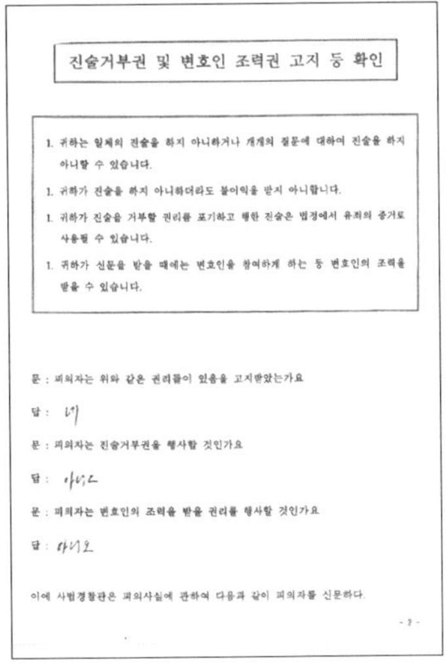

진술거부권 및 변호인 조력권 고지 등 확인

1. 귀하는 일체의 진술을 하지 아니하거나 개개의 질문에 대하여 진술을 하지 아니할 수 있습니다.
1. 귀하가 진술을 하지 아니하더라도 불이익을 받지 아니합니다.
1. 귀하가 진술을 거부할 권리를 포기하고 행한 진술은 법정에서 유죄의 증거로 사용될 수 있습니다.
1. 귀하가 신문을 받을 때에는 변호인을 참여하게 하는 등 변호인의 조력을 받을 수 있습니다.

문 : 피의자는 위와 같은 권리들이 있음을 고지받았는가요

답 : 네

문 : 피의자는 진술거부권을 행사할 것인가요

답 : 아니오

문 : 피의자는 변호인의 조력을 받을 권리를 행사할 것인가요

답 : 아니오

이에 사법경찰관은 피의사실에 관하여 다음과 같이 피의자를 신문하다.

- 2 -

이때 면허증을 제시하여 사본하여 첨부하다

문 피의자의 이름을 말하시오

답 내가 김 이며, 달리 불리는 이름은 없습니다.

문 최종학력을 말하시오

답 대학교 졸업

문 종교를 말하시오

답 없습니다.

문 재산 상태를 말하시오

답 부동산 없고, 동산 없고, 월수입 200만원상당입니다.

문 가족관계는 어떻게 되는가요

답 양부모님을 같이 생활하고 있습니다.

문 현재 무슨 일을 하고 있는가요

답 정보통신에서 일을 하고 있습니다

문 지금 조사 받은 이유를 알고 있는가요

답 예. 내가 술을 마시고 45 스포티지 승용 차량을 운전한 이유로 조사를 받고 있습니다.

문 음주 운전을 한 일시 및 장소를 말하시오

답 2015. 3. 31. 22:34경 전주시 완산구 효자동3가에 있는 2AM 식당 앞 도로에서부터 전주시 완산구 효자로 225 도청 남문 앞 노상까지 약 100m 구간을 혈

- 3 -

중알콜농도 0.104%의 주취상태로45주 호 스포티지 승용차량을 운전하였습니다.

문 피의자가 운행한 차량은 어떻게 되는가요

답 45주 호 스포티지 승용차량입니다.

문 음주 운전을 한 경위에 대하여 말하시오

답 직장 회식겸 술자리가 끝나고 대리를 불렀는데 대리가 오지 않아서 집에 가기 위해서 운전을 하고 가던 중에 단속이 되었습니다.

문 피의자가 술을 마신 상태로 운전한 사실이 사실인가요

답 예. 사실입니다.

문 음주측정 일시와 장소를 말하시오

답 2015. 2015. 3. 31. 22:34경 전주시 완산구 효자로 225 도청남문 앞 노상에서입니다.

문 술을 언제부터 마셨나요

답 2015. 3. 31. 20:00경부터 21:50경까지 마셨습니다

문 음주수치가 얼마나 나왔나요

답 혈중알콜농도 0.104% 수치가 나왔으며 내가 수치를 확인하였으며 음주수치에 대하여 이의가 없습니다.

문 술은 어느 정도 마셨나요

답 소주4-5잔정도 마셨습니다

문 평소 주량이 얼마인가요

- 4 -

답   소주 반병정도 마셨습니다

문   소주4.5잔을 마셨는데 그 정도 마시면 어떤 상태인가요

답   평소 취할정도까지 먹지 않습니다. 취기만 약간 올라오는 정도입니다. 기억
은 다 합니다.

문   술을 마신 이유가 무엇인가요

답   회식 겸 식사를 하면서 마셨습니다.

문   피의자는 전에도 술을 마시고 운전한 사실이 있는가요

답   없습니다.

문   음주측정 당시 구강청정제등 섭취를 한 사실이 있는가요

답   없었습니다.

문   피의자는 혈중알콜농도 0.104%로 운전하던 중 단속이 되었는데 그 부분에
대하여 인정하는가요

답   예. 인정합니다.

문   면허취소에 해당하는 수치인데 알고 있는가요

답   예. 알고 있습니다.

문   지금까지 진술한 내용이 사실인가요

답   네 사실입니가.

문   더 할말이 있는가요

답   회사 다니면서 출산율 향상 및 장애인을 심는으로
친절과 안전한 답례로 보답하니까. 앞으로 선처부탁스럽니다.

- 5 -

위의 조서를 진술자에게 열람하게 하였던 바(읽어준 바) 진술한 대로 오기나
증감·변경할 것이 없다고 말하므로 간인한 후 서명(기명날인)하게 하다.

진 술 자   ▨▨▨▨▨▨ ㉞

2015. 4. 3.

사법경찰관   경위   ▨▨▨▨▨▨ ㉞

사법경찰관   경위   ▨▨▨▨▨▨ ㉞

- 6 -

04

"인사사고가 없었던 것으로 할 수 있나요?"

"아니, 내가 딱 봐도 아무 데도 다친 곳이 없는데, 그냥 살짝 부딪히 자마자 뒷목을 잡더라고요. 입에서 술 냄새가 나니까 바로 신고를 하고, 제가 음주운전을 한 거야 백 번 잘못한 거지만, 이것도 사고라고 할 수 있나요? 너무 억울합니다."

음주운전자에게 가장 무서운 것 중 하나가 인사피해 사고이다. 모든 법률은 인명을 가장 귀하게 여기기 때문에 "사람이 다쳤다."는 사실관계가 확인되면 처벌이 매우 무거워진다. 가령 같은 도주(이른바 뺑소니) 죄라고 해도 대물 피해만 있는 경우에는 '사고후미조치'라고 하여 비교적 경미한 처벌을 받고 면허도 취소되지 않지만, 사람이 타고 있는 차를 들이받고 도주하거나, 사람을 치고 도주한 경우에는 특정범죄가중처벌등에관한법률 제5조의 3에 따라 무거운 처벌을 받고 4년간 운전을 못 하게 된다.

도주가 아닌 인사피해 음주운전의 경우라고 해도 이러한 법감정은 비슷하게 투영된다. 일단 인사피해가 발생하면 경중에 관계없이 같은 법리에 따라 형벌이 무겁다. 동법 제5조의 11(위험운전 치사상) 음주 또는 약물의 영향으로 정상적인 운전이 곤란한 상태에서 자동차(원동기 장치자전거를 포함한다)를 운전하여 사람을 상해에 이르게 한 사람은 10년 이하의 징역 또는 500만 원 이상 3,000만 원 이하의 벌금에 처하고, 사망에 이르게 한 사람은 1년 이상의 유기징역에 처한다고 규정하고 있기 때문이다. 따라서 최소 진단 2주가 나와도 최소 500만 원의 벌금이 나오게 된다. 아울러 인사사고가 발생하면 면허 구제를 위한 행정심판이나 이의신청에서도 마이너스 요소가 나기 때문에 신경을 안 쓸 수가 없는 요소다.

이런 맥락에서 인사사고가 없었던 것으로 할 수 있는지를 묻는 문의가 많다. 엄밀히 말하면 인사사고가 일단 발생한 이상 진단서가 발급됐다면 없었던 것으로 하는 것은 거의 불가능하다. 게다가 진단서를 발급받고 이를 제출하지 않는다면 형법상 위증죄에 해당할 수도 있다. 특히, 담당 경찰관이 피해자가 방문한 병원을 인지하고 있다면 절차를 밟아 공권력의 행사로서 진단서를 발급받을 수 있으니 유념해야 한다.

다만, 현실적으로 다친 곳이 없는데 합의금과 일당을 수령할 목적으로 또는 어쨌든 병원에 가야 상황이 유리해진다는 생각에 피해자가 병원에 입원하는 일이 많기 때문에 음주운전자 역시 분명 억울한 점은 없지 않다. 이러한 점을 적극적으로 주장하면 검사 기소 단계에서 불기소가 나오는 경우도 적지 않으므로 진단서를 감추는 것보다 이 같은 요소를 강조하는 게 지혜롭다.

그리고 피해자와 관련해서 인사사고가 있느냐 없느냐의 존부는 진단서라는 공적 서류의 발급으로 판단이 된다. 따라서 피해자가 병원에 갔더니 전혀 다친 곳이 없어서 진단서를 발급받지 않았다면 굳이 진단서를 억지로 발급받아서 경찰서에 송부할 필요는 없는 것이다. 이 지점에서 음주운전자인 가해자의 역할이 중요하고, 가해자가 피해자에게 적정한 보상을 하면서, 발급을 받지 않아도 되는 진단서가 경찰서에 들어가는 일을 막을 수 있는 것이다.

   나홀로 하는 운전면허취소 행정심판

피해자 입장에서는 경찰관이 "진단서를 빨리 내라."고 하면 겁을 먹고 의무적으로 제출해야 하는 줄 알고 다친 곳이 없는데도 진단서를 억지로 발급받아 내는 경우도 상당히 많다. 따라서 이런 전후 사정을 생각한다면 가해자가 최대한 빨리 움직여 자신에게 돌아올 피해를 최소화할 수 있는 것이다. 물론 실제로 객관적으로 다친 곳이 존재한다면 진단서 제출을 막으면 안 될 것이다.

마지막으로 이미 진단서가 경찰서에 접수됐다면 피해자와의 합의서를 제출해도 아무런 소용이 없다. 벌금 감형을 어느 정도 받을 수는 있겠으나 인사사고는 진단서의 존재로 여전히 남게 되는 것이다. 이러한 점을 꼭 유념해야 한다.

"합의서 양식은 이렇습니다!"

합의서 작성 시 아래 내용을 기재하여 가해자와 피해자가 1부씩 나눠 갖고, 나머지 1부를 별도로 수사기관에 제출하면 된다.

합 의 서

아래의 교통사고 사건에 대하여 가해자와 피해자는 아래의 합의 내용과 같이 합의한다.

1. 사고 내용

사고일시	년　월　일　　:　분경		
사고 장소		가해차량	
가 해 자	주민번호:		
피 해 자	주민번호:		

2. 합의 내용

합의금액	金　　　　(₩　　　　　　)
합의사항	상기의 가·피해자는　년　월　일　에서 발생한 교통사고에 대하여 상호 원만히 합의되었기에 서명 날인한 합의서를 제출합니다. 가. 상기의 합의는 민·형사상 합의로써 이후 가해자의 민·형사상 어떠한 법률적 처벌도 원치 않으므로 선처해 주시길 바랍니다. 나. 상기의 합의에 따라 가해자는 이후 민·형사상 피해자에 대하여 아무런 의무가 없으며 피해자는 이에 대하여 가해자로부터 민법 제750조 등에 따른 손해배상을 청구할 수 없음을 명시하는 바입니다.

3. 첨부 서류

1. 인감증명 1통(또는 합의서를 읽은 당사자의 녹취록이나 신분증 앞뒷면 복사로 대체)

가 해 자		피해자(또는 피해자의 대리인)	
성　　명	(印)	성　　명	(印)
주　　소		주　　소	
주민등록번호		주민등록번호	
연 락 처		연 락 처	

년　　　월　　　일

05

"피해자 합의가 너무 어려워요."

음주운전 구제 관련 업무를 하다 보면, 음주 교통사고 합의와 관련된 문의가 상당히 많다. 주로 아래와 같은 유형들이다.

"행정사님, 보험사에 면책금을 전부 냈는데, 제가 또 따로 피해자와 합의를 봐야 하나요?"

"피해자 쪽에서 너무 많은 돈을 요구하는 것 같습니다. 이거 어떻게 해야 할까요?"

일단 합의와 관련해 반드시 알아둬야 할 기본 지식이 있다. 우리나라 법체계에 대한 부분이다. 대부분의 국가를 비롯하여 우리나라 법제는 민사, 형사, 행정으로 구분돼 있다. 민사는 사인과 사인 간의 권리와 의무 관계에 대한 법이고, 형사는 국가가 형벌권으로서 범죄자에 대한 책임을 묻는 것이며 행정은 국가로부터 침익적 또는 수익적 처분을 받음으로써 국민에게 권리와 의무의 변동이 발생하는 작용을 의미한다.

음주운전으로 교통사고가 발생했다고 치면, 민사, 형사, 행정의 문제가 동시에 발생한다. 그래서 법을 잘 모르는 사람들은 헷갈릴 수밖에 없다.

먼저 민사 문제는 불법행위에 의한 손해배상의 책임으로서 쉽게 말해 "가해자가 잘못해서 피해자에게 피해를 입혔으니 피해자가 입은 손해를 배상하라."라는 개념이다. 사고가 나면 치료비는 물론, 일을 못 해서 발생하는 손실, 그리고 차량 수리 견적, 사람의 경우 차후에 발생할 수 있는 후유장애까지 이 손해배상 개념에 들어간다. 이 부분을 개인이 처리하기가 어려운 경우에는 가해자의 보험사가 면책금을 받고 대리인으로서 가해자를 대신해서 피해자와 민사합의를 처리하는 것이다.

그러니 보험사가 진행하는 부분은 어디까지나 민사상 손해배상에 대한 것이므로 형사와는 관련이 없다.

한편으로 형사 문제는 민사 영역과는 별도로 진행이 되며 국가로부터 범죄 행위에 대하여 받는 형사처분을 가볍게 하기 위한 목적으로 진행이 된다. 따라서 민사합의는 손해배상의 문제에서 기인하며 형사합의는 형사책임에 대하여 선처를 받고자 하는 것이므로 그 성격이 완전히 다르다.

따라서 가해자의 대리인인 보험사가 민사합의를 하더라도 가해자가 피해자와의 형사합의는 따로 해야 하는 부분이며, 물론 법적으로 강제되는 것은 아니다. 피해자 쪽에서 형사합의를 원치 않거나, 피해자가 과도한 합의금을 요구하는 경우에는 합의가 결렬되는 경우도 상당히 많다. 또한, 법적으로 정해진 합의금은 없기 때문에 일반 상식선에서 해결할 수밖에 없다.

다만, 합의를 할 때는 민·형사를 통틀어 함께할 수도 있다. 민사합의는 사인 간의 문제이므로 가해자가 꼭 보험사에 면책금을 내고 합의를 진행할 필요는 없으며, 민사합의금과 형사합의금을 함께 피해자에게 제공하면서 합의서를 작성한다고 해도 문제가 될 건 없는 것이다.

이때 합의서에는 반드시 "피해자는 향후 민형사상 이의를 제기하지 않고 처벌을 원하지 않는다."라는 문구가 들어가는 게 좋다. 물론 이렇게 한다고 해서 향후 발생하는 예측하지 못한 후유장애 등에 대해

 나홀로 하는 운전면허취소 행정심판

서까지 이의 제기를 하지 못하는 것은 아니다. 이런 맥락에서 합의서의 문구가 중요하며, 신경을 많이 써야 한다. 합의서의 공적 증명력은 공증, 인감증명서 첨부, 녹음 등으로 인정이 되나 될 수 있으면 공증이나 인감증명서를 첨부하는 게 좋다. 하지만 운전면허 구제절차 실무상에서는 번거로우므로 신분증을 복사하고 지장을 찍는 정도로 하는 경우가 많다.

한편으로 행정상으로는 '합의'라는 문제가 발생하지는 않는다. 국가가 허가한 면허에 대한 취소로 이어지기 때문이다. 결론적으로 음주운전으로 인하여 교통사고가 발생했다면 민사, 형사, 행정의 관계를 정확히 인지하고 발 빠르게 대처해야 조금이라도 죄짐을 덜 수 있다.

"음주운전으로 면허가 취소되면 보험은 어떻게 되나요?"

보험사에서는 차주나 운전자 한정 범위 내 포함되는 사람들의 면허 여부에 대해서는 조사하지도 않고 조사할 수도 없으며, 또한 이를 조사할 목적과 이유도 없다.

자동차보험 가입과 운전은 운전하는 사람들의 자율적이고 양심에 따라 결정하는 것이지 이를 보험사에서 확인하지 않는다. 다만, 사고 시에는 운전자의 면허 여부를 경찰에 조회 요청하여 이를 확인하고 보상하는 데 반영한다.

한마디로 음주운전을 했다고 해서 보험사에서 자동으로 아는 것은 아니며, 운전자가 고지를 해야 알 수 있게 된다.

06

"합의를 보는 방법이 궁금해요!"

음주운전으로 인하여 교통사고가 일어나면 민사, 형사, 행정의 문제가 동시에 발생하기 때문에 법을 잘 모르면 머리가 아플 수밖에 없다. 일단 교통사고가 나면 증거 기록을 남기고 보험사 직원을 호출하는 경우가 대부분인데, 음주운전 사건은 딱 그렇게 떨어지지도 않는다.

음주운전이란 점 때문에 가해자 입장에서는 보험사를 부를 수가 없어서 어떻게든 현장에서 현금으로 해결하려고 하는데, 이렇게 합의가 성립되는 경우는 좀처럼 찾아볼 수 없고, 대다수 피해자는 "어? 이 사람 입에서 술 냄새가 나네." 하면서 경찰에 신고부터 한다. 여기에서 더 나아가 조금 더 경험이 많은 피해자들은 가해자들의 궁박한 처지를 이용해 상당히 많은 합의금을 요구하는 경우도 부지기수이다.

일단 음주운전 사고로 이 같은 상황에 처했다면 어찌 됐든 합의를 보는 게 좋긴 하다. 합의는 형사처분에 있어 양형 참작이 될 수 있고, 무엇보다도 합의를 조건으로 다친 곳이 전혀 없는 피해자가 병원에 가지 않는다면 인사피해 교통사고 기록이 남지 않을 수 있기 때문이다. 인사피해가 발생하면 행정심판 등에서도 구제가 어렵고 더구나 형사처분에서도 벌금이 2016년 4월 기준으로 최소 500만 원 이상 나오기 때문에 가능하면 합의를 보는 게 가해자 입장에서도 실익이 있다는 이야기다.

하지만 이렇게 깔끔하게 합의가 되는 경우는 상당히 드물다. 일반적으로 사고가 나서 경찰이 출동한 경우에는 피해자의 연락처를 물어볼 새도 없이 사건처리가 진행되므로 심지어 피해자와 연락이 닿을 방법 자체가 없는 경우도 많고, 연락이 닿더라도 피해자 입장에선 적정한 합의금이 아니라고 생각되면 합의를 해주지 않으며, 어떤 경우에는 음주운전자에 대한 혐오가 들어 아예 만나주려고 하지 않을 때도 상당히 많다.

그런 까닭에 필자가 쓰는 이하 글은 피해자와 어떻게든 만남이 이뤄졌다는 전제에서 쓴다. 일단 가해자 입장에서 피해자에게 전화해서 첫말을 떼기가 민망할 수밖에 없는데 그럴 때는 "제가 만나 뵙고 진심으로 사죄도 드리고, 또 괜찮으신지 살펴보고자 한 번 만나 뵙고 싶다."라고 돌려서 말하는 게 좋다.

이에 만남이 이뤄지면 어느 정도 분위기가 조성됐을 때 합의 이야기를 꺼낸 후 합의금에 대해서 조정을 해봐야 한다. 합의금이 어느 정도 수준인지 질문이 많이 오는데, 합의라는 것은 당사자 간 의사의 합치로 이뤄지기 때문에 딱 얼마라고 할 수는 없다. 다만, 2016년 일반 기준으로 민사보험에 소요되는 보험사 면책 비용이 대물 100만 원, 대인 300만 원이므로 참고하는 게 좋겠다.

그리고 다시 한 번 강조하지만, 보험사의 합의는 민사보험의 합의 효력만 있을 뿐 형사합의와는 별개이다. 따라서 피해자와의 합의 시 가해자 입장에서는 민·형사를 함께 합의하는 게 좋다. 그리고 이러한 민·형사 합의가 같이 이루어진다는 점은 합의서에 꼭 명기해야 한다. 한편으로 합의가 성립됐다면, 합의서를 작성하여 각각 1통씩 나눠 갖고 필요한 경우에는 수사기관에 제출할 합의서까지 추가 1부를 준비한다.

합의나 계약에 있어 가장 강력한 보증 효력을 갖는 방식은 공증과 인감증명서 첨부인데, 이게 번거롭다면 공개적으로 녹취를 해두거나, 약식으로 신분증을 첨부해 도장을 찍는 방법도 쓰인다. 다만, 확실하게 해두기 위해서는 공증이나 인감증명서 첨부 방식을 권하고 싶다.

음주운전 사건에서의 합의는 될 수 있으면 일찍 진행하는 게 좋고 그 뒤에는 행정심판이나 형사재판에 힘을 쏟아야 한다. 하지만 어디까지나 합의가 진행된다는 전제이고, 서로 간에 합의금의 액수가 맞지 않으면 합의는 영원히 이뤄질 수 없다는 점도 상기할 필요가 있다.

"합의를 꼭 해야 하나요?"

합의는 어디까지나 선택의 문제이지 필수는 아니다. 하지만 민사상 보험처리를 하는 등 합의에 대한 노력을 기울이지 않으면 피해자 쪽에서 손해배상 청구 소송을 진행하게 되며, 치료 등 원상회복에 필요한 배상금을 강제적으로 납부하게 된다. 따라서 미리 민사합의를 진행하는 게 좋다. 형사합의의 경우에는 상대방이 크게 다친 경우에는 실형의 우려가 있으므로 합의를 보게 되는 것이며, 형사 합의가 끝까지 성립되지 않는 경우에는 공탁이라는 제도를 이용하기도 한다.

07

"경찰관은 구제가 안 된다고 하는데요?"

"행정사님, 경찰서에서는 구제가 안 된다고 하는데요. 그냥 포기하는 게 낫지 않을까요?"

이런 말을 들으면 심히 마음이 어렵다. 이렇게까지 말씀을 듣고 오신 분을 굳이 설득하면서까지 행정심판을 진행하고 싶은 마음은 사실 없지만, 그래도 진실을 알리기 위해서 설명하긴 한다. 그러나 이미 들은 게 있어서 진실을 알고자 하는 분들은 드물다.

교통조사계 경찰관들도 수사기관의 절차적 실무상 전문가는 맞다. 하지만 경찰관들이 말하는 모든 것이 맞는 건 아니다. 특히, 면허 구제에서는 더욱 그렇다. 일선 경찰관들은 면허를 취소하기 위해 조사를 하는 업무를 하지 면허를 구제하는 일을 하는 사람들이 아닌 까닭이다.

그보다 더 근본적인 문제는 경찰관들이 구제와 관련해서 언급할 때는 모두 기준이 '생계형 구제 이의신청' 제도에 쏠려 있기 때문이다.

알다시피 면허 구제 제도는 3가지가 있다. 지방경찰청에서 심리하는 생계형 이의신청 제도, 국무총리실 산하 국민권익위원회 소속 중앙행정심판위원회에서 하는 행정심판제도, 그리고 삼권분립의 원칙에 따라 법원에서 심리하는 행정소송제도이다. 우리나라는 운전면허 행정소송을 하기 위해선 행정심판을 꼭 거쳐야 하므로 행정소송은 일단 논외로 한다면(행정심판전치주의), 결과적으로 면허를 구제받고 싶은 사람이 취할 수 있는 선택지는 2가지이다. 이의신청과 행정심판.

이 중에서 이의신청 제도는 구제를 받는 대상 자체가 행정규칙(부록에 수록된 '도로교통법 시행규칙 별표 28'을 참고)에 정확히 나와 있다. 일단 대상은 ①운전이 가족의 생계를 유지할 중요한 수단이 되거나 ②모범운전자로서 처분 당시 3년 이상 교통봉사활동에 종사하고 있거나 ③교통사고를 일으키고 도주한 운전자를 검거하여 경찰서장 이상의 표창을 받은 사람이어야 한다. 그리고 하단에 있는 사유가 있으면 구제가 안 된다. ①혈중알코올농도 0.120%를 초과한 경우, ②음주운전 중 인적 피해 교통사고를 일으킨 경우, ③측정 거부 및 경찰관 폭행의 경우, ④과거 5년 이내에 3회 이상의 인적 피해 교통사고가 있는 경우, ⑤과거 5년 이내 음주 전력이 없는 경우 등이다.

위의 내용을 분석해보면 일단 모범운전자와 도주 검거 시민상 등은 특수한 경우이므로 논외로 하고 '생계형'이 문제인데 통상 이 생계형 범주 안에 들어가는 사람들은 하루 종일 운전을 하는 직업, 가령 택시기사, 버스 운전기사, 택배업 종사자, 화물차 운전자 등이다. 일반적으로 영업직이나 출퇴근 등은 여기에 해당이 안 된다.

그리고 구제가 안 되는 사유도 상당히 구체적이기 때문에 일선 경찰관들은 여기에 기준으로 해서 "당신은 구제가 안 됩니다."라고 하는 것이다. 이처럼 이의신청 제도는 그 요건이 까다로워서 구제를 받기가 굉장히 힘들다. 그래서 대부분의 운전자가 이의신청을 하지 않고 행정심판만 신청하는 것이다.

이에 반하여 행정심판법에는 운전면허의 취소 가부를 결정하는 요소들이 명시돼 있지 않다. 운전면허 구제절차 실무상으로도 생계형의 영향을 많이 받지 않고, 혈중알코올농도 0.120%가 넘더라도 구제가 되는 사례가 나온다. 물론 이의신청에서 배제사유에 해당하는 사례라면 구제가 쉽지 않은 것은 맞지만 그렇다고 그 사유만으로 구제가 안 된다고 보는 것은 틀린 말이다. 이의신청에서 구제가 안 되는 사유임에도 행정심판에서 구제가 된 사례들을 얼마든지 증명할 수 있기 때문이다.

그러므로 "경찰관들이 저는 구제가 안 된다고 하는데요."라는 말에 전적으로 의지하기보다는, 자신이 구제를 받을 수 있는 유리한 요소가 무엇이고 구제가 힘든 불리한 요소는 무엇인지를 정확히 파악하고 행정심판을 진행할지 말지를 결정하는 게 지혜롭다.

스스로 구제받을 수 있는 권리를 포기하고, 권리 위에 잠자는 자는 아무도 도와주지 않는 까닭이다.

"행정심판 시 전화가 직장으로 가나요?"

가지 않는다. 행정심판은 청구인이 넣은 서류에 대해서만 심리를 하지 적극적으로 당사자 외에 다른 곳에 전화해서 서류의 유무를 확인하지는 않는다. 다만, 공무원의 경우에는 회사로 전화가 가지는 않지만, 공무원법에 따라 경찰에서 직장에 통보해준다.

08

음주운전 적발 시
출국금지와 강제퇴거

"중국 동포입니다. 제가 한국 땅에서 처음으로 범죄자가 됐어요. 근데 이거 중국으로 돌아가야 한다고 하는데, 맞나요? 너무 두렵습니다."

"한 1주 정도 뒤에 해외에 바이어 미팅 때문에 출국해야 하는데요. 이번에 음주운전으로 적발되어서 아예 출국금지가 이뤄지는 게 아닌가요?"

음주운전으로 적발되면 또 하나의 신경 쓸 일이 생긴다. 바로 출입국 문제이다. 많은 분이 강제퇴거나 출국금지에 대해서 걱정을 한다. 실제로 문의가 많이 오는 측면이기도 하다.

먼저 관련 법령을 살펴보자면 강제퇴거에 대해서는 출입국관리법 제46조에서 규율하고 있다. 여기에 강제퇴거 사유가 전부 적혀 있다. 대표적으로 몇 개만 살펴보자면 ①외국인의 유효한 사증과 관련된 법률을 위반한 경우, ②감염병 환자, 마약류 중독자, 그 밖에 공중위생상 위해를 끼칠 염려가 있다고 인정되는 자로서 입국금지 대상이나 후에 발견된 자, ③체류자격을 위반한 자 등이다. 영주 자격을 가진 자의 강제퇴거에 대해서는 출입국관리법 시행규칙 제54조가 더 자세히 규율하고 있다.

이 중에 음주운전 사건과 직접적으로 관련이 되는 조항으로는 '금고 이상의 형을 선고받고 석방된 사람' '5년 이상의 징역 또는 금고의 형을 선고받고 석방된 사람 중에 법무부령으로 정하는 사람' 등이 존재한다. 이 같은 측면에서 벌금형이 나왔다고 무조건 겁부터 먹을 필요는 없다. 필자가 직접 민원회신으로 확인한 결과 법무부에 따르면 퇴거 조치는 단순히 벌금형이 나왔다는 사유만으로 결정할 바는 아니고, 종합적인 사유를 전부 확인하여 결정하고 있다. 따라서 단지 "벌금이 너무 많이 나왔다."고 하여 강제퇴거가 되는 것은 아니라는 점을 상기할 필요가 있다.

한편으로 우리 국민의 출국금지도 문제가 된다. 출국금지에 대해서는 동법 시행규칙 제6조에서 상당히 자세히 기술하고 있기 때문에 참고하는 게 도움이 된다. 출국금지의 기본원칙은 ①최소한의 범위 내에서 해야 하고, ②단순히 공무수행의 편의를 위하여 해서는 안 되며, ③형벌 또는 행정벌을 받은 사람에게 행정제재를 가할 목적으로 해서는 안 된다. 그리고 그 대상자를 정함에 있어서는 출국금지 대상자의 범죄사실, 출국금지 대상자의 연령 및 가족관계, 출국금지 대상자의 해외도피 가능성을 따져야 한다. 이처럼 행정청에서는 종합적이고 신중하게 출국금지 대상자를 정하고 있기 때문에 단순음주 적발로서 단지 벌금이 나왔다는 점만으로 출국금지가 되는 사례는 극히 드물다.

"사전 방어가 필요한 이유가 있다!"

음주운전 적발로 외국인에게 집행유예 정도의 형벌이 나오면 충분히 강제퇴거의 대상이 되므로 이 점을 인지하고, 미리 최선의 방어를 다해야 한다.

09

"움직인 거리가 멀면 구제에 불리한가요?"

음주운전 구제 관련 문의를 하는 분들이 가장 많이 하는 질문 중 하나가 '움직인 거리'에 대한 부분이다. 가령 이런 질문이 대부분이다.

"제가 처음에 술을 마시고 출발한 장소가 '송내'라고 했는데 사실은 '만수동'에서 마셨는데요. 이게 큰 문제는 없을까요?"

"행정사님, 지방경찰청에서 보낸 답변서를 보니 사실관계가 다른 부분이 있습니다. 제 이동 거리는 100m밖에 안 되는데, 여기 답변서 증거자료에는 300m로 표시가 돼 있습니다. 이걸 어떻게 하죠?"

상식적인 이야기를 하자면 음주운전으로 이동한 거리가 짧을수록 판단자 입장에서는 비난 가능성을 낮게 보는 게 당연하다. 그런 까닭에 조금이라도 거리를 줄여보려고 노력하는 모습을 쉽게 볼 수 있다. 그러나 이런 노력 중에 해선 안 되는 노력을 하는 경우도 있다.

실제로 겪었던 일을 몇 가지 소개하자면, 친구가 대리운전 업체를 운영하는 점을 이용해서 실제로는 부르지도 않았던 대리운전기사를 경찰 조서 시에는 마치 불렀던 것처럼 꾸며서 움직인 거리를 줄이는가 하면, 아예 전혀 엉뚱한 곳에서 술을 마신 것으로 바꿔달라고 담당 경찰에게 조르는 경우도 있었다.

여하튼 이런 사례들을 보면 음주운전자들이 거리에 꽤 민감하다는 것을 알고도 남는데, 문제는 거리라는 부분이 음주운전 면허취소 구

제 등에 있어서 크게 중요하지는 않다는 점이다. 거리라는 것은 애초에 경찰이 연쇄살인범을 수사하듯 상당한 수사력을 동원하여 음주운전자의 이동 동선에 있는 CCTV를 전부 다 확인하거나, 영장을 발부받아 음주운전 혐의자의 휴대전화 위치의 이동 내역을 전부 다 확인해보지 않는 한 서로 간에 그 음주운전 이동 거리를 정확하게 증명할 길이 없다. 그래서 수사기관의 절차적 실무상에서는 최초 음주운전 혐의자가 적발된 때 진술한 거리를 위주로 조서를 꾸미는 경우가 많고, 다만, 거리의 속성 자체가 대략적인 개념으로 자리 잡기 때문에 피의자신문조서에서 경찰관이 음주운전 혐의자의 말에 따라 거리를 다소 줄여주는 경우도 많고 이렇게 한다고 해서 문제가 될 소지는 사실상 없다.

그렇다 보니 거리라는 개념 자체는 음주운전자들이 생각하는 만큼 소송에서 커다란 참작 사유로 자리 잡을 수 없다. 정확하지도 않을뿐더러, 상황에 따라 다소 줄이는 것도 가능하고, 오히려 초반에 음주운전 혐의자가 말을 잘못해서 더 길어지는 경우도 있기 때문이다. 결과적으로 거리라는 개념은 혈중알코올농도나 운전경력처럼 정확한 기준으로 삼을 수 있는 요소가 아니므로 쟁송에 있어서 이에 큰 의미부여를 하는 것은 에너지 낭비다.

다만, 예외는 있다. 극히 짧은 거리를 이동한 경우이다. 가령 1~10m 정도의 상당히 짧은 거리를 이동하다가 적발된 경우에는 그 자체로서도 비난 가능성이 작고, 이런 사례는 운전하려고 마음을 먹고 하다가 적발되는 경우보다는 잠시 이동 주차 또는 진로를 열어주다가, 부주의로 기어조작을 잘못했거나 그 외에 대리운전기사가 잘 보이는 곳까지만 이동하려다가 적발되는 경우가 대부분이므로 검찰에서 '기소유예'가 나오는 경우가 생각보다 많다. 기소유예 처분이 나오게 되면 벌금은 나오지 않고, 면허는 결격기간이 해지돼 바로 면허를 취득할 수 있게 되므로 운전자 입장에서는 상당히 도움이 된다.

이런 맥락에서 볼 때 거리가 짧은 점이 있다면 이를 적극 주장해야 하는 것이며, 실제로 거리가 아주 짧은 경우에는 삼진아웃인 사례에서도 기소유예가 나오는 때가 간혹 있다. 물론 단순히 어필한다고 되는 것은 아니며 거리에 대한 일관된 진술을 함으로써 짧은 이동 거리를 인정을 받아야 한다.

"움직인 거리가 크게 참작이 되나요?"

움직인 거리가 짧을수록 면허 구제에서 유리하다는 것은 당연한 이치다. 그러나 결과적으로 극히 짧은 거리가 아닌 이상 참작되는 점이 크지 않다는 것을 주지해야 한다는 점을 상기할 필요가 있다.

나홀로 하는 운전면허취소 행정심판

"다른 주소로 관련 서류를 받고 싶어요."

"행정사님, 남편이 이거 알면…… 저, 이혼당해요. 어떻게 주소를 바꾸는 방법이 없나요?"

"제가 공직자인데 아무래도 너무 창피하네요. 저한테 발부되는 서류들을 안 받는 방법은 없습니까?"

음주운전이나 뺑소니는 명백한 범죄인지라, 당사자에게 큰 불명예일 수밖에 없다. 직장이나 가족이란 공동체에서 사회생활을 영위해야 하는 입장에서는 더욱 그렇다. 그래서 자신의 혐의 사실이 알려지길 극도로 꺼려서 위와 같은 질문들을 법조인에게 해오는 것이다.

음주운전이나 뺑소니 등 혐의로 각 공기관에서 발부되는 서류는 5~6가지 정도이다. 정확히 딱 떨어지지는 않는 이유는 간혹 발부하기도 하고 발부를 안 하는 경우도 있는 서류가 있어서다.

가장 처음에 자택으로 오는 서류는 현행범 체포를 당한 경우에 현행범 체포에 대해 고지를 하는 경찰서의 문서이며, 이후에 검찰청의 가납벌과금고지서(벌금을 내라는 안내장), 법원의 약식명령통지서, 지방경찰청의 면허 취소결정통지서 등이 온다. 여기에 행정심판 등을 제기했을 때에는 답변서와 판결문(재결서)이 온다. 이처럼 많은 서류가 오다 보니 동거인이나 주변 사람이 알 수밖에 없는데, 만일 이 같은 상황을 피하고 싶다면 딱 2가지 방법이 있다. 첫 번째, 우체국에서 등기 받을 주소를 변경하는 방법이 있다. 법원이나 검찰청, 지방경찰청의 모든 서류는 어차피 우체국을 거쳐서 오기 때문에 우체국 홈페이지에서 '주소이전서비스'를 신청하면 3개월간은 피의자가 지정한 다른 곳으로 등기를 받을 수 있다. 어찌 된 일인지 우체국 직원에게 문의해도 모르는 경우가 많으므로 인터넷 홈페이지에서 변경하는 게 좋다. 두 번째, 전자약식 처리 동의를 하는 방법이 있다. 이 방법은 '약식절차 등에서의 전자문서 이용 등에 대한 법률'에 따른 것이다. 동법 제3조 제1항은 전자약식 처리 대상사건으로 도로교통법상 음주운전과 무면허 운전 등의 경우에는 피의자가 시스템에 사용자 등록을 하면 전자약식 처리를 할 수 있게끔 하고 있다.

전자약식 처리는 일반적으로 피의자신문조서를 작성할 때 처리가 되며, 동의하게 되면 검찰청과 지방경찰청 그리고 법원에서 오는 모든 문서가 이메일(사법포털)로 송부되고 따로 등기로 오지는 않는다. 이후에 이메일을 수시로 확인해야 하는 번거로움이 있긴 하지만 이렇게 하면 등기가 오지 않기 때문에 알려질 일은 없다. 다만, 행정심판을 진행한 경우에는 답변서나 재결서(판결문)까지 여기에 예속이 되지는 않으므로, 행정심판 시에는 따로 이메일로 답변서와 재결서를 받는다는 신청을 해야 한다. 다만, 음주로 인하여 교통사고가 있는 경우에는 전자약식 처리가 불가할 때가 있으니 유념해야 한다.

우체국의 주소 이전 서비스가 있다!

주소 이전 신고를 철회할 경우에도 우체국 창구나 인터넷우체국을 통해서 하면 된다. 주소이전 전송 서비스는 개시일부터 3개월간만 유효하니 유의해야 한다.

　　　　　　　　　나홀로 하는 운전면허취소 행정심판

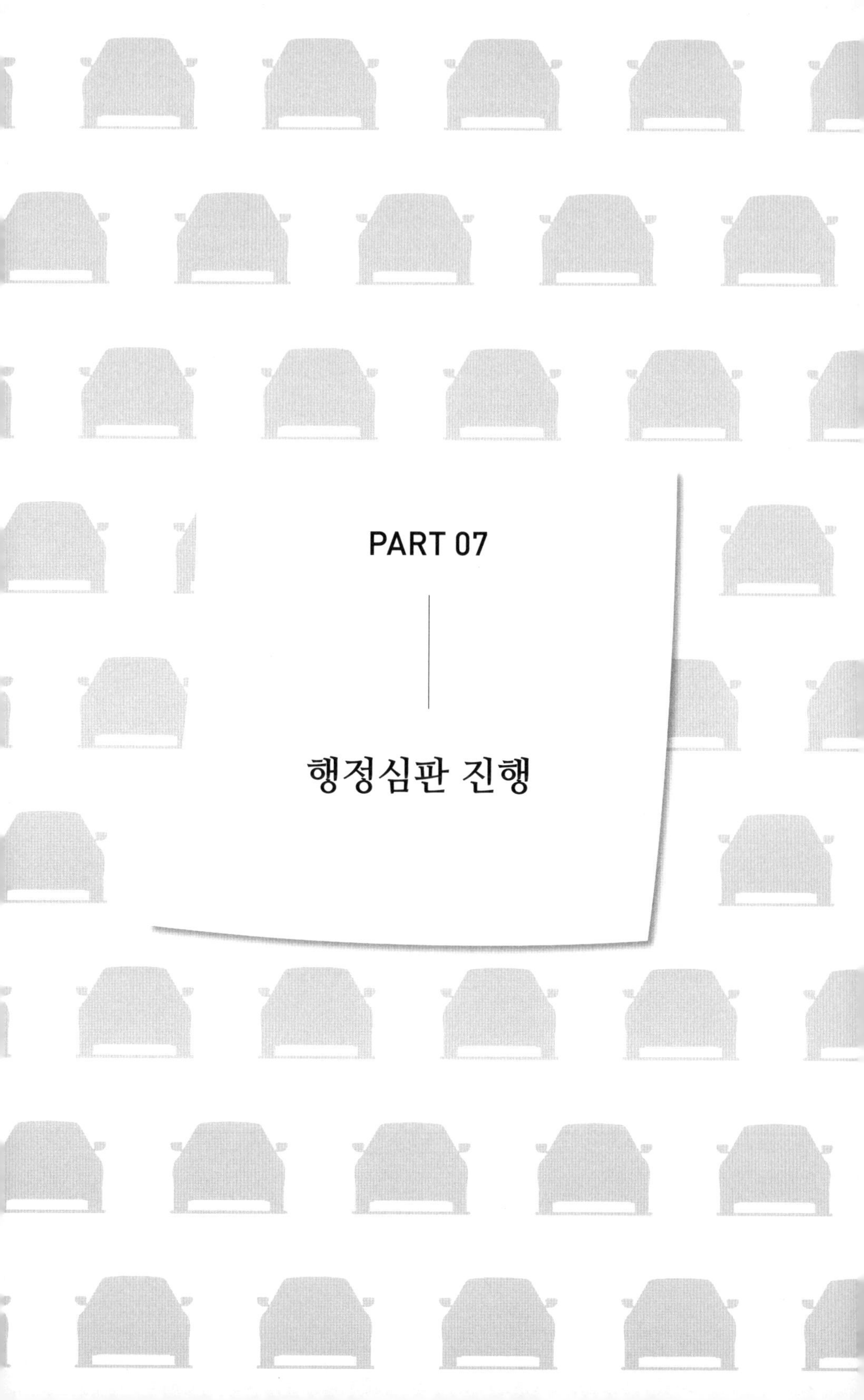

PART 07

행정심판 진행

01

"그놈의 괘씸죄"

'괘씸죄'의 사전적 정의를 보자면 이렇다.

"아랫사람이 윗사람이나 권력자의 의도에 거슬리거나 눈 밖에 나는 행동을 하여 받는 미움."

과연 소송에서도 괘씸죄가 존재할까. 실제로 존재하든 존재하지 않든 그것은 중요하지 않은 것 같다. 실상 그 존재를 믿는 사람이 있다면 그들 내심(마음)에서만큼은 실존하는 것일 테니.

얼마 전 일이다. 한 교양 방송 프로그램에서 유럽 국가의 어린 학생들이 수업 중에 노동법에 대하여 배우는 것을 방영한 적이 있다. 오랫동안 법학을 해왔다고는 해도 필자의 입장에서는 충격이었다. 고등학교 때나 중학교 때, 그리고 초등학교 때 노동법에 대하여 배운 적이 있던가. 하물며 법의 기본 이념이나 체계에 대해서 어떠한 수업에서도 들어본 적이 없는 것 같다. 나뿐일까. 우리나라 국민이 전부가 다 그렇지 않을까 하는 생각을 해본다. 그렇다 보니 아무리 사회경험이 많아도 유독 법에 대해서는 필요 없는 상상력을 많이 동원할 때가 많은 것 같다.

그래서일까. 우리 국민의 상당수는 무지에서 발현된 상상의 괴물 '괘씸죄'라는 녀석에게 상당한 억압을 당하고 있는 모양새다. 그와 관련된 질문을 살펴보자면 대략 이렇다.

"제가 벌금에 대해서 불복을 하면 판사님이 더 괘씸해서 벌금형을 높이지 않을까요?"

"만약에 제가 행정심판을 청구하면 벌금이 더 올라가지 않나요?"

아는 입장에서는 어처구니없지만, 모르는 입장에서 본다면 그도 그럴듯하다. 실제로 음주운전 관련 업무를 하다 보면 이런 질문이 부지기수로 나온다.

우리나라뿐만 아니라 법치국가가 공통으로 채택하고 있는 '불이익 변경 금지의 원칙'이란 게 있다. 이 원칙은 피고인이 상소한 사건이나 피고인을 위하여 상소한 사건에 대하여 상소심은 원심판결의 형보다 중한 형을 선고하지 못한다는 점을 천명하고 있는데, 이로써 피고인이 안심하고 소송을 진행할 수 있도록 하는 것이다. 따라서 벌금형에 대하여 불복하여 재판을 청구한다고 해서 벌금형이 기존보다 더 올라가는 일은 없는 것이다. 물론 검사가 판사의 판단에 대하여 다시 불복하는 것은 별개의 이야기다.

한편으로 행정심판을 했다고 해서 벌금이 올라간다는 것도 말도 안 되는 이야기다. 행정심판은 입법 사법 행정의 삼권분립 중 행정부의 판단이다. 따라서 벌금형을 내리는 형사재판의 판단자인 사법부와는 관련이 없다. 각자 독자의 영역인 셈이다. 설령 행정심판 이후에 행정소송을 한다고 해도 이것은 마찬가지이다. 행정소송을 제기했다고 해서 형사재판의 판사가 "이놈 괘씸하네." 해서 벌금형을 올리는 일은 적어도 없다는 이야기다.

실제로 이런 질문이 하루에도 몇 번씩 거듭된다. 법학이 국민 속에 깊게 뿌리내린 유럽 등 외국에서 필자가 같은 업무를 했더라도 이런 질문이 나올까 싶기도 하다. 공통된 국민의 무지는 국가의 교육에서부터 발현된다. 사족이 될지도 모르겠으나, 우리 국민도 어렸을 때부

 나홀로 하는 운전면허취소 행정심판

터 생활에 꼭 필요한 법학 교육은 꼭 해야 하지 않나 하는 바람을 조용히 곱씹어본다.

결론적으로 면허 구제를 신청했다고 해서 벌금이 올라가는 일은 없으며, 그에 따라 불이익이 발생하는 일은 일어나지 않는다. 괘씸죄라는 것은 형사사건 등에서 피의자가 전혀 반성을 하지 않을 때나 양형이 무거워지는 경우 해당하는 것이지, 쟁송을 제기했을 때는 전혀 관계가 없는 이야기다.

"경찰서에는 반성문만 들고 가나요? 다른 서류는 안 됩니까?"

원칙적으로 반성문만 가져간다. 다른 서류를 여러 가지 가져가도 경찰이 안 받아주면 그만이다. 형사소송법상 경찰이 서류를 받아줄 의무 조항은 없다. 그러므로 일단 가장 중요한 반성문만 내는 것이다.

02

면허취소 구제를 어렵게 하는 요소들

음주운전면허 취소 구제 업무를 하다 보면 가장 많이 듣는 질문이 바로 이것이다.

"저는 살아날 확률이 얼마나 될까요?"

그런 말을 들을 때면 매번 다음과 같이 대답해준다.

"사례마다 전부 다릅니다."

사실이다. 음주운전 적발 사건은 같은 건이 하나도 없다. 혈중알코올농도 수치가 다르고, 호흡측정을 했는지, 채혈측정을 했는지도 다르고, 운전경력도 다르며 하다못해 음주운전으로 이동한 거리도 전부 다르다. "그때, 그때 달라요."라는 말을 할 수밖에 없는 이유가 여기에 있다.

그런데도 특별한 사정이 없으면 감경이 어려운 경우는 분명 존재한다. 이에 대해선 음주운전면허 취소 처분에 대한 감경 및 취소 재결을 행하는 중앙행정심판위원회가 이미 밝혀 놓은 사례들이 있다. 이 사례들을 살펴보면 어느 정도 가능성을 예상할 수 있다.

행정절차상 행정심판이든 행정소송이든 소를 제기하려면 법률상 이익이 있어야 하고 청구인이 적격이어야 하며 청구 기간 안에 청구가 제기돼야 한다. 아울러 청구의 대상이 되는 '처분'이 존재해야 한다. 의외로 이 같은 점을 인지하지 못해 본안에 들어가지도 못하고 각하

(행정심판위원회에서 심판청구서를 받지 않는 결정)가 되는 사례가 상당하다. 특히, 처분을 안 날로부터 90일 안에 제기하지 않아서 각하될 때가 많다. 처분을 안 날이란 일반적으로 처분통지서를 받아본 날을 의미한다. 따라서 청구인 본인이 주변 도움 없이 스스로 청구를 할 때는 이 부분을 먼저 따져보고 행정심판을 제기해야 한다.

본안심리가 받아들여진 경우에라도 청구인의 개인적 사정보다는 공익이 우선이라는 판단이 들면 기각이 된다. 그 반대의 경우에는 인용이나 일부 인용이 나온다. 이 '공익'이 무엇이냐는 재결례를 통해 확인할 수 있다. 물론 지금 소개하는 사례와 비슷하다고 무조건 기각이 되는 것은 아니다. 앞서 설명했지만 똑같은 사건은 하나도 없기 때문이다.

아울러 법규 위반이 중대한 경우에도 심판 청구는 기각된다. 일단 기존에 음주운전 적발 전력이 있으면 심판 청구를 기각당할 가능성이 크다. 음주운전으로 2006년 면허정지, 2009년 면허취소 처분을 받은 전력이 있는 자가 다시 음주운전으로 면허가 취소된 경우엔 구제가 쉽지 않다고 봐야 한다.

아울러 자동차를 이용한 범죄 전과나 뺑소니 전과가 있거나, 운전면허 정지 기간에 운전하다가 적발돼 운전면허가 취소된 적이 있으면 구제가 힘들다. 운전면허증을 대여해 주다가 운전면허가 취소된 경우에도 그렇다. 또한, 17회나 되는 다수의 교통법규 위반 전력이 있는 경우에도 기각했다고 중앙행정심판위원회는 밝히고 있다.

특히, 눈여겨볼 부분은 '사고'가 났는지 아닌지다. 음주운전으로 인적 피해가 발생하면 일반적으로 구제 가능성이 크지 않다고 본다. 혈중알코올농도가 높아도 구제가 어렵다. 어느 정도가 높은 수치인지 정확한 기준은 나와 있지 않지만, 중앙행정심판위원회는 0.150%를 가리

켜 '높다'라는 표현을 사용하고 있다.

이와 함께 운전경력이 짧은 경우, 행정심판 청구 시 직업자료 등이 거짓으로 제출된 사실이 확인된 경우도 기각 사례로 명시돼 있다.

이 같은 요소들을 확인하면 자신의 구제 가능성을 점쳐볼 수 있다. 다만, 이 요소들은 행정심판 심리에 크게 영향을 미치는 것들이고, 생계유지 및 부양가족과 같이 참작할 수 있는 사유 역시 또한 고려해야 한다. 이외에도 호흡측정과 채혈측정 당시 위법한 절차는 없었는지, 도로교통법상 운전에 해당하는지, 움직인 장소가 도로교통법상 도로에 해당하는지, 긴급한 상태에서 어쩔 수 없이 운전했는지 여부를 종합적으로 살펴야 한다.

"행정심판은 단순한 민원 신청 절차가 아닙니다."

행정심판은 주민센터에 일반 민원서류를 넣는 것과는 차원이 다르다. 가볍게 생각하지 말고 자신의 권리구제를 위해서 스스로 꼼꼼하게 따져보고, 증거자료를 수집해야 한다. 그래야 구제를 받을 수 있다.

03

"왜 굳이 '행정심판'을 제기하나요?"

음주운전면허 취소 구제를 신청하는 쟁송제도로는 이의신청과 행정심판, 행정소송이 있다. 이 제도들은 행정쟁송의 한 형태이다. 쟁송이란 말 그대로 당사자 간에 다툼이 있는 경우에 일정한 국가기관이 이를 심리하고 판단을 하는 일련의 절차를 일컫는다. 행정쟁송은 행정기관의 처분 등에 대하여 당사자 등이 위법·부당함을 주장하는 쟁송이며 국민이 자신의 권리나 이익을 보호받는 실질적인 행정구제 수단이기도 하다.

우리나라의 현행 행정쟁송제도에는 행정심판제도와 행정소송제도가 있다. 행정심판에 관한 일반법으로는 '행정심판법'이 있으며, 행정소송에 관한 일반법으로는 '행정소송법'이 있다.

행정심판은 행정청이 위법하거나 부당한 처분을 했을 때 자신의 권리나 이익을 침해당한 자가 행정기관에 대하여 그 시정을 구하는 절차를 말한다. 그 대상에는 처분 외에도 기타 공권력의 행사 또는 행사를 해야 함에도 행사를 하지 않는 경우(법에 따라 인가를 내줘야 하는데 계속 미루는 경우 등)도 포함된다. 일반적으로는 '행정심판'이라는 명칭이 붙지만, 실정법상으로는 이의신청, 심사청구, 재심사청구 등 여러 가지 용어가 혼재돼 있다.

행정심판은 우리가 흔히 아는 청원이나 진정과는 구별된다. 청원이나 진정은 정식 쟁송이 아니라 단순한 의사표시에 해당하기 때문이다. 한편으로 '이의신청'과도 구별할 필요가 있는데 운전면허 취소(정지) 구제에 있어서 이의신청은 지방경찰청에 제기하는 것이지만 행정심판은 국민권익위원회 소속 중앙행정심판위원회에 제기하는 차이가 있다.

일반적으로 이의신청은 행정심판보다 심리 기준이 까다롭고 구제확률이 낮다. 운전면허 취소(정지) 구제에 있어서 이의신청과 행정심판은 동시에 청구할 수 있는 것이 특징이다.

이와 달리 운전면허 취소(정지)처분에 대한 행정심판을 제기하기 전에는 행정소송을 제기할 수 없다. 이처럼 행정소송의 제기에 앞서서 먼저 행정심판을 거쳐야 하는 절차를 행정심판전치주의라고 부른다. 현행 행정소송법(제18조)상 원칙적으로 취소소송(행정소송)은 법령의 규정에 의하여 처분에 대한 행정심판을 제기할 수 있는 경우에도 이를 거치지 아니하고 제기할 수 있다. 한마디로 행정심판을 제기하든 행정소송을 제기하든 당사자 마음이란 얘기다. 이를 임의적 행정심판전치라고 한다.

다만, 다른 법률에 당해 처분에 대한 행정심판의 재결을 거치지 아니하면 취소소송을 제기할 수 없다는 규정이 있는 때에는 그렇게 하지 못한다. 이 규정이 도로교통법에 나와 있다.

도로교통법 제142조는 이 법에 따른 처분으로서 해당 처분에 대한 행정소송은 행정심판의 재결(裁決)을 거치지 아니하면 제기할 수 없다고 하고 있다. 이를 필요적 행정심판전치라고 한다. 이런 이유로 도로교통법상 행정처분에 대해 불복을 하려면 행정심판을 거친 이후에 행정소송을 제기할 수 있다.

일반적으로 필요적 행정심판전치가 적용되는 분야는 현대 생활에서 대량적으로 행해지면서 전문적·기술적인 성질을 갖는 처분이다. '운전'이란 분야는 현대 생활에서 필수불가결한 요소이므로 필요적 행정심판전치가 인정되고 있는 것이다.

운전면허 취소 구제 쟁송제도와 관련해 바로 행정소송을 제기하지 못하고 행정심판부터 해야 하는 이유가 여기에 있다.

행정심판의 종류

행정심판의 종류에는 취소심판, 무효등확인심판, 의무이행심판 등이 있으며, 운전면허 취소처분에 대한 행정심판은 이 중 처분을 취소하거나 다른 처분으로 변경할 것을 청구하는 것이므로 취소심판의 성격을 갖는다.

04

"행정심판은 누가 심리하나요?"

운전면허 정지·취소 처분에 있어 행정심판은 권리를 구제받을 수 있는 가장 주효한 수단이다. 필요적 행정심판전치주의에 따라 도로교통법상 행정처분에 대해 불복을 하려면 행정심판을 거친 이후에 행정소송을 제기할 수 있고, 이의신청이라는 제도가 있지만, 생계형 운전자에 초점이 맞춰져 있어서 청구 조건 자체가 까다로운 데다, 구제율이 낮기 때문이다.

행정심판에서는 생계형 운전자만 구제가 가능한 경찰청 이의신청과 달리 사업가, 학생, 주부, 무직자 등 비생계형도 구제가 가능하다. 이의신청과 달리 음주 전력이 있거나 알코올농도가 0.120%를 초과해도 사안에 따라 면허구제는 가능하다.

운전면허 관련 행정심판은 국민권익위원회 소속인 중앙행정심판위원회에서 심리한다. 중앙행정심판위원회는 위원장 1명을 포함한 50명 이내의 위원으로 구성하되, 위원 중 상임위원은 4명 이내로 한다. 중앙행정심판위원회의 상임위원은 별정직 국가공무원으로 임명하되, 3급 이상 공무원 또는 고위공무원단에 속하는 일반직공무원으로 3년 이상 근무한 사람이나 그 밖에 행정심판에 관한 지식과 경험이 풍부한 사람 중에서 중앙행정심판위원회 위원장의 제청으로 국무총리를 거쳐 대통령이 임명한다.

중요한 것은 '소위원회'이다. 특이하게도 도로교통법에 따른 자동차 운전면허 행정처분에 관한 사건(소위원회가 중앙행정심판위원회에서 심리·의결하도록 결정한 사건은 제외한다)을 심리·의결하게 하려고 4명의 위원으로 구성하는 소위원회를 둘 수 있다고 법에 규정돼 있다. 보통은 위원장, 상임위원 및 위원장이 회의마다 지정하는 비상임위원을 포함하여 총 9명으로 구성하는데, 운전면허 사건에 있어서는 사건이 너무 많다 보니 빠른 의사결정을 위하여 소위원회를 두고 있다.

중앙행정심판위원회 및 소위원회는 각각 구성원 과반수의 출석과 출석위원 과반수의 찬성으로 의결된다. 이처럼 행정심판의 심리는 법원의 1심 재판과 달리 합의체로 이뤄져 있다.

한편 행정심판 진행을 하는 동안 가장 많이 듣는 질문 중 하나가 "심리를 하는 사람들은 어떤 사람들이냐?"는 것이다.

행정심판법은 행정심판위원회의 비상임위원은 해당 행정심판위원회가 소속된 행정청이 다음 각 호의 어느 하나에 해당하는 사람 중에서 위촉하거나 그 소속 공무원 중에서 지명한다고 규정하고 있는데, 이를 살펴보면 ①변호사 자격을 취득한 후 5년 이상의 실무 경험이 있는 사람, ②「고등교육법」 제2조 제1호부터 제6호까지의 규정에 따른 학교에서 조교수 이상으로 재직하거나 재직하였던 사람, ③행정기관의 4급 이상 공무원이었거나 고위공무원단에 속하는 공무원이었던 사람, ④박사 학위를 취득한 후 해당 분야에서 5년 이상 근무한 경험이 있는 사람, ⑤그 밖에 행정심판과 관련된 분야의 지식과 경험이 풍부한 사람 등이다.

말하자면 변호사 또는 교수 등 관련 전문가가 행정심판 심리를 하는 것이다. 흔히 판사가 행정심판 심리를 하는 것으로 알고 있는데 잘못된 상식이다. 이는 행정심판위원의 경우 법원의 법관과는 또 다른 차원에서 심리할 수 있다는 말이 되기도 한다. 따라서 행정심판의 심리방식을 법원의 그것과 동일하게 생각하면 안 된다.

이를 알고 진행을 하는 것과 막연하게 청구를 하는 것은 분명 다르다. 이처럼 행정심판의 심리 기관의 특성을 알고 있으면 구제 확률을 높이는 데 분명 도움이 될 것이다.

"행정심판을 진행할 때 '취소결정통지서'라는 게 집에 등기로 와야 한다는데, 왜 저는 오지 않나요?"

취소결정통지서는 통상 경찰서에서 피의자신문조서를 작성하고 난 후, 2~3주 안에 집주소로 등기로 온다. 하지만 주소가 잘못됐거나 아무도 받지 못하는 경우에는 반송되는 경우가 상당히 많다. 반송된 경우에는 우체국이나 주민등록상 관할 지방경찰청에서 다시 찾아오거나 지방경찰청 면허계(교통계)에 전화를 걸어서 "다시 보내주세요."라고 하는 게 가장 빠르다.

지방경찰청 면허계에 전화한 경우에는 "운전면허 취소 예정자인데 취소결정통지서를 아직도 받지 못했습니다. 확인 부탁드립니다."라고 요청하면 된다.

 나홀로 하는 운전면허취소 행정심판

05

"행정심판은 어떻게 진행되나요?"

운전면허 취소·정지와 관련해 행정심판을 제기하기 위해서는 반드시 '처분'이 존재해야 한다. 행정심판법상 '처분'이란 행정청이 행하는 구체적 사실에 관한 법집행으로서의 공권력의 행사 또는 그 거부, 그 밖에 이에 준하는 행정작용을 말한다. 운전면허 취소·정지에 대한 처분은 '운전면허 처분 결정통지서'라는 명칭의 행정우편이 도달함으로써 통지가 된 것으로 본다. '운전면허 처분 결정통지서'는 보통 노란색 용지이지만 빨간색이나 하얀색 용지로 올 때도 있으므로 일반 문서라고 생각해서 파쇄하거나 해서는 안 된다.

처분 결정통지서에는 몇 가지 중요한 정보가 수록돼 있다. 처분 당사자의 성명, 생년월일, 주소, 면허번호가 적시돼 있고, 그 아래로 행정처분 결정 내용이 명기돼 있다. 행정처분 결정내용에는 가장 주의 깊게 봐야 할 '취소 일자'와 '결격기간'이 새겨져 있으며 그 하단에는 사유가 적혀 있다. 마지막 항목은 특별안전교육이 어떤 방식으로 이뤄지는지 설명하고 있다.

운전면허 행정심판을 할 때 가장 중요한 요소는 맨 마지막에 쓰여 있는 처분이 통지된 날짜이다. 필요적 행정심판전치주의에 따라 이 날짜로부터 90일 안에 행정심판을 제기하지 않으면 구제 수단이 사라지기 때문이다.

이 기간 안에 행정심판을 청구하고자 하는 사람은 일정한 양식으로 마련된 서면을 통해 청구해야 한다. 이 서면을 행정심판 청구서라고 하며 여기에 반드시 포함되어야 할 항목이 빠지면 안 된다. 그 항목은 ①청구인의 이름과 주소 또는 사무소(주소 또는 사무소 외의 장소에서 송달받기를 원하면 송달장소를 추가로 적어야 한다), ②피청구인과 위원회, ③ 심판 청구의 대상이 되는 처분의 내용, ④처분이 있음을 알게 된 날, ⑤심판 청구의 취지와 이유, ⑥피청구인의 행정심판 고지 유무와 그 내용 등이다. 아울러 청구인이 법인 등일 때나 행정심판이 선정대표자나 대리인에 의하여 청구되는 것일 때에는 그 대표자·관리인·선정대표자 또는 대리인의 이름과 주소를 적어야 한다.

마지막으로 심판 청구서에는 청구인·대표자·관리인·선정대표자 또는 대리인이 서명하거나 날인해야 한다. 서명이 없으면 청구서가 접수되지 않으니 주의해야 한다.

심판 청구서는 피청구인의 수만큼 심판 청구서 부본을 함께 제출해야 하는데, 통상 2부를 준비하면 된다. 이를 준비하지 않는다고 해서 접수가 되지 않는 것은 아니지만, 담당 공무원의 빠른 업무 진행을 위해 준비해두는 것이 좋다.

적법한 접수가 이뤄지면 행정심판위원회는 지체 없이 피청구인(처분을 내린 행정청, 운전면허 취소처분에 있어서는 관할 지방경찰청)에게 심판 청구서를 보내게 되고, 심판 청구서를 접수하거나 송부받은 피청구인은 10일 이내에 답변서를 위원회에 보내야 한다. 위원회는 피청구인으로부터 답변서가 제출되면 답변서 부본을 청구인에게 송달해야 한다.

이때 청구인에게 답변서가 송달되면서 당사자들의 오해가 많이 발생한다. 답변서를 재결서로 착각하기 때문이다. 이 자리를 통해 강조하지만, 답변서는 행정심판 결정에 대한 재결서가 아니고 피청구인의 일방적인 주장이므로 이를 받고 놀랄 필요는 없다.

이후에는 행정심판위원회의 심리가 진행된다. 행정심판의 심리는 구술심리나 서면심리로 한다. 다만, 당사자가 구술심리를 신청한 경우에는 서면심리만으로 결정할 수 있다고 인정되는 경우 외에는 구술심리를 하여야 한다. 일반적으로 운전면허 행정심판에 있어서 구술심리는 찾아보기 힘들다.

한편 당사자가 청구서를 접수한 후에도 주장을 보충할 수 있다. 당사자는 심판 청구서·보정서·답변서·참가신청서 등에서 주장한 사실을 보충하고 다른 당사자의 주장을 다시 반박하기 위해 필요하면 위원회에 보충서면을 제출할 수 있으며 이 경우 다른 당사자의 수만큼 보충서면 부본을 함께 제출하여야 한다.

아울러 심리 중에는 증거조사도 이뤄질 수 있다. 증거조사는 당사자나 관계인(관계 행정기관 소속 공무원을 포함한다)을 위원회의 회의에 출석하게 하여 신문(訊問)하는 방법과 당사자나 관계인이 가지고 있는 문서·장부·물건 또는 그 밖의 증거자료 제출을 요구하고 영치(領置)하는 방법 또는 특별한 학식과 경험을 가진 제3자에게 감정을 요구하는 방법 등으로 진행된다.

심리기일은 위원회가 직권으로 지정하며 위원회는 필요하면 당사자가 주장하지 아니한 사실에 대하여도 심리할 수 있다.

심리가 끝나면 재결이 이뤄진다. 재결은 피청구인 또는 위원회가 심판 청구서를 받은 날부터 60일 이내에 하여야 한다. 다만, 부득이한 사정이 있는 경우에는 위원장이 직권으로 30일을 연장할 수 있다. 재결은 서면으로 하며 재결이 이뤄지면 행정심판위원회는 지체 없이 당사자에게 재결서의 정본을 송달해야 한다.

이 재결을 받고 나면 그 재결 자체가 또 하나의 처분이 되므로 이에 불복할 경우에는 행정소송을 제기할 수 있다.

행정소송을 제기할 경우에는 행정법원에 소장을 제출해야 한다.

운전면허 취소 처분 행정심판의 경우 중앙행정심판위원회가 담당하기 때문에 제출처가 일원화되어 있는데 비해, 행정소송은 피청구인(피고)이 누구냐에 따라 그 관할이 다르므로 주의해야 한다. 서울의 경우에는 서울행정법원이 따로 마련돼 있지만 광역시급이나 일반 지자체는 광역시 소재 법원 또는 도청 소재 법원에 소장을 제출해야 접수가 된다.

"행정심판 결과를 너무 오래 기다리고 있습니다. 무슨 문제가 있을까요? 제가 어떻게 해야 하나요?"

재판 날짜는 중앙행정심판위원회에서 결정하는 것이므로 기다리는 수밖에 다른 방법이 없다. 다만, 언제 결과가 나올지는 국번 없이 110에 본인이 직접 전화를 걸어 확인하는 방법이 있으니, 궁금한 점은 꼭 110번으로 전화를 걸어보자. 110에 전화를 걸어서 접수번호를 확인한 후, "제 사건의 접수번호는 0000번인데, 어떻게 진행이 되고 있는지 궁금해서 전화를 드렸습니다."라고 하면 된다.

나홀로 하는 운전면허취소 행정심판

06

"저는 생계형이 아닌데 구제가 되나요?"

"행정사님, 저는 생계형이 아닌데 구제가 어렵지 않나요? 저를 조사하던 경찰관님이 그러시던데요? 생계형이 아니니까 무조건 안 된다고."

이런 질문을 받으면 참 난감하다. 사실을 사실대로 말해도 이미 '경찰관'에게 들었던 이야기를 의뢰인의 뇌리에서 지울 수가 없기 때문이다. 이 질문에 대해서 증명을 못 하면 행정사는 거짓말쟁이가 되고 만다. 행정심판을 하면 충분히 구제가 가능할 것 같은 사람도 이 같은 말을 듣고 행정심판 기회를 포기하는 경우가 간혹 발생한다. 참 안타깝다.

사실 "생계형이 아니기 때문에 구제가 안 된다."는 말은 반은 맞고 반은 틀린 말이다.

정확히 말하자면 '생계형'이란 항목은 지방경찰청에 접수하는 '이의신청' 제도와 깊은 연관이 있다. 그도 그럴 것이 애초에 이의신청 제도는 '생계형'이 아니면 구제가 안 된다.

서울시 지방경찰청이 공지에 띄어놓은 이의신청 제도의 기본취지는 '생계유지를 위하여 운전면허가 절실히 필요한 서민 구제'이다. 이의신청 제도는 생계형을 위한 제도이며, 따라서 생계형이 아니면 구제가 될 수 없는 것이다.

여기서 말하는 생계형은 '운전이 생계수단인 사람'을 의미하며 정확히 어디까지가 생계형인지에 대한 기준은 없으나 일반적으로 택배배달원, 택시기사, 버스기사, 퀵서비스기사, 화물차운전자 등 상식적으로 보더라도 운전이 없으면 밥벌이가 불가능한 사람들을 지칭한다. 영업직은 엄밀하게 여기에 포함되지는 않는다.

이와 달리 행정심판은 '생계형'과 큰 관련이 없다. 실제로 구제를 받는 사람들의 직업을 보면 생계형이 아닌 사람이 상당수다. 행정심판 재결서(판결문)를 보면 2페이지 가장 상단에 그 사람의 직업에 대해서 명기를 해두고 있는데, 이 부분만 봐도 생계형과는 큰 관련이 없다는 점을 쉽게 알 수 있다. 행정심판은 첫째로 그간 혈중알코올농도와 운전경력 그리고 음주운전을 했었는지, 혹은 안전운전을 해왔는지에 대해서 관심을 두며, 그 외에 생활고, 부양가족, 장애, 선행 등은 후순위이다.

생계형 역시 행정심판에서는 당락을 좌우하는 절대적인 요소가 아닌 셈이다. 물론 참작적인 요소로서의 영향은 미친다.

이런 맥락에서 "생계형이 아니라 구제가 힘듭니다."라는 말은 엄밀하게 보면 틀린 이야기다. 그런데도 일선 경찰서에서는 생계형이 아니므로 구제가 힘들다고 하는데, 그것은 경찰관들의 인식이 지방경찰청에서 진행하는 이의신청 제도에 쏠려 있기 때문이다.

이의신청과 행정심판이라는 2가지 제도가 있는 줄 모르는 음주운전자들로서는 이런 이야기를 듣고 당연히 안 된다고만 생각하게 되는 것이다. 억울한 사유로 음주운전을 했고, 그 위법성이 경미하여 구제가 될 수 있는 운전자들에 한해서는 이런 점을 분명 홍보할 필요성이 있을 것이다. 행정심판도 엄연히 국민의 권리구제를 위하여 운영하는 제도이기 때문이다.

　나홀로 하는 운전면허취소 행정심판

일반적으로 이의신청에서 인정되는 생계형은 다음과 같다.

- 택배기사
- 택시기사
- 버스기사
- 화물차운전 종사자
- 기타 영업용 번호판을 가지고 있는 자

참고로 영업직은 이의신청상 생계형으로 인정되기가 어렵기 때문에 행정 심판을 진행하는 게 좋다.

07

"행정심판은 언제부터 진행해야 하나요?"

음주운전을 한 경우 또는 벌점초과로 면허가 취소된 경우, 그 밖에 기타 사유로 면허가 정지 또는 취소된 경우에는 면허 구제를 위한 절차로서 행정심판이나 이의신청을 제기할 수 있다.

그런데 이 구제 제도들을 진행해야 하는 시기는 언제일까? 필자가 운전면허 구제절차 실무를 진행하다 보면 의뢰인들에게 가장 많이 받는 질문 중 하나가 이에 대한 것이기도 하다.

가장 정확한 답변은 '(음주운전) 적발 즉시'이다. '진행'이라는 과정은 '준비'와 '접수'라는 일련의 요소를 모두 수렴하고 있기 때문이다. 행정심판이나 이의신청은 청구서 접수를 해야 그때부터 쟁송이 진행이 되는데, 접수를 하기 위해선 증거서류와 청구서 작성 등 제반 서류를 준비해야 한다.

따라서 제반 서류를 늦게 준비하면 접수를 늦게 할 수밖에 없고, 접수가 늦어지면 심리가 늦어지며 결과적으로 재결(판결)이 늦어지는 결과를 초래한다. 그러므로 제반 서류 준비를 위해서 적발이 되자마자(음주운전 이외의 사유는 정지 및 취소 사유를 알자마자) 정보를 수집하고 자신의 구제를 위해서 필요한 요소를 꼼꼼히 살필 필요가 있는 것이다.

사실 접수는 청구서 한 장만 있어도 되지만, 구제 확률을 최대한 높이기 위해서는 한 장이라도 자신에게 유리한 증거 서류를 더 확보해야 한다. 쟁송에 있어서 자신에게 유리한 점을 주장하기 위해서는 자신이 증명을 해야 하지, 그 누구도 대신 증명을 해주지 않기 때문이다. 따라서 당사자 본인이 주장하지 않는 부분에 대해서는 인정이 되지 않는 것이다.

가령 청구서에 한 줄 글로만 "출퇴근 거리가 너무 멉니다."라고 주장을 해봐야 인정이 될 가능성이 거의 없고, 정확하게 이와 관련된 서류를 첨부하여 증명해야 한다.

실제로 행정심판이나 이의신청과 관련된 서류는 많게는 40여 종이 넘기 때문에 이를 수집하는 데 상당한 시간이 소요된다. 특히, 생업에 종사하면서 틈틈이 자료를 모아야 하므로 적발 즉시 자료 수집을 시작해야 불이익이 없다.

한편 행정심판의 접수를 위해서는 '운전면허 취소결정통지서'라는 것이 필요한데 이 서류는 경찰서에서 피의자신문조서를 작성하고 임시운전면허증을 수령한 날로부터 자택 주소로 2~3주 안에 우편으로 1차, 등기로 2차가 도달한다. 이 서류를 받아야 접수가 진행되는데, 이 서류를 받기 전에 모든 자료를 준비해 놓았다가, 서류를 받자마자 행정심판 등을 접수하는 것이 가장 이상적이다.

만일 결정통지서가 올 때까지 마냥 기다리고 있다가 도착한 뒤부터 서류를 모으기 시작하면 그때부터 또 서류를 모으는 데 시간을 소요해야 하므로 그만큼 결과가 늦게 나오게 된다.

따라서 가장 합리적인 방법은 적발 즉시부터 차근차근 서류와 반성문 등을 준비해 두는 것이며, 결정통지서를 기다리고 있다가 오는 즉시 접수를 하는 방식이다. 물론, 결정통지서가 없더라도 접수를 하는 방법은 있지만, 이렇게 하면 행정심판 심리기관인 중앙행정심판위원회에서는 접수를 받아주질 않기 때문에 문제가 발생할 염려가 있으니 주의해야 한다. 운전면허 행정심판 절차를 민원실에 진정서 한 장 넣는 것으로 착각을 하는 경우가 많다. 그러나 운전면허 행정심판 역시 엄연히 '쟁송'의 한 종류이며 약식소송이다. 쟁송 절차는 절대로 간단한 절차가 아니며, 그에 맞는 형식이 있다. 따라서 철저하게 준비를 해야만 구제를 받을 수 있는 것이다. 준비한 만큼 결과가 나오는 것이므로, 제대로 알아보고 자료를 수집해야 한다.

"저는 취소결정통지서를 두 번 받았습니다."

원래 취소결정통지서는 우편으로 한 번, 등기로 한 번, 즉 두 번 오는 게 정상이다. 간혹 두 번이 아니라 한 번만 오는 경우도 있으나, 그렇다고 문제가 되지는 않는다. 우편으로 온 것이든 등기로 온 것이든 아무것이나 있으면 된다.

08

다른 차의 진로 확보를 위해 이동한 경우

"아니, 제가 집에 가려고 운전하려고 한 것도 아니고 저 사장님이 차를 좀 빼달라고 해서 빼준 거 아닙니까? 상식적으로 너무 한 거 아니에요?"

며칠 전의 일이다. 밤에 길을 가다가 익숙한 풍경이 눈에 들어오기에 조용히 옆에서 이야기를 들었다. 물론, 신분은 밝히지 않았다.

40대 후반의 남성이 경찰관들과 실랑이를 벌이고 있었다. 경찰은 음주운전 신고를 받고 출동한 상태였다. 남성은 정말 억울해 보였다. 취기도 있었고, 금방이라도 울 것 같은 목소리로 하소연 비슷한 항의를 경찰에게 쏟아냈다. 차량의 이동을 부탁했던 다른 남성도 미안한지 연신 경찰에게 죄송하다는 말을 했다.

사연은 이랬다. 적발당한 남성은 오랜만에 친구들과 술을 마시던 중, 차량을 빼달라는 전화가 왔다. 번화가였기 때문에 차를 이중주차하는 경우가 많았고, 이 남성 역시 적당히 주차를 했던 것이다.

보통은 이런 경우 영업주가 대신 고객의 차를 빼주는데, 그것도 단골이나 가능한 이야기다. 주문이 밀려서 가뜩이나 정신이 없는데 영업주가 계산을 하다 말고 처음 보는 손님의 차까지 대신 운전해줄 여력은 없으니 말이다.

이런 경우가 상당히 난감하다. 대리운전기사를 부를 수도 없는 노릇이고, 이 남성도 어쩔 수 없이 운전해야겠다고 판단했던 모양이다. 남성이 차량을 움직인 거리는 딱 2m였다. 그런데 누군가가 어떤 이유에서인지는 모르겠으나 신고를 하게 됐고, 바로 옆 지구대에서 신고를 받고 나온 경찰관에게 적발되고 말았다.

남성의 항의는 계속 이어졌고, 나중에는 경찰에게 거의 매달리다시피 했다. 수산업 종사자인데 운전을 못 하면 가족과 함께 길에 나앉을 수밖에 없다는 이야기도 했다. 그러나 결국에는 호흡측정을 하게 됐고, 면허가 취소되는 수치가 나왔다.

하소연을 듣고 있자니 마음이 참 안타깝기는 했지만, 법 앞에서는 어쩔 수 없다. 다른 차량의 진로를 열어주기 위해서 라고는 하지만 술을 마시고 1cm라도 움직이면 당연히 음주운전이다. 다른 사람을 위해 한 행동이지만 그것은 참작사유에 불과하다. 행정심판이나 이의신청 시 주장할 수 있는 사유 중 하나는 될 수 있지만, 이 이유만으로는 구제가 되지는 않는다. 다른 요소들을 배제한 채 "어쩔 수 없었다."는 항변만 늘어놓는다면 구제는 불가하다.

이 남성과 같은 사례가 주변에서 상당히 많이 발생한다. 결론부터 말하자면, 술을 마실 때, 특히, 주차가 쉽지 않은 번화가 쪽에 나오게 된다면 아예 차를 가지고 오지 않는 것이 가장 좋다. 오랫동안 운전면허 구제 절차 실무를 하다 보니 느낀 것은 차량을 주차하고 이동시키는 과정에서 가벼운 접촉사고가 나거나, 잠깐 이동을 하다가 단속 경찰관에게 단속되는 경우가 허다하다는 점이다.

 나홀로 하는 운전면허취소 행정심판

"어쩔 수 없이 음주운전을 했다가 구제된 사례"

서울행정법원 2013. 8. 23. 선고 2013구단51100 판결【자동차운전면허 취소처분취소】

[주문]
1. 피고가 2013. 1. 16. 원고에게 한 제2종 보통 자동차운전면허 취소처분을 취소한다.
2. 소송비용은 피고가 부담한다.

[청구 취지]
주문과 같다.

[이유]
1. 처분의 경위
피고는 2013. 1. 16. "원고가 2012. 12. 22. 21:50경 서울 중랑구 망우동 506 앞길에서 혈중알코올농도 0.126%의 술에 취한 상태에서 스포티지 승용차를 운전하였다."는 이유로 원고에게 원고의 제2종 보통 자동차 운전면허를 취소하는 이 사건 처분을 하였다.

2. 처분의 적법 여부
가. 원고의 주장
원고는 대리운전기사로 하여금 위 스포티지 승용차를 운전하게 하여 귀가하던 도중에 요금문제로 대리운전기사와 다투게 되었고, 대리운전기사가 서울 중랑구 망우동에 있는 상봉터미널 부근 편도 3차로 중 2차로에 차를 세워둔 채 가버리자 교통방해 내지 교통사고 발생을 우려하여 불가피하게 3차로 도로변으로 약 7~8m 운전하여 승용차를 정차시킨 후 하차하여 다른 대리운전기사를 물색하고 있었는바, 원고의 운전행위는 긴급피난행위에 해당한다.
위와 같은 운전경위와 원고가 배송업무에 종사하는 사람이므로 직업상 운전이 생계수단인 점 등을 고려하면 이 사건 처분은 원고에게 너무나 가혹

한 과잉처분으로서 위법하다.

나. 판단
1) 갑 제3 내지 6호 증, 을 제2, 3, 4, 9, 11, 12호 증의 각 기재, 을 제13호
증의 영상, 증인 최경문의 증언에 변론 전체의 취지를 종합하면 다음과 같
은 사실을 인정할 수 있다.

가) 원고는 2012. 12. 22. 20:40경 서울 중랑구 면목동 소재 '바다마차'
라는 상호의 가게에서 술을 마신 후 대리운전기사로 하여금 자신의 스포
티지 승용차를 운전하게 하여 귀가하던 도중에 대리운전기사와 다툼을 벌
였고, 이에 대리운전기사는 서울 중랑구 망우동 506 앞 도로에 이르러 운
전을 멈추고 스포티지 승용차를 위 편도 3차로 도로의 2차로 위에 정차시
킨 후 하차하였다.

나) 위 망우동 506 앞 도로는 평소에도 차량이 혼잡한 곳인데, 당시에도
상당한 교통량이 있었고, 원고는 교통방해 또는 교통사고를 우려하여 스
스로 스포티지 승용차를 약 7~8m 운전하여 위 도로의 3차로로 옮겨 주
차시킨 후 하차하여 다른 대리운전기사를 물색하고 있었다.

다) 대리운전기사는 위 장소 근처에서 원고의 동태를 살피고 있다가 원고
의 음주운전 사실을 경찰에 112 신고하였고, 이에 출동한 경찰공무원은
2012. 12. 22. 21:15경 스포티지 승용차 밖에 서 있던 원고를 검문한 후
음주운전을 이유로 경찰서로 동행한 다음, 2012. 12. 22. 21:50경 음주
측정을 하였고, 측정결과 혈중알코올농도 0.126%로 나타났다.

라) 원고는 2013. 1. 2. (주) **에 입사하여 배송담당 업무를 맡고 있고, 과
거 음주운전을 한 사실이 없으며, 과거 15년 동안 특별히 중한 교통법규를
위반한 사실이 없다.

2) 먼저 원고의 위 음주운전 행위가 긴급피난 행위에 해당하는지에 관하
여 보건대, 위 인정사실만으로는 원고의 음주운전 행위가 타인의 법익에

대한 현재의 급박한 위난을 피하기 위한 상당한 이유가 있는 긴급피난 행위에 해당한다고 보기 어렵고, 달리 이를 인정할 증거가 없다.

3) 다음 이 사건 처분이 비례의 원칙을 위반하였는지에 대하여 살피건대, 원고는 당초 음주운전을 회피하기 위하여 대리운전기사를 불렀으나 대리운전기사와 다툼이 발생하여 대리운전기사가 편도 3차로의 대로 중 2차로 위에 승용차를 정차한 채 가버리므로 다른 차량들의 교통을 방해하거나 교통사고가 발생할 것을 우려한 나머지 도로변으로 이동시키기 위하여 불과 7~8m를 운전한 것에 불과하므로 원고의 음주운전 동기 및 경위에 참작할 만한 사정이 있는 점, 원고가 승용차를 도로변으로 이동시킨 후 곧바로 음주운전을 중단하고 승용차에서 하차하여 다른 대리운전기사를 물색하고 있었던 점, 원고의 직업상 운전면허가 생계수단인 점 등을 감안하면, 비록 음주운전으로 인한 교통사고 등의 폐해를 방지하여야 할 공익상의 필요가 큰 점을 고려하더라도, 이 사건처분은 그로써 실현하려는 공익 목적에 비하여 원고가 입는 불이익이 더 커 재량권을 남용한 것으로서 위법하다고 봄이 상당하다.

3. 결론
그러므로 원고의 청구를 인용하기로 하여 주문과 같이 판결한다.

09

"인적 피해 사건도 구제가 되나요?"

인명이 가장 소중하다. 여담이지만 필자가 기자직에서 활동할 때도 재난 현장 사고 기사를 쓸 때 가장 먼저 뉴스의 상단 부분에 놓이는 부분에는 '인명피해'를 가장 먼저 써야만 했다. 그게 스트레이트 기사의 룰이었다. 그 이하에 비로소 재산피해나 왜 사고가 일어났는지에 대한 원인 분석, 그리고 관계자 코멘트 순으로 들어가는 게 기사의 기본 구조였던 게 문득 이 글을 쓰고 있노라니 시나브로 생각이 난다.

여하튼 인명이 중요하다 보니 음주운전 사건에서도 인적 피해가 발생하면 그 처벌이 상당히 무거워진다. 음주운전 즉, 혈중알코올농도 0.050% 이상의 상태에서 운전하다가 사람을 다치게 한 경우에는 형법상 2가지 죄가 성립될 여지가 크다.

그 첫 번째는 '교통사고처리특례법'이다. 줄여서 '교특법'이라고 하는데 동법 제3조를 보면 음주운전으로 사람을 사상에 이르게 한 자는 형법 제268조(업무상과실·중과실치상)의 죄로 인정이 되어 5년 이하의 금고 또는 2,000만 원 이하의 벌금에 처해진다.

두 번째는 한 단계 처벌 수위가 높은 '특정범죄가중처벌등에관한법률'이다. 이른바 '특가법'이라고 부르는데, 동법 제5조의 11에는 위험운전치사상죄가 명시돼 있으며 "음주 또는 약물의 영향으로 정상적인 운전이 곤란한 상태에서 자동차(원동기장치자전거를 포함한다)를 운전하여 사람을 상해에 이르게 한 사람은 10년 이하의 징역 또는 500만 원 이상 3,000만 원 이하의 벌금에 처하고, 사망에 이르게 한 사람은 1년 이상의 유기징역에 처한다."고 규정하고 있다.

일반적으로 교특법이 적용될지 특가법이 적용될지는 수사기관이나 법원의 판단에 달려있다. 여기에 정확한 기준이 나와 있지 않고 그 잣대가 조사자나 판단자마다 다르다 보니 외부에서 비판이 많은 편이다. 이유인즉, 동일한 유형의 사건을 놓고 어떤 경우에는 교특법을 또 다른 경우에는 특가법이 적용돼 혼선이 있기 때문이다. 일반적으로 혈중알코올농도가 낮고 사안이 경미하며, 피해자의 다친 곳이 경미한 정도이면 교특법이, 혈중알코올농도가 다소 높고 사안이 중하면 특가법이 적용되는데, 그 기준이 모호하다는 게 학계의 목소리다. 이 둘을 나누는 실익은 법규 적용에 따라 형사처분의 수위가 달라진다는 데 있다.

한편으로 행정처분에 있어서는 양자가 동일하다. 행정처분에 대한 법규는 도로교통법 시행규칙에서 살펴볼 수 있는데, 동 시행규칙 별표 28의 면허 취소처분 개별기준을 보면 혈중알코올농도 0.050% 이상에서 운전을 하다가 교통사고로 사람을 죽게 하거나 다치게 한 때에 운전면허를 취소하도록 규정하고 있으므로 인적 피해사고를 전제로 하는 교특법 및 특가법 어느 쪽이 적용되든 면허는 취소에 이르는 것이다. 그런데 이 역시 운전면허 구제절차 실무상에서는 그 해석이 애매한 경우가 많다. "사람이 다쳤다."는 관념적 개념 때문이다. 도대체 어느 정도에 이르러야 사람이 다친 정도인지 생각이 많아질 수밖에 없어서다.

실제로 아주 경미한 접촉사고가 발생해도 일단 피해자가 '합의'라는 칼자루를 쥐고 흔드는 게 가능한 이유는 여기에 뿌리를 내리고 있다.

앞서 설명했듯 교특법을 적용할지 특가법을 적용할지도 모호하며,

전혀 다친 곳이 없음에도 '진단서'라는 형식적 장치에 묶여 사안의 경중을 따지지도 않고 면허가 취소되는 일이 비일비재하다. 이런 까닭에 음주운전 사고를 낸 가해자 자신이 스스로 권리구제를 위하여 방어를 선행하지 않는 경우엔 눈 한 번 감았다가 뜨면 교특법이나 특가법의 처벌을 받아야 하는 자신을 발견하는 것은 물론, 면허도 취소되는 고통을 겪게 될 수밖에 없다.

이는 피해자가 선의로 돕더라도 마찬가지이다. 피해자의 합의나 선처, 처벌불원의 의사표시가 있더라도 인적 피해 음주 사고가 발생하면 수사기관이 그 기소를 결정할 자유의지를 획득하게 되므로 무위로 되돌릴 수는 없다.

하지만 피해자가 사고 직후 진단서가 발급되고 병원을 내원했더라도, 심지어 입원을 했더라도 그 피해가 형법상 상해에 이를 정도로 중하지 않다면 면허취소 등을 막을 방법은 있다.

필자가 겪은 사례를 통해 소개하자면, 지난 2015년 여름 제주도 소재의 아파트에서 혈중알코올농도 0.067%로 음주운전을 하고 집에 도착한 운전자 A씨가 주차를 하려다가 마침 아파트 단지 내 쓰레기장에 쓰레기를 버리러 나온 주부를 미처 발견하지 못해 경미하게 접촉사고를 일으킨 사건이 있었다. 당시 피해자는 바로 병원에 5일간 입원을 했고, 염좌에 따른 진단 2주 진단서를 발급받아 경찰서에 제출했으며, 이에 경찰에서는 교특법 의견으로 검찰에 송치했는데, 검찰에서는 "피해자가 이 사건 사고로 신체의 완전성이 손상되고 생활 기능에 장애가 왔다거나 건강 상태가 불량하게 변경되는 정도는 아니다."라고 판단하여 교특법 적용에 대해선 불기소 의견을 내려, 면허정지 및 면허정지 수준의 벌금만 내려진 경우가 있었다. 당시 가해자는 반성문 등과 당시 상황을 정확히 본 지인들의 사실확인서 등을 첨부해 기민하게 경찰서에 제출했으며, 특히, 피해자가 그간 기왕증(既往症)이 있어 병원에 자주 왕래를 했던 점을 찾아내 그 점을 충분히 호소했던 점이 주효했다.

물론 음주운전은 해서는 안 된다. 다만, 법은 합목적성과 형평성을 추구하고 있다. 저지른 죄에 비하여 너무 과하게 처벌이 되어서도 또한 안 될 것이다. 이 지점에서 하나만 명심하면 된다. 순간적인 실수로 경미한 인사피해 음주 사고가 발생하면 빠르게 대처해야 한다. 아니면, 그대로 계속 끌려다닐 수밖에 없다.

"뺑소니 혐의가 무죄가 된 경우가 있다!"

대법원 2000. 2. 25. 선고 99도3910 판결【특정범죄가중처벌등에관한법률 위반(도주차량)·도로교통법 위반】

[판시 사항]
1. 특정범죄가중처벌등에관한법률 제5조의 3 제1항 소정의 도주운전죄가 성립하기 위한 요건인 '상해'의 의미

특정범죄가중처벌등에관한법률 제5조의 3 제1항 이 정하는 '피해자를 구호하는 등 도로교통법 제50조 제1항에 의한 조치를 취하지 아니하고 도주한 때'라고 함은 사고운전자가 사고로 인하여 피해자가 사상을 당한 사실을 인식하였음에도 불구하고, 피해자를 구호하는 등 도로교통법 제50조 제1항에 규정된 의무를 이행하기 이전에 사고현장을 이탈하여 사고를 낸 자가 누구인지 확정할 수 없는 상태를 초래하는 경우를 말하는 것이므로, 위 도주운전죄가 성립하려면 피해자에게 사상의 결과가 발생하여야 하고, 생명·신체에 대한 단순한 위험에 그치거나 형법 제257조 제1항에 규정된 '상해'로 평가될 수 없을 정도의 극히 하찮은 상처로서 굳이 치료할 필요가 없는 것이어서 그로 인하여 건강상태를 침해하였다고 보기 어려운 경우에는 위 죄가 성립하지 않는다고 할 것이다(대법원 1997. 12. 12. 선고 97도2396 판결 참조).
그런데 기록에 의하면, 사고 결과 피해차량인 택시의 뒤범퍼가 미미하게 탈착된 데 그친 점에 비추어 볼 때 이 사건 교통사고는 매우 경미한 추돌사고로 보이고, 피해자는 사고 당시 신호대기를 위하여 택시를 정차하고 있다가 뒤에서 충격을 당하는 느낌을 받았는데, 사고 후 어디를 다쳤는지는 모르고 정신만이 몽롱한 상태였을 뿐이며, 파출소에서는 진단서를 제출하겠다고 하였다가 다시 경찰서에서는 아픈 데가 없어서 진단서를 제출하지 않겠다고 하였으나 담당 경찰관이 그 제출을 종용하므로 병원에서 이를 발급받아서 제출하였다고 진술하고 있고, 진단서를 발급한 의사는 피해자가 허리의 통증을 호소하여 다른 객관적인 자료 없이 진단서를 발급하였고, 통상적으로 통증을 이유로 진단서를 발급하는 경우 주사와 약물

및 물리치료를 하는데 피해자는 위 진단서를 발급받을 당시 주사 및 물리치료는 받지 않고 약만 받아간 이후 병원에서 아무런 치료도 받지 않았다는 취지로 진술하고 있음을 알 수 있다.

위와 같은 사정들에 비추어 보면, 이 사건 사고로 인하여 피해자가 입었다는 요추부 통증은 굳이 치료를 받지 않더라도 일상생활을 하는데 아무런 지장이 없고, 시일이 경과함에 따라 자연적으로 치유될 수 있는 정도라고 보일 뿐만 아니라 실제로도 피해자는 아무런 치료를 받은 일이 없으므로, 그와 같은 단순한 통증으로 인하여 신체의 완전성이 손상되고 생활기능에 장애가 왔다거나 건강상태가 불량하게 변경되었다고 보기 어려워서 이를 형법상 '상해'에 해당한다고 할 수 없음이 분명하고, 그 밖에 기록을 살펴보아도 피해자가 위 사고로 인하여 어떠한 상해를 입었다는 사실을 인정할 자료를 찾아볼 수 없다.

10

음주운전의 대표적 유형과 행정심판

운전자가 음주운전으로 적발되는 유형은 각양각색이다. 그러나 아무리 유형이 많아도 대표적인 사례 몇 가지로 수렴이 되는데, 이 사례별로 의뢰인들이 꼭 묻는 말이 있다.

"행정사님, 저는 운전을 하다가 적발이 된 게 아니라 도로에서 잠을 자다가 적발이 됐습니다. 그럼 더 가능성이 크지 않습니까?"

의뢰인들은 자신이 적발된 유형에 따라 구제 가능성이 많이 달라질 것으로 생각하는데 사실, 전문가 입장에서 보면 차이는 거의 없다. 물론 '교통사고'로 인하여 적발된 경우에는 이야기가 조금 다르다. 사고는 가드레일 등을 들이받는 단독사고와 피해자가 발생하는 대물사고 및 대인사고가 있는데, 이러한 사고가 발생하면 인사사고의 경우에는 구제 가능성에 영향을 많이 미친다.

하지만 사고가 없는 유형이라면 행정심판 구제 가능성에서 별다른 차이가 없다는 이야기다. 사고 없이 적발된 유형은 크게 다섯 가지로 구분이 된다.

첫째, 단속으로 적발된 경우이다. 말 그대로 단속 경찰관이 음주단속을 해서 적발된 경우로서 가장 교과서적인 적발 유형이다.

둘째, 도로나 주차장 또는 길가에서 잠이 들었다가 누군가의 신고나 순찰을 하는 경찰에 의하여 적발이 된 경우이다.

셋째, 이동 주차 등과 같이 잠시 차를 움직이다가 적발된 경우인데, 실제로 이 같은 사례가 상당히 많다. 차를 1~10m 이내로 이동하다가 다른 차량과 접촉사고가 발생하거나, 타인의 신고로 적발이 되는 경우들이 이에 해당한다.

넷째, 대리운전기사의 신고로 적발된 경우이다. 대리운전기사와 요금문제 등으로 실랑이를 벌이다가 대리운전기사가 홧김에 차를 대로나 구석진 곳에 놓고 가면, 그것을 이동시키려다가 대리운전기사의 보복성 신고로 적발이 되는 경우인데, 생각보다 많이 발생한다.

다섯째, 사고는 없으나 다른 사람과의 시비로 인해 적발되는 경우이다. 차선 위반 시비나, 좁은 골목길에서 행인과 시비가 붙은 경우에 상대방이 신고하면서 적발이 되는 사례다.

결과적으로 이렇게 유형을 나누는 것에 대한 실익은 없다. 다만, 대리운전기사가 대로 한복판에 놓고 간 경우에 예상되는 사고 방지를 위하여 어쩔 수 없이 차량을 스스로 움직이다가 신고가 된 경우에 면허가 취소되었다가 소송에서 구제가 된 판례는 존재한다. 아울러 차량이 가게 앞을 막았다는 이유로 가게 주인에게 갖은 욕설을 듣다가 차량을 어쩔 수 없이 움직인 경우에도 구제가 된 판례가 있으며, 이동거리가 극히 짧으면 음주운전의 고의성이 없었다는 점을 주장할 수 있다.

이 글을 쓰는 이유는 위에서 언급한 5가지 유형이 다르다고 해서 운전면허 구제절차 실무상 구제 가능성에 크게 영향을 미치진 않고 참작 정도는 된다는 점을 설명하기 위함이다.

운전면허 구제에 있어서 가장 중요한 요소는 혈중알코올농도, 운전경력, 이 사건 전 음주 전력, 벌점 이력, 사고 발생 여부, 그리고 운전의 필요성이다. 이하에 부양가족, 선행, 생활고 및 기타 참작사유가 있는데 그 정도 선에서 참작될 뿐이라고 생각하는 게 좋다.

어찌 됐든 면허를 회복하고자 하는 마음은 알겠지만, 자신이 보고 싶은 것만 보면 구제가 될 수 없다는 점을 명심해야 한다.

"언제까지 행정심판 관련 서류를 모아야 하나요?"

경찰서 다녀온 후 2~3주가 지나면 '취소결정통지서'라는 게 등기 또는 이 메일(전자처리에 동의한 사람의 경우)로 온다. 이 취소결정통지서를 받기 전까지 최대한 서류를 모았다가 취소통지서가 오면 접수를 하면 된다.

 나홀로 하는 운전면허취소 행정심판

11

벌점초과와 조정권고제도

음주운전 행정심판을 진행할 때 필자가 꼭 의뢰인에게 물어보는 요소 중에 하나가 벌점이다. 벌점은 구제 가능성과 관련 없이 행정심판 진행 자체의 의미를 무색하게 할 수 있는 요인으로 작용하기 때문이다.

벌점이 있으면 구제가 되더라도 면허가 취소되는 일이 발생할 수 있는데, 그 이유는 다음과 같다. 가령 A라는 운전자가 기존에 법규 위반으로 30점이라는 벌점을 가지고 있다고 가정하자. 이 경우에 혈중알코올농도가 0.100% 이상으로 면허가 취소됐는데 행정심판을 진행하게 된다면 110일 정지로 구제가 되더라도 벌점 110점이 잔존하게 되므로 기존에 있던 벌점 30점과 합산이 돼 벌점이 140점이 된다. 이 경우에 1년 누산점수 규정 121점을 넘으면 면허가 취소된다. 따라서 이 경우에는 행정심판에서 구제를 받을 수가 없다.

그런데 여기에 대해서 이의를 제기하는 사람들이 있다. 그 근거로 도로교통법 시행규칙 별표 28의 운전면허 취소·정지처분 기준(부록 참조)을 내세우는데, 이 별지 기재상의 "벌점·누산점수 초과로 인한 면허취소에 해당하는 경우에는 면허가 취소되기 전의 누산점수 및 벌점을 110점으로 한다."라는 규정에 근거를 둔다.

한마디로 어떤 벌점이 있든지 110점으로 감경이 되므로 행정심판에서도 구제가 될 수 있다는 논리인데, 결과적으로 이는 법률 해석을 잘

못한 것이다. 해당 별지를 보면 '벌점·누산점수 초과로 인한 면허취소'라고 전제를 두고 있기 때문에 혈중알코올농도 0.100% 이상의 사유로 취소가 된 경우는 여기에 해당되지 않는다. 따라서 혈중알코올농도가 0.100% 이상인데 벌점이 11점 이상 있다면 행정심판에서는 구제가 되더라도 또 면허가 취소되고, 이런 부분을 행정심판위원회도 알고 있으므로 구제를 시켜주지 않는다. 이 부분은 필자가 서울시 지방경찰청에 정확하게 회신을 통하여 답변을 받은 부분이라 확실하다.

다만, 혈중알코올농도가 낮고 모든 요소가 좋은데도, 단지 벌점이 있다는 이유로 행정심판에서 구제가 되지 못하면 너무 가혹하므로 이를 위하여 행정소송 조정권고 제도라는 장치가 마련돼 있다.

본래 조정이란 분쟁 당사자로부터 각자의 주장을 듣고 관련 자료를 검토하여 여러 사정을 참작해, 당사자들이 서로 양보하고 타협을 하여 문제를 스스로 해결할 수 있도록 법관이 권고를 하는 제도이다. 소송은 양보 없는 분쟁의 최종 결과물이란 점에서 사회적 낭비가 많이 수반되므로 법원에서도 가능한 대상 사건에 한해서는 조정권고를 권장하는 추세다. 이런 측면에서 행정소송 조정권고를 통해 판사가 원고인 음주운전자와 피고인 지방경찰청(관계 공무원이 출두한다) 사이에 의견 조율을 해서 140점의 벌점 등을 100점에 가깝게 감경을 해준다. 물론 무조건 되는 것은 아니고 조정권고가 성립되어야 가능한 부분이다.

도로교통법상 운전면허 벌점 확인 방법

포털 사이트에서 '이파인'이라는 검색어로 검색한 뒤, 교통범칙금 인터넷 납부 사이트인 'e-Fine(www.efine.go.kr)'으로 접속하여, 공인인증서 등으로 벌점 조회를 하면 조회가 가능하다. 운전경력증명서도 여기서 조회할 수 있다.

     나홀로 하는 운전면허취소 행정심판

12

행정심판 청구서 작성 방법

운전면허 구제를 위한 행정심판 청구서 작성은 크게 행정심판 청구서 작성과 별지 작성으로 나뉜다. 청구서는 표지라고 보면 되고 그 아래 놓이는 별지가 본문이라고 생각하면 이해하기가 쉽다.

표지 부분인 청구서에는 청구인의 인적사항이 가장 먼저 들어간다. 청구인의 성명, 주소, 주민등록번호 또는 외국인등록번호 그리고 전화번호를 명기한다. 성명이나 주민등록번호가 틀리면 접수가 안 되기 때문에 주의해야 하며, 주소를 잘못 적으면 답변서나 재결서 등이 엉뚱한 곳으로 갈 수 있다. 전화번호는 행정심판 진행 시 문자 안내를 받는 번호인 동시에 온라인행정심판 시에는 본인인증을 하는 번호이므로 아주 중요하다. 이 부분도 틀리면 안 된다.

그 아래에는 행정심판을 다수가 신청할 경우에 적는 대표자 인적사항란이 있는데 운전면허 행정심판과는 관련이 없으니 넘어간다.

그 아래에는 피청구인을 적어야 하는데, 피청구인은 집으로 송달된 취소결정통지서의 맨 아랫부분에 나와 있으므로 보고 적는 게 좋다.

그 이하에는 소관 행정심판위원회가 있는데, 운전면허 행정심판은 중앙행정심판위원회에 표기하면 된다.

이어 처분 내용 또는 부작위 내용란에는 '피청구인이 청구인에 대하여 한 자동차운전면허 취소 처분'이라고 적고, 처분이 있음을 안 날은 자신이 취소결정통지서를 수령한 날짜를 적으면 된다. 기억이 안 나면 지방경찰청 면허계에 조회하는 수밖에 없다.

청구취지 및 청구이유는 별지를 작성하므로 '별지 참조'라고 작성한다. 처분청의 불복절차 및 고지 유무는 취소결정통지서에 의무적으로 기재가 돼 있으므로 '고지함'이라고 적고 처분청의 불복절차 고지 내용에는 '이 처분을 안 날로부터 90일 이내에 처분청을 상대로 행정심판을 할 수 있다는 고지'라고 적으면 된다.

증거서류에는 별지와 함께 들어가는 증거서류 목록을 적되 너무 많으면 '청구인의 행정심판에 필요한 기타 부속서류 일체'라고 적으면 된다.

마지막으로 날짜를 기재하고 청구인 이름을 쓴 뒤 서명을 하거나 도장을 찍는다. 귀중은 중앙행정심판위원회 귀중으로 쓰면 된다.

행정심판 청구서 양식

■ 행정심판법 시행규칙[별지 제30호 서식] 〈개정 2012.9.20.〉

행정심판 청구서

접수번호		접수일
청구인		성명 홍길동
		주소 인천 계양구 효성동 길동이네아파트 3차 303동 310호
		주민등록번호(외국인등록번호) 800706 - 1234567
		전화번호 010 - 5877 - 0000
[ ] 대표자 [ ] 관리인 [ ] 선정대표자 [ ] 대리인		성명 주소 주민등록번호(외국인등록번호) 전화번호
피청구인		경기지방경찰청장
소관 행정심판 위원회		[0] 중앙행정심판위원회 [ ] ○○시·도행정심판위원회 [ ] 기타
처분 내용 또는 부작위 내용		피청구인이 청구인에 대하여 한 '자동차운전면허 취소 처분'
처분이 있음을 안 날		2016. 2. 3.
청구 취지 및 청구 이유		별지 참조
처분청의 불복 절차 고지 유무		고지함
처분청의 불복 절차 고지 내용		이 처분을 안 날로부터 90일 이내에 처분청을 상대로 행정심판을 할 수 있다는 고지
증거 서류		1. 운전면허 취소통지서 2. 운전면허경력증명서 3. 청구인의 행정심판에 필요한 기타 부속서류

「행정심판법」 제28조 및 같은 법 시행령 제20조에 따라
위와 같이 행정심판을 청구합니다.

2016년 04월 28일

청구인   홍 길 동   (서명 또는 인)

중앙행정심판위원회 귀중

첨부 서류	1. 대표자, 관리인, 선정대표자 또는 대리인의 자격을 소명하는 서류(대표자, 관리인, 선정대표자 또는 대리인을 선임하는 경우에만 제출합니다.) 2. 주장을 뒷받침하는 증거서류나 증거물	수수료 없음

처리 절차

청구서 작성	→	접수	→	결정	→	통지
청구인		○○행정심판위원회		○○행정심판위원회		

210mm×297mm[백상지 80g/㎡]

13

행정심판 청구서 별지 작성 방법

청구서가 작성된 이후에는 그 본문인 별지를 작성해야 한다. 각 별지 항목 작성 방법은 다음과 같이 4단계 순서로 쓰면 된다.

행정심판 청구서 별지 작성 방법

(1) 사건명 및 청구인과 피청구인 정보 작성

표지 부분 청구서 작성과 동일하다.

> **행정심판 청구서**
>
> 사건명　자동차운전면허 취소 처분 취소청구
>
> 청구인　김갑수(711115-1234560)
> 대전광역시 유성구 상대남로 00
> 010-2612-0000
>
> 피청구인 대전광역시 지방경찰 청장
>
> 처분 통지를 받은 날 2016. 06. 16.

(2) 청구 취지

행정심판 청구를 하고자 하는 원하는 바를 기재한다.

> **청구취지**
>
> 피청구인이 2016. 06. 16.자 청구인에 대하여
> 한 제1종 보통운전면허에 대한 취소처분을 취소한다.
> 라는 재결을 구합니다.

(3) 청구이유

청구이유에는 단속 경위, 이 사건에서 주장하고 싶은 요소, 청구인이 감경을 받을 만한 요소 등을 기록한다.

청구이유

1. 이 건 처분에 이르게 된 경위

청구인은 2016. 05. 02. 19:00부터 대전시 유성구 전민동에 위치한 음식점에서 지인들과 함께 식사 겸 술자리를 갖게 된 바 있습니다. 대화를 나누며 소주 6잔까지 마시고 자리를 마무리하고 나왔습니다. 이후 식당에서 대리운전을 불고 있는데 그날 비가 와서 대리운전업체에서 비가 온다고 하여 올 수 없다고 연락이 와서 청구인이 운전대를 잡는 잘못을 범하게 되었습니다. 그렇게 차량을 가지고 4km가량 이동하던 중 음주단속을 하던 경찰에게 적발이 된 것입니다.

※이후에는 자신이 참작 받고 싶은 사정 등을 항목을 정해 넣으면 된다.

라. 4Km가량의 비교적 짧은 이동 거리

청구인은 순간적으로 방심하여 운전대를 잡는 우를 범하게 되었고, 실제 이동한 거리는 약 4Km 남짓입니다. 이 같은 사정을 참작하여 주시길 바랍니다.

〈 증거자료: 이동 거리 지도〉

3. 청구인의 운전면허 취소로 인한 불이익

가. 운전을 해야 하는 청구인의 업무

청구인은 기술영업팀에서 근무하고 있습니다. 청구인의 업무는 공사현장의 자재 및 물품 비품에 대한 구입, 민원인 면담, 발주처 업무 등을 주로 하고 있고 한 달 평균 20일 근무 중 10일 이상을 원활한 공사 추진을 위해 일을 하고 있습니다.

(하략)

(4) 결론

결론은 아래와 같이 기재한다.

4. 결론

그렇다면 피청구인의 이 건 처분은 가혹하다고 판단되므로 이에 처분의 취소를 구합니다.

2016. 06. 29.
청구인　홍길동

중앙행정심판위원회 귀중

접수 방법

모든 서류의 작성이 끝나면 다음과 같이 접수하면 된다.

1. 청구서와 별지 및 각 증거자료를 각 2부씩 준비한다. 원본인지 사본인지는 관계는 없다. 반성문과 탄원서도 같이 넣는 게 좋다.

2. 2부를 넣는 이유는 1부는 행정심판위원회가 보고, 나머지 1부는 피청구인인 지방경찰청이 보기 위해서이다. 행정심판법에 따른 것이다.

3. 등기로 송달을 해야 하며 보내는 주소는 다음과 같다.

   우)30102 세종특별자치시 도움5로 20(어진동 307-12) 정부 세종청사 7-2동 중앙행정심판위원회 / TEL 110

4. 온라인으로 접수할 때는 www.simpan.go.kr으로 접속한 후 회원가입 후 본인인증을 하고 접수를 하면 된다.

▲ 온라인행정심판 홈페이지

"어떤 서류를 넣어야 합니까?"

청구 시 넣는 서류는 직업과 상황에 따라 전부 다르다. 이런 부분을 보충하기 위하여 필자가 운영 중인 카페(http://cafe.naver.com/avecvous)에서 확인하면 쉽게 자료를 모을 수 있다.

14

"이의신청은 어떻게 접수하나요?"

음주운전으로 면허가 취소되거나 정지된 사람이 운전면허를 구제받을 수 있는 방법은 크게 3가지다. 이의신청, 행정심판, 행정소송이 그것이다. 다만, 운전면허 정지·취소 처분에 대한 행정소송은 필요적 전치주의에 의하여 반드시 행정심판을 거쳐야 하므로 사실상 당사자가 처분 이후에 제기할 수 있는 절차는 이의신청과 행정심판 2가지다.

이 중에서 이의신청은 운전면허 취소처분 또는 정지처분 등에 있어 이의가 있는 사람이 그 처분을 받은 날로부터 60일 이내에 지방경찰청장에게 이의를 신청하는 제도이다.

운전면허 처분에 대한 행정심판은 처분을 받은 날로부터 90일 이내에 제기해야 하며 청구대상이 중앙행정심판위원회인 것과 달리 이의신청은 60일이며 청구 대상도 처분을 한 행정청 자신인 지방경찰청이라는 점이 다르다. 즉, 처분청인 지방경찰청이 처분을 한 뒤 스스로 자신의 행정행위에 대한 위법·부당함을 판단해 기존 처분을 감경하거나 취소하는 절차이다.

이의신청은 제기 요건이 행정심판보다 까다롭고, 인용(가결)을 받을 확률도 상대적으로 더 낮다. 그리고 이의신청은 행정심판과 달리 면허 취소 자체를 취소하는 완전 구제를 받을 수는 없고 110일 감경만 받을 수 있다. 이의신청에서는 이를 가결이라고 한다.

　다만, 이의신청은 행정심판을 제기할지 여부와 상관없이 제기할 수 있는 것이므로 이의신청만 제기하든지, 행정심판만 제기하든지, 동시에 제기하든지 모두 가능하다. 그리고 이의를 신청하여 그 결과를 통보받은 사람은 통보받은 날로부터 90일 이내에 행정심판법에 의한 행정심판을 청구할 수 있다. 물론 그 이전에 행정심판을 청구했다면 해당 사항은 없다.

　운전면허 행정처분으로 인해 생계 곤란을 겪고 있는 운전자 등은 주소지 관할 지방경찰청에 이의신청을 제기할 수 있고 이에 대하여 지방경찰청은 '운전면허 행정처분 심의위원회'를 열어 구제하고 있다. 심의는 경찰위원 4명, 민간위원 3명으로 구성된 심의위원회가 맡고 있다.

　구체적으로 심의위원회는 위원장을 포함한 7인의 위원으로 구성하되, 위원장은 지방경찰청장이 지명하는 지방경찰청의 과장급 국가경찰공무원이 되고, 위원은 교통전문가 등 민간인 중 지방경찰청장이 위촉하는 3인과 지방경찰청 소속 경정 이상의 국가경찰공무원 중 위원장이 지명하는 3인으로 하고 있다. 이 경우 민간인 위원의 임기는 2년으로 하되, 연임할 수 있다.

　심의위원회의 회의는 재적 위원 3분의 2 이상의 출석과 출석위원 과반수의 찬성으로 의결하며 심의위원회의 구성 및 운영에 관하여 필요한 사항은 경찰청장이 정한다.

　이의신청 소요 기간은 약 40~60일 정도이다.

　구제확률은 통상 10%를 밑돈다. 2014년 1월부터 2014년 9월 현재까지 경기지방경찰청에 이의신청을 낸 대상자는 모두 646명으로 이 가운데 57명(8.8%)이 구제받았다. 2013년엔 995명 중 75명(7.5%)이, 2012년엔 985명 중 81명(8.2%)이 구제됐다.

　운전면허 행정처분에 대한 이의신청은 행정심판과 달리 일정한 요건

　　　　　　　　　　　　　　　　　　　나홀로 하는 운전면허취소 행정심판

에 해당해야 가능하다. 이 요건을 충족하지 못하면 본안심리에도 들어가지 못한다.

본래 이의신청 제도는 '생계형' 운전자를 구제하는 데 초점이 맞춰져 있다. 뺑소니범 검거 유공으로 표창을 받은 경우, 3년 이상 교통봉사 활동을 한 모범운전자인 경우 등도 이의신청의 혜택을 볼 수 있다. 구체적으로 청구 자격은 ①과거 5년 이내 3회 이상의 인적 피해 교통사고가 없어야 하며, ②과거 5년 이내 음주운전 및 취소전력이 없고, ③과거 5년 이내 이의신청 감경대상자는 제외되며, ④혈중알코올농도가 감경기준(0.120% 미만)에 해당하며, ⑤경찰관을 폭행하거나, ⑥음주측정불응 사유로 취소된 자가 아닌 사람에 한한다. 이 조건을 충족해야 접수가 가능하다.

한편 이의신청의 경우에는 경찰에서 사실관계를 조사하기 위해 현장 조사를 진행할 수 있다는 점을 유념해 둘 필요가 있다.

이의신청 청구 방법

〈신청 방법〉

-접수장소: 서울지방경찰청 민원실

-접수기일: 행정처분을 받은 날로부터 60일 이내

※ 주민등록상 현 주소지가 서울인 경우에 한하여 신청할 수 있다.

운전면허 행정처분 이의신청서

신청인	이름		주민등록번호		
	주소			직업	
	송달주소				
	전화번호	자택		직장	
		휴대폰			
신청취지	자동차 운전면허 행정처분(취소·정지)에 대한 감경을 요청합니다.				

이의신청 이 유

\# 운전면허 필요성, 생계 곤란 등 신청이유를 간단히 작성하시고 뒷장에
  구체적으로 상세히 기재하시기 바랍니다.

※ 부당하게 감경 결정을 받기 위해 문서를 위·변조한 경우 관련 법령에 따라 형사처분될 수 있음

근거 법조	도로교통법 시행규칙 제95조

본인의 주장 및 제출 자료에 대한 진위 여부 확인을 위한 경찰관의 현지실사에 동의하며,
위와 같이 자동차 운전면허 행정처분에 대해 이의신청을 합니다.

200 년   월   일

신청인:　　　　　㊞

ㅇㅇ지방경찰청장 귀하

첨부 서류	취소결정통지서, 주민등록등본, 재직증명서(또는 사업자등록증) 세목별 과세증명서, 전(월)세 임대계약서 등 증빙서류 각 1부 ※ 제출된 서류는 반환치 아니함	수수료 없음

이의신청 이유서

1. 운전면허 취소 경위

신청인은 이사건 당일인 2009. 0. 00. 00:00에 회사동료인 000의 모친상 조문을 갔다가 소주 6잔을 마시고 3시간 정도 잠을 자고 나서 귀가하기 위해 신청인 소유 강원00가0000호 자동차를 운전하고 가다가 원주시 중앙동 소재 00빌딩 앞 도로변에서 음주단속 중이던 경찰관에게 적발되어 음주측정을 한 결과 0.111%로 판정되어 2009. 0. 00.자로 운전면허가 취소되었습니다.

2. 운전면허의 필요성(직업 등을 구체적으로 기재)

신청인은 00년 0월 0일 춘천 후평동 소재 00라는 회사의 버스운전기사로 입사 후, 회사소유 강원00바0000호 00번 시내버스를 운전하여 00에서 00까지 일 0회 왕복하며 승객을 운송하는 운전기사로 근무하며 가족의 생계를 유지하고 있습니다(운전이 생계의 수단임을 구체적 서술).

3. 생계 곤란 정도

(1) 신청인은 아파트 전셋집에 거주하고 가족 3명을 부양하고 있는 가장으로
   위 회사에서 근무하며 월 100만 원의 급여로 생활하고 있습니다.

(2) 가족관계
   - 처 김00(50세)은 00식당에서 종업원으로 근무(월 급여 60만 원)
   - 자 박00(28세)은 00회사에서 근무(월 급여 100만 원)
   - 자 박00(20세)은 00대학교 1학년 재학 중(수입 없음)

(3) 재산 관계
   - 아파트 전세(20평, 보증금 2천만 원)
   - 토지 200평(대지, 시가 1,500만 원)
   - 자동차 1대(아반떼, 04년식, 시가 500만 원)
   - 부채 3천만 원(00은행 주택담보대출)

4. 그 외 신청인이 주장하는 이유를 구체적 서술

※ 공간 부족 시 덧붙임으로 작성 가능

구비 서류

1. 공통
 가. 취소(정지)결정통지서
 나. 주민등록등본
 다. 세목별 과세증명서(시·군청 및 동·면사무소 발행)
  - 본인 및 배우자(미혼인 경우 부모) 명의로 세목별 과세증명서
   - 납세 사실이 없으면 '과세사실 없음'이라고 발급된다.
 라. 부동산등기부등본
  - 가족 명의로 되어 있는 부동산의 등기부등본
  - 전(월)세 임차인의 경우 임대차계약서 사본
 마. 부채증명원
  - 가족 명의 부채증명원(은행대출확인원 등)
 바. 자동차등록증 사본(소유 자동차 모두)

2. 직장인의 경우
 가. 재직증명서
 나. 전년도 근로소득원천징수영수증 또는 최근 3개월간 월급명세서

3. 자영업자의 경우
 가. 사업자등록증
 나. 종합소득세납부증명서
 다. 사업장의 등기부등본(임대의 경우 임대차계약서 사본 제출)

4. 기타
 운전이 생계수단임을 입증할 자료(차량 이용 사진 등)

출처: 서울지방경찰청

15

특별사면에 대한 모든 것

매년 8월 15일이 가까워지면 음주운전 등으로 면허가 취소된 사람들의 기대감이 높아진다. 바로 대통령 특별사면 때문이다. 대통령의 고유권한인 특별사면이 이뤄지면 수감 중인 사람은 형 집행이 면제되고, 집행유예를 받은 사람은 형 선고의 효력이 상실된다. 운전면허의 경우 면허 벌점은 일괄 삭제가 되고, 면허정지 대상자는 집행 면제, 기간 중인 사람은 잔여 기간이 면제되며, 면허취소 처분 면제와 함께 면허취득의 결격기간도 해제된다.

즉, 운전면허가 취소된 경우 특별사면 대상이 되면 결격기간이 사라지므로 바로 운전면허시험을 보고 운전면허를 취득할 수 있게 된다. 오랜 기간을 기다렸다가 다시 면허를 취득하려고 악몽 같은 시간을 보내고 있는 음주운전 적발자들에게 파격적인 조치인 만큼 사면에 대한 기대감은 클 수밖에 없다.

이렇다 보니 광복절을 앞두면 사면에 대한 문의가 빗발친다. 이 중에서 음주운전 행정심판과 관련된 가장 많이 묻는 말에 대한 답을 소개한다. 해당되는 내용은 필자가 수없이 사면을 경험한 데서 나온 것이고, 스스로 궁금한 점은 경찰청에 직접 회신을 해서 얻은 답들이기 때문에 정확하다.

Q1. 행정심판에서 구제가 되면 사면의 효과는 어떻게 되는 건가요?

A1. 행정심판에서 110일 감경으로 일부 인용이 되면 면허가 취소
되지 않고 사면으로 결격기간이 풀리므로 다시 시험을 봐서
면허를 따지 않아도 됩니다. 따라서 기존 면허를 돌려받고 바
로 운전이 가능합니다. 다만, 경찰서에서 확인을 하고 그 사
실을 인정해준 뒤에야 운전이 가능하므로 주의해야 합니다.

Q2. 행정심판에서 패소하면 사면을 못 받는 건가요?

A2. 행정심판과 사면은 아무런 관련이 없습니다. 패소하더라도 사
면의 효과로 면제가 됩니다.

Q3. 특별사면이 되면 음주운전 관련 벌금도 감경되는 건가요?

A3. 벌금과 특별사면은 관련이 없습니다. 즉, 벌금은 없어지거나
감경되지 않습니다.

Q4. 특별사면이 되면 음주운전 전력이 아예 사라지는 건가요?

A4. 사라지지 않습니다. 전력은 그대로 남아 있으나, 결격기간만
면제해주는 것으로 이후에 삼진아웃 등으로 적발될 때는 사
면 역시 기존 전력에 포함됩니다.

Q5. 사면이 된 때가 임시면허 기간이면 어떻게 되는 건가요?

A5. 면허는 취소되지 않고, 결격기간이 해제되면서 바로 면허를
돌려받을 수 있습니다.

　　　　　　　　　　나홀로 하는 운전면허취소 행정심판

Q6. 　정식재판을 하거나 행정처분이 완료되지 않으면 사면의 효과를 받을 수 없다는데 어떻게 되는 건가요?

A6. 　사면은 적발 일시가 기준이므로, 정식재판과 행정처분의 완료와는 관계가 없습니다. 적발이 언제 됐는지가 중요할 뿐이므로, 정식재판을 한다고 해서 사면의 효과가 배제되지는 않습니다.

Q7. 　인사피해 음주운전 사건도 사면의 대상이 되는 건가요?

A7. 　사면권은 대통령의 고유 권한으로 대통령의 의지에 따라 적용되므로 그때그때 다를 수가 있습니다. 물론 기존 관례의 관성에 따라 사면의 대상이 비슷하기는 하지만 확실히 어떤 유형의 사례가 적용된다고 예단할 수는 없습니다.

"사면되면 범죄경력도 없어지나요?"

사면이 된다고 해도 여전히 범죄경력은 남아 있다. 따라서 전과는 말소되지 않으며, 범죄경력(벌금 등)과 면허는 별개이므로 면허가 사면으로 살아난다 해도 여전히 범죄경력이 있다는 것은 인지해야 한다.

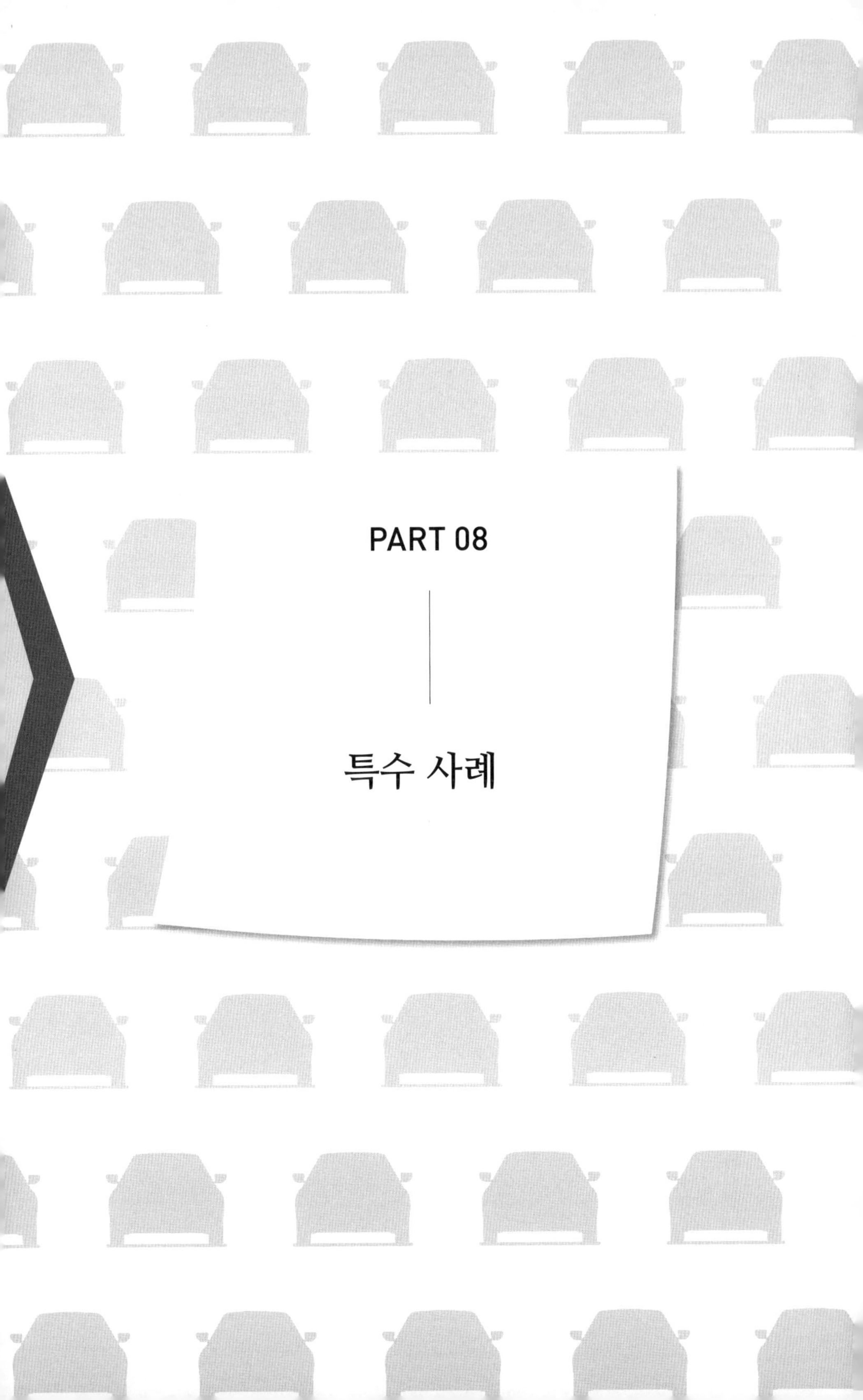

PART 08

특수 사례

"수시적성검사 기한을 놓쳤습니다."

운전면허 적성검사 기한을 놓쳐 면허가 취소되는 사례가 잇따르고 있다. 실제로 적성검사를 소홀히 했다가 면허가 취소되는 사람만 연간 2~3만여 명에 달한다. 전국적으로 적성검사 미필 면허취소 사례를 보면 지난 2012년에 3만 4,501건, 2013년에는 2만 5,290건이 발생했다.

적성검사를 놓치는 이유는 대부분 우편물로 배달되는 운전면허 적성검사 통지서를 제대로 살펴보지 않기 때문이다. 제도적으로 경찰청에선 적성검사기간 만료인 전에 일반우편을 보내고 있고, 이후엔 추가로 두 차례에 걸쳐 등기우편을 보내 운전자에게 통지하고 있다. 여기에 도로교통공단이 보내는 이메일, 우편 등 알림서비스를 합하면 최대 여덟 번까지 통지가 된다. 그런데도 검사를 받지 않는 사람은 여전히 줄어들지 않고 있다.

적성검사 미필로 면허취소가 되면 당연히 무면허 운전으로 단속되고, 이렇게 되면 사안이 복잡해진다. 먼저는 운전자가 자신이 안내문을 받지 못한 사실을 적극적으로 입증해야 한다. 최근 대법원은 "적성검사 사전통지는 단지 국민 편의를 위한 것에 불과해, 운전자는 면허증에 기재된 적성검사기간이 언제인지를 스스로 확인해 검사를 받아야 한다는 점을 알고 있다고 봐야 한다."고 판시하고 있는데, 이처럼 그 입증은 상당히 어렵다고 할 수 있다. 운전면허증만 꺼내 보더라도 적성검사 기한을 금방 알 수 있기 때문이다.

일단 면허가 취소되면 과태료를 내고 특별교통안전교육 6시간과 필기시험을 다시 봐야 한다. 애초에 관심을 기울여야 시간적·경제적 낭비를 막을 수 있다.

문제는 수시적성검사이다. 도로교통법 제88조는 운전자가 안전운전에 장애가 되는 후천적 신체장애 등 일정한 사유에 해당하는 경우에는 수시적성검사를 받아야 한다고 명시하고 있다. 그런데 수시적성검사는 그 명칭 그대로 수시로 이뤄지기 때문에 운전자가 이를 예측하기가 어렵다는 맹점이 있다.

도로교통법에는 행정청이 수시적성검사를 받아야 할 사람에게 일정한 기한 내에 통지하게 돼 있다. 만일 통지를 받은 사람의 주소를 통상적인 방법으로 확인할 수 없거나 통지서의 송달이 불가능한 경우 주소지 관할 경찰서에 이를 공고함으로써 통지에 갈음할 수 있는데, 이렇게 해도 수시적성검사를 받지 않으면 운전면허를 취소할 수 있는 근거가 생긴다.

잡음이 나오는 지점은 바로 여기다. 가령 여러 지역에 일거리를 찾아 돌아다니는 건설현장의 일용직 근로자나, 배를 타고 외부로 나가는 선원은 장기간 집을 비우는 경우가 많은데, 수시적성검사 통지를 못 받아서 운전면허가 취소되는 사례가 비일비재하다. 본인도 운전면허가 취소된 사례를 전혀 인지하지 못하다가 사고가 나거나 법규 위반으로 단속이 될 때 비로소 알게 된다.

운전면허 취소처분 행정심판을 주관하는 중앙행정심판위원회는 이에 대해 일관된 태도를 보이고 있다. 재결례를 살펴보면 운전면허를 받은 사람이 객관적으로 소재불명이라고 볼 수 있을 정도의 사정이 있는 경우에 한해 통지에 갈음하는 공고 조건이 예외적으로 인정돼야

　　　　　　　　　　　　　　　　나홀로 하는 운전면허취소 행정심판

할 것이라고 못 박고 있다. 따라서 수시적성검사통지서 발송 당시 운전자의 주소지가 변경된 사실이 없고 운전자가 주소지에서 살지 않는다는 것을 입증할 수 없다면 통지서가 발송됐다는 이유만으로 면허를 취소하는 것은 위법·부당하다는 게 중앙행정심판위원회의 판단이다.

운전면허증만 봐도 기한을 알 수 있는 정기적성검사와 달리 수시적성검사는 쉽게 적성검사기한을 예측할 수 없기 때문에 그 입증 책임을 행정청에 부여하고 있는 것으로 보인다.

그러므로 수시적성검사통지서를 받지 못해 운전면허가 취소됐다면 충분히 권리구제를 위해 다퉈볼 만하다. 한편으로 해외 장기 출장 등 불가피한 사유가 있을 때 수시적성검사 연기를 신청할 수 있는데, 연기 사유를 증명할 수 있는 서류를 첨부해 도로교통공단에 제출하고 신분증을 제시하면 된다.

수시적성검사 통지를 받지 못해 면허취소 구제가 된 사례

중앙행심2010-04206

[재결 요지]
도로교통법 제93조 제1항 제8호, 동법 시행령 제56조 및 동법 시행규칙 제84조·제93조 제1항·별표 28중 2. 취소처분 개별기준의 일련번호란 8에 의하여 수시적성검사를 받지 아니한 것이 운전면허의 필요적 취소사유인 점, 수시적성검사는 정기적성검사와 달리 운전면허시험기관의 장이 수시적성검사를 받아야 하는 사람에게 수시적성검사의 기간 등에 대한 통지를 하도록 되어 있고, 이러한 통지를 하지 아니한다면 그 대상자는 검사 기간 등을 알기 어렵게 되는 점 등을 고려할 때, 피청구인은 공고를 함으로써 수시적성검사 대상자에 대한 통지에 갈음할 수 있는 경우에 해당되는지를 판단할 때에는 더욱 주의를 기울여야 할 것임에도 불구하고, 청구인이 위 주소지에서 실제 거주하고 있는지에 대한 확인도 하지 아니한 채 청구인이 수시적성검사를 받지 않았다거나 청구인에 대한 수시적성검사통지서가 "폐문부재" 등으로 반송되었다는 이유만으로 공고로써 수시적성검사의 통지에 갈음하였다.

따라서 피청구인은 수시적성검사통지에 있어 공고의 요건을 충족하지 못했음에도 불구하고 통지에 갈음한 공고절차를 통하여 이 사건 처분을 한 것이므로, 피청구인의 이 사건 처분은 그 과정상 하자가 있는 위법·부당한 처분이라 할 것이다.

02

"무면허 적발의 경우에도
구제 방법이 있나요?"

벌점초과 및 음주운전 정지 수치로 인하여 면허가 취소까지는 이르지 않고 정지가 된 경우, 정지 기간에 운전을 하면 무면허운전으로 적발이 된다. 도로교통법 제43조는 지방경찰청장으로부터 운전면허를 받지 아니하거나 운전면허의 효력이 정지된 경우에는 자동차 등을 운전하여서는 아니 된다고 명시하고 있으며 도로교통법 제47조는 경찰공무원은 자동차 등의 운전자가 제43조 등의 규정을 위반하여 자동차 등을 운전하고 있다고 인정되는 경우에는 차를 일시 정지시키고 그 운전자에게 자동차 운전면허증(이하 '운전면허증'이라 한다)을 제시할 것을 요구할 수 있도록 하고 있다. 아울러 동법 제82조는 무면허의 경우 운전면허효력 정지 기간에 운전하여 취소된 경우에는 그 취소된 날부터 1년간 운전면허를 따지 못하도록 하고 있으며 벌칙 조항이 있어 벌금도 부과된다.

그런데 이 무면허 적발이 상당히 많이 발생하는 추세다. 운전면허 구제절차 실무상 무면허가 발생하는 유형을 살펴보면 다음과 같다.

첫째, 무면허 기간을 착각하고 운전을 하다가 적발된 경우, 둘째, 무면허인지 알면서도 생계와 기타 사정에 의하여 어쩔 수 없이 운전하다가 적발된 경우, 셋째, 범칙금 미납 등의 사정이 있어 면허가 정지된 사실이 있는지 본인도 모르다가 운전을 했는데 적발된 경우 등이다.

이런 경우들에 있어서 면허를 다시 회복하는게 아예 불가능하지는 않다. 누가 보더라도 이해가 되는 사정이 있다면 그것을 수사기관에 명확하게 적기하여 호소한다면 검찰에서 기소유예가 나오기도 한다. 기소유예를 받는 경우에는 면허를 바로 살리지는 못하지만 결격기간이 소멸돼 기소유예를 확인한 즉시부터 운전면허를 재취득할 수 있게 된다. 이 점은 법이 허용하고 있는 것이므로 적법하게 구제를 받을 수 있다.

실제 사례를 살펴보면 브랜드 스포츠 의류 물류 유통직에서 근무하는 A씨는 음주운전으로 인하여 정지 수치가 나와 면허가 100일 정지됐으나 교육으로 감경받고 50일간 면허정지를 받고 있던 중, 날짜를 착각하여 정지 기간이 끝나기 전 하루 전에 운전하다가 경찰에게 적발되어 면허가 취소되었는데, 이와 같은 착각의 사정을 강조하여 기소유예를 받은 사례 등이 있다. 물론 무면허 운전은 당연 위법 행위이므로 해서는 안 된다. 다만, 위의 사례와 같이 참작할 만한 사정이 존재한다면 선처를 구하여 운전면허를 통하여 소중한 생계를 지탱하는 것도 또한 지혜로운 일이라 할 수 있다.

"무면허 사건은 빠르게 서류를 제출해야 합니다."

무면허 적발의 경우 경찰에서 검찰로 사건이 송치되는 속도가 굉장히 빠르다. 따라서 적절한 시점에 의견서 등 자신이 참작 받고 싶은 점을 서류로 제출하지 못하면 사건이 법원으로 순식간에 넘어가는 경우가 많기 때문에 미리 준비해야 한다.

　　　　나홀로 하는 운전면허취소 행정심판

03

무면허인 줄 몰랐다가 적발된 경우

정기적성검사를 받을 기한을 계속해서 지나거나 범칙금 미납 등으로 인하여 면허가 취소되는 경우가 제법 많이 발생한다. 실제적으로는 시간이 너무 없어 정기적성검사를 고의적으로 받지 않거나, 형편이 어려워 10만 원 미만의 범칙금을 내지 않고 있다가 면허가 취소되는 경우는 없다. 정기적성검사의 경우에는 기간을 까맣게 잊고 있다가 놓치는 경우이고, 범칙금도 이미 냈다고 착각을 하고 있다가 큰일을 겪게 되는 것이다.

이 같은 상황이 발생하면 관할 지방경찰청에서 면허가 취소된다는 점을 일반 우편이나 등기로 보내 고지를 하게 되는데, 이는 도로교통법 시행규칙 제93조 제1항에 명시된 필수 절차이다. 그런데 당사자가 이사 또는 장기간 출장 등으로 인하여 우편 또는 등기를 받지 못하는 경우가 상당히 많다. 이런 경우를 폐문부재(문이 잠기고 집 안에 사람이 전혀 없는 경우)라고 한다. 이 경우에 등기가 '수취인 부재'로 관할 지방경찰청에 반송이 되면 도로교통법 제93조 제1항 후단에 따르게 된다. 동조는 '지방경찰청장 또는 경찰서장이 법 제93조에 따라 운전면허의 취소 또는 정지처분을 하려는 때에는 별지 제81호 서식의 운전면허정지·취소처분사전통지서를 그 대상자에게 발송 또는 발급해야 한다. 다만, 그 대상자의 주소 등을 통상적인 방법으로 확인할 수 없거나 발송이 불가능한 경우에는 운전면허 대장에 기재된 그 대상자의 주소지를 관할하는 경찰관서의 게시판에 14일간 이를 공고함으로써 통지를 대신할 수 있다'고 명기하고 있다.

이에 따라 등기우편이 반송될 때는 일반적으로 지방경찰청 게시판에 운전면허의 취소 사실을 공시하고 있다. 여기서 문제가 되는 것은 당사자의 주소 등을 통상적인 방법으로 확인할 수 없거나 발송이 불가능한지 여부이다. 지방경찰청이 어떤 방법으로든 주소를 알아낼 방법이 있었다면 이 조항에 따라 지방경찰청이 게시했다는 사실만으로 운전면허 취소가 타당하다고 볼 수 없다는 것이다. 폐문부재로 인해 면허취소 사실을 몰랐다가 나중에 무면허로 적발된 경우 쟁송을 진행하면 법원에서 이 같은 법리로 면허취소 구제에 있어서 원고의 손을 들어주는 경우가 제법 많다. 이 경우에는 운전면허를 다시 살려주게 되며, 경찰 조서 작성 단계에서도 무면허 혐의에 대한 무혐의가 나오는 경우도 많다.

문제는 폐문부재로 등기가 반송되었는지 여부이다. 만일 경비실에서 등기를 받았거나, 가족이 받은 경우에도 도달주의에 따라 당사자가 수령한 것으로 되기 때문에 이런 경우에는 위에서 설명한 폐문부재의 법리로 자신의 억울함을 주장하는 데 어려움이 발생할 수 있다.

"반송된 내역 어떻게 확인하나요?"

폐문부재를 스스로 확인하기 위해선 우체국 등기 이력을 확인해봐야 한다. 반송된 등기 이력이 있는지 검색해보면 등기를 받았는지 여부를 인지할 수 있다.

 나홀로 하는 운전면허취소 행정심판

04

"삼진아웃도 구제가 가능합니까?"

음주운전 면허취소 구제 관련 업무를 하다 보면 여실히 느끼는 것이 하나 있다. 음주운전도 '습관'이란 점이다. 술을 마시면 운전대를 잡지 말아야 하는데, 습관이란 독에 길들어 무심결에 운전하는 일이 많다. 그래서 음주운전은 유독 재범률이 높다.

실제로 우리 주변에서 삼진아웃(음주운전으로 세 번 적발된 사람)과 포아웃(네 번 적발된 사람)도 쉽게 볼 수 있으며, 처벌을 받아도 버릇이 고쳐지지 않는 사람이 부지기수다. 아마도 이는 술의 속성과 관련이 있는 것 같다. 술을 마시면 이성의 끈이 느슨해지고 아무래도 본능에 이끌리게 된다. 그 결과 학습능력이 사라지고 이전의 기억이 없어지면서 무작정 운전대를 잡게 되는 것이다.

물론, 피치 못할 사정으로 수십 년 만에 음주운전을 했다가 적발된 경우도 적지 않다. 실제로 이런 사례가 있었다. 공사장 현장 관리직인 A씨는 휴일에 집에서 밥을 먹으며 곁들여 술을 마시던 중에 갑자기 전화가 걸려왔다. "공사장에 불이 났다."는 전화였다. 대리운전기사를 불러야겠다는 생각은 떠오르지도 않았을 것이다.

그래서 바로 운전대를 잡았는데, 20m를 움직이다가 단속에 걸리고 말았다. 혈중알코올농도는 0.67%로 정지 수치였지만 이미 10년 전에 두 번의 전력 있던 터였다. 면허는 취소됐고 2년의 결격기간에 걸려 현장직의 특성 때문에 일자리도 잃고 말았다. 항변은 공허한 메아리로 돌아올 뿐이었다.

옆에서 지켜보면서도 정말 안타까움을 금할 길이 없었지만 어쨌든 음주운전은 음주운전이다. 정상을 참작할 수는 있겠지만 없던 일로 할 수는 없다. 술을 마셨으면 이성의 고삐를 쥐고 절대로 운전을 해서는 안 된다.

한편으로 삼진아웃 이상의 전력이 있는 분들이 생각보다 많이 이런 문의를 한다. 구제 확률이 있겠느냐는 것이다. 물론 본인들도 그 확률에 대해 잘 알고 있다. 이치로 보아 세 번이나 음주운전을 했는데 구제 확률이 얼마나 되겠느냐는 반문이 계속 머릿속을 휘젓고 있을 게 당연한 일이다. 결론부터 말하자면 삼진아웃 이상이라면 행정심판이나 행정소송으로는 구제받기가 힘들다.

지푸라기라도 잡고 싶은 심정이라면 저조한 확률을 보고도 도전을 해보고 싶겠지만, 좀 더 신중하게 생각해볼 필요가 있다. 그러나 만일 행정절차상 위법 사유, 예컨대 혈중알코올농도 상승기라든지 입을 물로 헹구지 않았다든가 하는 사유가 존재한다면 삼진아웃이더라도 처분 자체가 취소되기 때문에 도전해 볼 만하다.

이런 사례에 해당하는 경우가 많지는 않지만, 행정절차상 하자가 있다면 이를 주장해 봐야 하는 것은 당연하다. 하지만 이런 절차상 하자를 발견하기가 쉽지 않은 일이다. 행정절차에 대해 전문적으로 알고 있지 않은 이상은 이를 주장하기가 쉽지 않을 수밖에 없다. 만일 그런 절차상 하자가 존재한다면 집요하게 이를 주장해야 겨우 구제받을 수 있다. 다만, 그렇다고 음주운전이 정당화되는 것은 아니다. 어쨌든 속설처럼 생계형이면 삼진아웃도 구제가 된다는 말은 100% 헛소문에 지나지 않는다.

음주운전의 최초 적발 기준 일에 따른 삼진아웃 적용 시점

일반 음주운전 시 행정처분	음주운전 교통사고 행정처분	형사사건의 적용
2001년 7월 24일	1995년 7월 1일	2006년 6월 1일

※ 측정거부와 사면도 음주운전에 포함된다.

예를 들어, 2004년에 음주운전 정지, 2007년에 음주운전 취소, 2015년에 음주운전 정지 수치로 적발이 된 사람은 행정상 삼진아웃이지만 형사상으로는 삼진아웃이 아니다.

05

삼진아웃도 구제가 되는 특수 사례들

음주운전으로 세 번 적발되면 삼진아웃 제도에 따라 면허가 2년간 (교통사고가 있을 시 3년) 취소가 된다. 죄는 달게 받아야겠으나 2년간 취소가 되면 직업은 물론 생활 방식 등 모든 삶의 순환 고리가 무너져 버리기 때문에 삼진으로 적발된 사람들도 행정심판의 기회를 찾고자 노력을 많이 하는 게 현실이다.

하지만 알다시피 삼진아웃 면허취소를 구제를 받는다는 건 현실적으로 상당히 어려울 수밖에 없다. 이런 맥락에서 삼진아웃의 경우에는 선처를 구하는 부당성보다는 위법성 요소를 찾아보는 게 중요하다.

위법성이란 법에 규정된 절차를 지키지 않거나, 법적 근거가 없는 처분이 있을 때 성립한다. 그중에서도 아주 약간의 차이로 삼진아웃에 적발돼 취소된 경우에는 혈중알코올농도 상승기를 주목할 필요가 있다. 0.050~0.055%까지 이에 해당하는데 이는 위드마크공식과 관련이 있다. 사람이 술을 마시게 되면 바로 취하는 게 아니라 서서히 취해 가는데, 이때 혈중알코올농도가 최고조에 달하는 구간을 혈중알코올농도 상승기라고 하며, 이 상승기에 적발됐다면 운전 당시의 혈중알코올농도와 적발되어서 호흡측정을 한 경우라면 운전이 종료된 시점과 호흡측정을 한 시점 사이의 간격 때문에 이 같은 법리를 적용할 수 있다. 가령 어떠한 사람이 술을 마시고 바로 나와 차를 운전하게 되고 이후 차량 운전을 끝낸 뒤 30분 후에 호흡측정을 하게 되었는데 그 혈중알코올농도가 0.050%가 선출됐다면 운전 당시의 농도는 혈중알코올농도 상승기를 적용해 적어도 0.050%보다는 낮았을 것이므로 훈방에 해당하고 삼진아웃이 아니라는 논리를 적용할 수 있다. 운전면허 구제 절차 실무상 삼진아웃에 있어서 가장 구제 확률이 높은 법리는 이에 해당한다. 다만, 농도가 높으면 이 역시 적용하기가 어렵다.

이와 함께 주차장 사건도 삼진아웃이 기댈 만한 부분이다. 주차장이 인정되는 경우에는 면허는 취소되지 않고 벌금만 나오기 때문인데, 운전을 한 곳이 도로가 아닌 곳으로 인정될 만한 사유가 있어야 하며 그 증명은 본인이 해야 한다.

이외에도 단속 경찰관의 절차상 하자를 고려해보는 것도 삼진아웃의 구제에 있어서 실효성이 있다. 호흡측정 시 구강 내 잔류 알코올을 소거하기 위하여 입을 헹구는 기회를 제공받지 못했다거나, 최종음주 시각으로부터 20분 이내에 호흡측정을 했다거나, 구강청정제를 사용한 뒤 호흡측정을 했다거나, 채혈측정을 한 경우 알코올 솜을 사용한 경우 등이 그렇다.

필자가 여기 소개한 것은 삼진아웃을 구제할 수 있는 실효성 있는 사유들이다. 삼진아웃 자체를 두둔하고자 함은 아니지만, 적법절차의 원리에 따라 정해진 절차에 의해서 처벌을 받아야 함에도 절차상 하자로 억울한 일을 겪는 사례가 적지 않고, 따라서 자신이 억울한 점이 있다고 생각된다면 이러한 측면을 꼭 상기할 필요가 있다.

삼진아웃일 경우에도 고려할 수 있는 사항이 있는데, 대표적인 것이 알코올 솜 사용 증명이다. 알코올 솜을 채혈 시 사용했을 때는 삼진아웃이라도 무효가 될 수 있다.

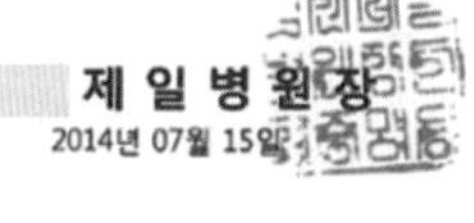

제 일 병 원

수신 :
(경유) :
제목:　　　성 님(820805-*******) 관련 혈액 채취 확인서(음주관련)

1.의료기관 :　　제일병원
2.요양기관번호 : 35201
3.2014년 7월 11일 08시 45분경　　　성(820805-*******)님의 혈액 채혈시에 무알콜 솜을 사용하지 못하고 담당 간호사 (김　　　진술) 알코올 솜을 사용 채혈을 하였음을 확인합니다.

제 일 병 원 장
2014년 07월 15일

실제 사실확인서

혈중알코올농도가 너무 높게 나온 경우

혈중알코올농도는 말 그대로 혈액에 녹아 있는 알코올농도를 말하는데, 이를 측정하여 대상자가 얼마나 취한 상태인지를 측정하는 척도로 사용되고 있다.

일반적으로 혈중알코올농도가 아무리 높게 나와도 0.230%를 넘는 경우가 많지는 않은데, 경우에 따라서 혈중알코올농도가 0.300%를 넘어 0.400%가 나오는 경우도 간혹 발생한다.

그런데 이런 경우에 있어 0.400%가 넘은 때에도 보통은 운전자가 언행 상태나 보행 상태가 정상인 경우가 많다.

도로교통안전관리공단이 발간한 '혈중알코올농도에 따른 행동변화 양상'에 따르면 혈중알코올농도가 0.350% 이상은 정상 이하의 체온, 기억력 상실과 의식 장애가 발생하고 0.450% 이상인 경우 호흡정지로 인한 사망에 이른다고 알려졌는데, 0.400%가 넘으면 기절을 하거나 인사불성이 되어야 정상인데 멀쩡하다는 것은 뭔가 측정 방식에서 이상한 점이 있을 수도 있다는 의문을 내포한다.

실제로 중앙행정심판위원회 재결례를 보면 단속 경찰관에게 적발되어 혈중알코올농도가 0.057%로 호흡측정이 된 운전자가 불복하여 채혈을 한 결과 혈중알코올농도 0.424%가 나온 사례가 있다. 필자도 비슷한 사건을 맡아봤는데, 해당 의뢰인 역시 당초 호흡측정치는

0.115%에 불과했으나, 채혈측정치는 4배 가까이 되는 0.414%가 나온 사례였다.

이러한 사례의 공통점은 운전자가 의외로 현장에서 멀쩡했다는 점이다. 언행도 정상이고 보행도 정상이었는데 의학적으로 사망까지 이를 수 있는 상태에 있었다고는 보기 어렵다는 점을 상기할 수 있다.

위의 재결례에서 중앙행정심판위원회는 ①혈액 측정 수치가 0.057%인데 비해 채혈측정 수치가 0.424%로 무려 7배 이상 차이가 나는 점, ②단속 당시 작성된 주취운전자정황진술보고서에 특이사항 없이 서명·날인되어 있고, ③청구인의 음주량이 소주 반병으로, ④적발 당시 청구인의 언행 상태는 '정상', 보행상태는 '정상', 운전자 혈색은 '홍조를 띰'으로 기재되어 있는 점으로 보아 당시 청구인의 혈중알코올농도가 혼수상태의 단계인 0.424%였다고 믿기는 어렵다는 점 등을 감안할 때, 채혈측정 수치를 인정할 수 없다고 판시한 바 있다.

이처럼 자신의 혈중알코올농도가 혼수상태 직전에 이르는 정도로 높다면 이 같은 측면을 주장해볼 만하다. 혈중알코올농도 측정이 항상 100% 정확한 것은 아니란 점에서다.

과도한 혈중알코올농도가 나온 경우의 감정서

실제로 이 의뢰인은 혈중알코올농도가 0.414%가 나오는 비정상적인 결과가 나왔다. 이러한 상황이라면 행정심판에서 측정 수치가 이상하다는 점을 호소해야 한다.

혈중알코올 감정서

증 제 호증

| 국 과 수 | 화학분석과 - | 호 | 접수 2014-나-33070 호 | (2014년 10월 17일) |
| 의 뢰 관 서 | 충주경찰서 | | KICS경비교통과-11001 호 | (2014년 10월 16일) |

1. 감 정 물   증1호 : 무색 플라스틱병에 든 혈액 약 3 g (1503-74).

2. 감정사항   혈중알코올농도.

3. 시험방법   가스크로마토그래피법(NISI-QI-CM-01 : 2005)에 의함.

4. 분석결과

구분	증1호
혈중알코올농도	0.414 %

5. 감정결과   증1호(1503-74)에서 혈중알코올농도는 0.414 %임.

※ 참고사항   가. 도로교통법 제44조의 규정에 의하면 '술에 취한 상태의 기준은 혈중알코올농도가 0.05 %이상으로 한다'라고 함.
나. 혈중알코올농도는 각 개인의 체질, 섭취한 음식의 양, 술의 종류 등에 따라 크게 차이가 있으나, 음주 후 혈중 최고농도에 이른 후 시간당 약 0.008 % -
망한 경우 시

6. 비 고   전량 폐기 처

2014년 10월 21일

국 립 과 학 수 사 연 구 원

법생화학부   화학분석과

감정인: 승인: 과장

07

억울한 뺑소니를 피하는 방법

실제로 있었던 일이다. 어쩌면 우리 주변에서 간혹 볼 수 있는 일이기도 하다. 평소 술을 잘 못 마시는 회사원 A씨는 회식자리에서 권하는 술을 어쩔 수 없이 한 잔 마시게 되었다.

A씨는 취기는 없었지만, 조금이라도 술을 마시면 대리운전기사를 부르던 평소 습관대로 대리운전기사를 호출하려고 했으나, 주말인지라 아무리 기다려도 대리운전기사가 오지 않았다. 술자리에서 집까지는 불과 1km. 그러면 안 되는 줄 알면서도 A씨는 운전대를 잡게 되었고 집까지 속도를 내지 않고 천천히 운전하게 됐다.

그런데 유흥가 골목을 빠져나가는 순간 왼쪽 백미러에 뭔가가 툭 부딪치는 소리가 났다. A씨는 세워둔 입간판(立看板)에 부딪힌 것으로 생각하고 그대로 전진했다. 그 뒤 신호에 걸려 대기 중이던 찰나, 뒤에서 다급하게 뛰어오던 중년 남성이 다짜고짜 A씨를 붙잡고 "뺑소니를 쳤으니 책임져라!"라고 소리쳤다.

순간 A씨는 당황했다. 화도 많이 났다. 그 중년 남성의 태도가 너무 무례해서였다. 아무리 봐도 다친 곳이 없는 것 같은 데다 도저히 대화가 통하지 않아 A씨는 무시하고 그곳을 벗어나게 됐다.

그게 화근이었다. 이후 남성의 신고를 받고 출동한 경찰이 A씨 자택의 문을 두드렸고, A씨는 그 자리에서 음주측정을 받게 됐다. 위드마크공식을 적용한 결과 A씨는 음주취소 수치가 나오게 되었다. 그런데 여기에 도주차량죄가 추가됐다. 사람을 차량으로 들이받고 아무런 구호조치도 취하지 않은 채 자리를 이탈했다는 것이었다. A씨는 너무 어이가 없었지만, 법을 이길 수는 없었다. A씨는 도주차량죄와 음주운전으로 인하여 면허취소가 되었고 5년이란 결격기간 동안 차를 운전하지 못하게 되었으며 평소 출장이 잦았던 그는 회사에서 퇴직을 당했다. 순간의 판단이 A씨를 구렁텅이로 내몬 것이다.

일반적으로 도주차량죄(뺑소니)가 성립하기 위해서 2가지의 구성요건이 존재해야 한다. 차로 사람을 다치게 해 놓고도 구호조치를 다하지 않은 것, 그리고 연락처를 교부하지 않고 자리를 이탈한 것이다. 드라마나 영화에서 나오는 것처럼 인적이 없는 도로에서 시속 100km로 사람을 들이받고 그대로 달아나는 것만이 도주가 아니다. 사람이 많이 다니는 골목길에서 백미러로 행인을 살짝 친 경우에도 성립할 수 있다. 이 점을 알지 못해서 매년 많은 사람이 면허가 취소되고 4~5년간 면허를 재취득하지 못하는 힘겨운 상황에 봉착하게 된다. 일단 도주차량죄가 성립이 되면 여간해선 행정심판이나 행정소송으로 구제받기가 힘들다. 물론 사건에 있어 위법성이나 부당성이 있다면 구제가 불가능한 것만은 아니다.

그러므로 진행 중 뭔가가 부딪치는 느낌이 났다면 무조건 차량을 세우고 상황 판단을 해야 한다. 만일 사람을 들이받았다면 이유를 불문하고 병원에 데려간 후 구호조치를 다하고, 연락처를 교부하는 지혜가 필요하다. 만일 행인이 전혀 다친 곳이 없어서 괜찮다고 한 경우에라도 피해자가 다시 신고할 수 있기 때문에 가능하면 강권을 해서라도 병원에 데려다주는 게 좋다.

여기에 더해 유흥가 근처에서 음주운전자의 블랙박스를 피해 일부

러 경미하게 차량과 부딪치고 나서 돈을 요구하는 공갈사기단도 조심
해야 한다. 실제로 관련 사건이 심심치 않게 발생하고 있기 때문이다.

  결론적으로 '음주운전' + '뺑소니'의 조합으로 적발되면 형사처분도
무겁지만 5년간 운전을 못 하게 되므로 엄청난 부담이 될 수밖에 없
다. 따라서 위의 주의사항을 제대로 인지하고 상황에 민첩하게 대처하
는 지혜가 필요할 것이다.

'도주차량죄'를 인정하지 않은 판례

대법원 2008. 10. 9. 선고 2008도3078 판결【특정범죄가중처벌등에관한
법률 위반(도주차량)·도로교통법 위반】

[판시 사항]
1. 특정범죄가중처벌등에관한법률 제5조의 3 제1항의 도주운전죄가 성립
   하기 위한 상해의 정도

특정범죄가중처벌등에관한법률 제5조의 3 제1항 이 정하는 "피해자를 구
호하는 등 도로교통법 제54조 제1항에 의한 조치를 취하지 아니하고 도
주한 때"라고 함은, 사고운전자가 사고로 인하여 피해자가 사상을 당한 사
실을 인식하였음에도 불구하고, 피해자를 구호하는 등 도로교통법 제54
조 제1항에 규정된 의무를 이행하기 이전에 사고현장을 이탈하여 사고를
낸 자가 누구인지 확정할 수 없는 상태를 초래하는 경우를 말하는 것이다.
그러므로 위 도주운전죄가 성립하려면 피해자에게 사상의 결과가 발생하
여야 하고, 생명·신체에 대한 단순한 위험에 그치거나 형법 제257조 제1항
에 규정된 '상해'로 평가될 수 없을 정도의 극히 하찮은 상처로서 굳이 치
료할 필요가 없는 것이어서 그로 인하여 건강상태를 침해하였다고 보기
어려운 경우에는 위 죄가 성립하지 않는다(대법원 2000. 2. 25. 선고 99
도3910 판결 등 참조).

  나홀로 하는 운전면허취소 행정심판

08

억울한 뺑소니 구제 방법

"음주운전은 인정하겠지만, 뺑소니라니요⋯⋯. 전 정말 억울합니다!"

도로교통법상 음주운전과 특정범죄가중처벌등에관한법률(특가법)상 도주차량(뺑소니) 혐의로 형사 기소가 된 사람들과 상담을 하다 보면 심심치 않게 듣는 하소연이다. 그도 그럴 것이 음주운전보다 도주차량(뺑소니)의 처벌이 훨씬 무겁기 때문이다.

특가법 제5조의 제3에 따라 도주차량 운전자는 가중처벌을 받게 되는데 ①피해자를 사망에 이르게 하고 도주하거나, 도주 후에 피해자가 사망한 경우에는 무기 또는 5년 이상의 징역, ②피해자를 상해에 이르게 한 경우에는 1년 이상의 유기징역 또는 500만 원 이상 3,000만 원 이하의 벌금에 처해진다. 피해자를 유기하고 도주한 경우로 ①피해자를 사망에 이르게 하고 도주하거나, 도주 후에 피해자가 사망한 경우에는 사형·무기 또는 5년 이상의 징역 ②피해자를 상해에 이르게 한 경우에는 3년 이상의 유기징역에 처한다.

이처럼 뺑소니의 처벌이 무거운 것은 그만큼 죄질이 나쁘기 때문이다. 언론을 통해서도 보듯이 뺑소니로 인하여 피해가 발생하면 한 가정이 무너져 내리는 경우가 많다. 이런 이유로 뺑소니에 대한 행정처분도 가볍지 않다. 도로교통법상 사람을 사상한 후 필요한 조치 및 신고를 하지 않은 경우에는 면허가 취소된 날로부터 4년간 면허를 취득할 수 없다. 여기에 음주운전, 무면허운전, 과로운전 등이 추가되면 5년간 면허를 취득할 수 없다.

자동차가 '발(足)'인 오늘날 현실을 감안하면 사회 활동에서 사형선고나 다름없다. 특히, 택배업이나 운수업으로 가정을 책임지는 생계형 운전자와 영업직에게는 퇴사 사유가 될 수밖에 없다.

어떠한 이유에서든 음주운전이나 뺑소니가 정당화될 수는 없고, 결코 가볍게 처벌할 수 있는 죄는 아니지만, 문제는 뺑소니라고 하기에 애매한 경우가 꽤 존재하고, 그로 인하여 4~5년간 자동차 운전을 하지 못하게 돼 삶을 포기할 정도로 고민하고 고통을 받는 사람이 상당히 많다는 점이다. 이런 이유로 음주운전은 인정하겠지만, 뺑소니 혐의만큼은 무혐의를 받고자 하는 경우가 적지 않다.

가령, 워낙 경미하게 다른 차량과 부딪혀 교통사고 사실을 전혀 인지하지 못하고 그대로 주행을 했는데 이후에 상대방 차량의 운전자가 진단 2주의 진단서를 발급받아 경찰서에 신고한 경우가 여기에 해당한다. 그런가 하면 법을 잘 몰라 사람을 살짝 들이받고도 '괜찮다'는 피해자의 말을 그대로 믿고 구호조치나 연락처 교부(전달) 없이 현장을 떠난 경우, 너무 급한 일이 있어 구급차가 도착하자마자 구급대원에게 말을 한 뒤 자신은 현장을 이탈하여 일을 보고 나중에 병원에 갔더니 뺑소니범으로 몰린 경우 등이 그 대표적인 사례이다. 실제로 업무를 하다 보면 이런 사례가 상당히 많고 이에 해당하는 판례도 상당수 존재한다. 이런 경우라면 뺑소니가 아니라는 점을 다퉈볼 만하다.

한편 판례는 뺑소니범의 인정 여부와 관련하여 "운전자가 피해자를 구호하는 등 도로교통법에 정한 의무를 이행하기 전에 도주의 범의로써 사고현장을 이탈한 것인지 아닌지를 판정함에 있어서는 그 사고의 경위와 내용, 피해자의 상해 부위와 정도, 사고 운전자의 과실 정도,

 나홀로 하는 운전면허취소 행정심판

사고 운전자와 피해자의 나이와 성별, 사고 후의 정황 등을 종합적으로 고려하여 합리적으로 판단하여야 한다."고 규정하고 있어 단순히 사고 현장을 이탈한 것만으로 도주차량 죄를 묻지는 않고 있다.

이처럼 억울한 뺑소니 혐의를 받고 있다면 4~5년간 '발'을 포기하지 말고 권리구제를 위한 방법을 찾아보는 것이 중요하다. 억울한 뺑소니 혐의만큼 권리 위에서 잠자는 자는 보호받지 못한다는 격언이 어울리는 사례도 없을 것이다.

'도주차량죄'를 인정한 판례

대법원 2011. 3. 10. 선고 2010도16027 판결【특정범죄가중처벌등에관한법률위반(도주차량)(인정된 죄명: 교통사고처리특례법 위반)·도로교통법위반(사고후미조치)·도로교통법위반(음주운전)】

[판시 사항]
1. 사고운전자가 피해자가 사상을 당한 사실을 인식하고도 구호조치를 취하지 않은 채 사고현장을 이탈하면서 피해자에게 자신의 신원을 확인할 수 있는 자료를 제공하여 준 경우, 특정범죄 가중처벌 등에 관한 법률 제5조의 3 제1항의 '도주한 때'에 해당하는지 여부(적극)

피고인은 혈중알코올농도 0.197%의 술에 취한 상태에서 이 사건 교통사고를 야기하고서도 피해자의 동의도 없이 일방적으로 현장을 이탈하였을 뿐만 아니라 피고인이 현장을 떠난 후 피해자가 경찰에 신고하고 병원 구급차에 의하여 후송되었다는 것인데, 이러한 사실과 더불어 기록에 의하여 알 수 있는 다음과 같은 사정, 즉 피해자는 사고 직후 피고인에게 아프다는 이야기를 하였고, 피해자의 딸(당시 2세)이 이 사건 사고로 다쳐 울고 있는 상황이었으므로 피고인도 피해자들을 병원으로 급히 호송해야 할 상황임을 잘 알고 있었던 것으로 보이는 점, 실제로 피해자의 딸은 이 사건 사고로 약 2주간의 치료를 요하는 '뇌진탕'의 상해를 입게 되었고, 피해자 부부도 각각 약 2주간의 치료를 요하는 '경추 및 요추 염좌상 등'의 진단을 받아 병원에서 투약 등 치료를 받았으며 피해자의 차량도 약 38만 원의 수리비가 소요될 정도의 물적 피해를 입었던 점, 이미 견인차량이 도착한 상태에서 피고인이 다시 음주운전을 하면서까지 직접 차량을 이동시켜야 할 긴급한 필요가 있었다고 보기 어려운 점, 피고인은 현장에서 이탈한 뒤 약 20분이 지나 사고 장소에 되돌아오다가 만난 경찰관에게 자신의 운전 사실을 부인하면서 "성명불상(이름이 확실하지 않은 경우)의 대리운전기사가 이 사건 사고를 야기한 뒤 도망갔다."는 취지로 진술하였고, 이에 따라 이 사건 사고 당일 작성된 교통사고발생보고서(수사기록 17면)에도 피고인 은 위와 같이 자신의 운전 사실을 부인하는 취지로 진술한 것으로 기재되어 있는 점 등에 비추어 보면, 원심이 설시한 다른 여러 사정들을 모두 감안하더라도 피고인의 위와 같은 행위를 두고 구 도로교통법 제54조 제1항이 규정하는 '사상자를 구호하는 등 필요한 조치'를 다하였다고 보기는 어렵다고 할 것이다.

09

음주측정거부가 성립 안 되는 경우

음주측정거부란 운전자가 단속 경찰의 음주측정고지에도 음주측정을 거부하는 경우에 성립한다. 단속 현장에 가보면 음주측정거부는 상당히 자주 일어나는데 실제로 운전면허 관련 행정심판 청구 사건의 처분 사유를 보면 음주측정거부로 인한 행정심판 청구가 매년 400~600건 정도나 된다.

이처럼 행정심판 청구가 많은 것은 음주측정거부 성립 여부가 애매한 경우가 많기 때문이다. 일단, 음주측정거부 행위가 성립하기 위해서는 3가지의 구성요건이 인정되어야 한다. 첫째로 운행행위가 있어야 하며, 둘째로 객관적이면서도 종합적으로 판단할 때 주취 상태의 개연성이 충분해야 하며, 셋째로 경찰관이 음주측정요구를 한 경우에 이에 응하지 않아야 한다.

당연한 이야기겠지만, 운전을 하지 않았다면 음주측정거부도 성립하지 않는다. 가령 조수석에 타고 있었을 뿐이라든지, 오토바이를 손으로 끌고 가다가 적발이 된 경우라든지, 주차만 했을 뿐이지 차량을 운전하지 않았다면 음주측정을 거부한다고 해도 이를 뒤집을 수 있는 경찰 측의 증거가 없는 한 음주측정거부가 되지 않는다.

그리고 술에 취한 상태는 객관적이며 종합적으로 판단해야 하는데, 단순히 음주감지기에 호흡을 불었을 때 음주반응이 나왔다고 해서 술에 취한 상태라고는 볼 수 없다. 음주운전은 호흡측정기로 측정했을 때 혈중알코올농도 0.050% 이상이 나와야만 성립하기 때문이다. 따라서 운전자의 걸음걸이, 운전자의 입에서 술 냄새는 어느 정도 나는지, 말은 제대로 하는지 여부(언행 상태) 등을 종합적으로 보고 주취 정도를 판단해야 한다. 음주감지기 시험에서 음주반응이 나왔다 하더라도 운전자의 입에서 술 냄새가 나거나 걸음걸이에 특이한 점은 없었고, 사후에 음주측정에 응하여 측정한 혈중알코올농도가 0.050% 미만인 사정까지 존재한다면 음주측정거부죄에 해당하지 않는다는 대법원 판례도 동일한 이유에서 나온 것이다.

한편 음주측정거부 행위가 무엇인지에 대해서는 논란이 있다. 경찰관 교통단속처리지침에 따르면 음주측정 요구에 불응하는 운전자에 대해서는 음주측정불응에 따른 불이익을 10분 간격으로 3회 이상 명확히 고지하고 이런 고지에도 측정을 거부할 때는 측정결과란에 음주측정거부를 표시하도록 하고 있다. 10분간 3회에 걸쳐 측정을 요구했는데도 이를 거부하면 음주측정거부가 성립하는데, 언제부터가 측정거부의 1회에 해당하는지에 대해서는 아직 완벽하게 법규적으로 정립되지 않아 논란의 여지가 있다.

음주측정거부에 따른 형사처분

도로교통법 제148조의 2에 따라 1년 이상 3년 이하의 징역이나 500만 원 이상 1,000만 원 이하의 벌금에 처한다.

10

측정거부 적발 시 따져봐야 할 요소

음주측정불응 또는 음주측정거부로 불리는 죄는 상당히 처벌이 무겁다. 2016년 기준으로 기본적으로 벌금이 500만 원이 부과되며 면허도 1년간 취소가 된다. 행정심판 등에서도 구제가 쉽지 않은 것은 물론이다. 워낙에 단속 현장에서 공권력을 무시하고 측정을 거부하는 몰지각한 운전자들의 행위가 많이 일어나다 보니 법규 자체를 강화한 것이다.

그런데 한편으로는 이러한 측정거부가 억울하게 발생하는 경우도 적지 않다. 이런 사유가 존재할 때는 측정거부 처분 자체의 위법성을 따져볼 만하겠다. 물론, 억울한 사유가 존재하는 때에 한하며, 무분별하게 이를 따지는 것 또한 시간 낭비일 뿐이다.

첫째로, 폐나 기관지에 질병이 있거나 장기를 다쳐서 호흡측정을 하지 못하는데 억지로 호흡측정을 요구받아 결국 제대로 날숨을 불어넣지 못한 경우로 음주측정거부가 적용된 경우이다. 이 경우에는 본인의 장애나 질병, 또는 상해를 증명함으로써 억울한 점을 소명할 수 있다.

둘째로, 인사불성으로 측정거부를 한 기억조차 안 나는 경우이다. 측정거부라고 하는 부분에는 운전자의 고의적 인식이 전제돼 있으므로 시쳇말로 '필름이 끊겨서' 적발 현장에서 무슨 일을 했는지도 모르는 때에는 이를 생각해볼 필요가 있다. 전혀 기억이 안 나는데도, 측정거부의 법리를 그대로 적용받는 것은 다소 억울한 부분이 존재하기 때문이다.

셋째로, 불법체포의 경우이다. 현행범 체포의 경우 경찰관이 미란다 원칙을 고지하고 적법절차의 원리에 따라 음주운전자 혐의자를 체포해야 하는데, 이에 수반되는 원칙들을 지키지 못할 때가 존재한다. 이런 때에는 운전자 자신이 불법체포를 당했다는 점을 인정받음으로써, 구제를 받을 수도 있다.

위의 3가지 사례는 모두 판례가 존재하는 유형들로 무혐의가 나온 사례가 존재한다. 다만, 음주측정거부는 그 자체만으로 상당한 비난 가능성이 수반되기 때문에 억지로 위의 법리들을 적용해서는 안 될 것이다. 그러나 반대로 분명 억울한 부분이 있는데도 권리 위에 잠자는 것 또한 어리석은 행동이다. 음주측정불응에 있어서도 확실한 법리 검토가 필요하다면 해볼 이유가 있다는 결론이다.

경찰 단속 절차상 하자로 음주측정거부가 인정되지 않은 사례

대전지방법원 2014. 7. 16. 선고 2013고정827 판결【도로교통법위반(음주측정거부)】

피고인이 이 사건 사고와 관련해 경찰의 소환을 받고 자유의사에 기하여 수사관서로 자진 출석한 것이 아니라, 현장 출동 경찰관의 교통사고 수사 목적하에 명시적 내지 암묵적 요구에 의해 지구대로 임의동행 형식으로 가게 된 것으로 보이는바, 그 과정에서 경찰관은 동행에 앞서 피의자에게 동행을 거부할 수 있음을 알려 주었거나 동행한 피의자가 언제든지 자유로이 동행과정에서 이탈 또는 동행 장소에서 퇴거할 수 있음을 고지하지 아니하였으므로, 위 임의동행은 적법 요건을 갖추지 못한 위법한 체포로 판단된다. 이와 같은 위법한 체포 상태에서 음주측정요구가 이루어진 경우, 일련의 과정을 전체적으로 보아 위법한 음주측정요구가 있었던 것으로 볼 수밖에 없고, 운전자가 주취운전을 하였다고 인정할 만한 상당한 이유가 있다 하더라도, 운전자에게 경찰공무원의 이와 같은 위법한 음주측정요구까지 응할 의무가 있다고 보아 이를 강제하는 것은 부당하므로 그에 불응하였다고 하여 음주측정거부에 관한 도로교통법위반죄로 처벌할 수 없다(대법원 2012. 12. 13. 선고 2012도11162 판결 참조).

11

"불가피하게 음주운전을 했습니다."

세상을 살다 보면 알면서도 위법을 저지를 수밖에 없는 경우가 간혹 발생한다. 음주운전 역시 그런 경우 중 하나이다. 물론 음주운전을 정당화하는 것은 아니지만, 운전자가 너무나 긴급하고 위급한 상황에서 음주운전을 하다가 적발이 돼 면허를 취소당하는 경우도 제법 많기 때문에 하는 이야기다.

실제로 필자가 현재 진행 중인 사건을 소개해 본다.

경기도 부천에 사는 A씨는 화물차 운전으로 생계를 이어가고 있는 사람으로, 겨울의 어느 날 모처럼 여자 친구와 승용차로 드라이브하며 오붓한 시간을 보내고 있었다. 일상에 찌든 두 사람은 근사한 레스토랑에서 저녁을 먹은 뒤 캔맥주를 마시며 인적이 드문 한적한 교외를 거닐면서 이야기를 나눴다. 그러던 중 A씨의 여자 친구가 갑자기 복통을 호소하며 이내 의식을 잃고 말았다.

워낙 인적이 드문 곳이라 택시도 없을뿐더러 대리운전기사도 올 리가 만무했다. 당황한 A씨는 '119'를 떠올리긴 했지만 그러기에는 상황이 너무 위급해 보이고 겁이 나 운전대를 잡았고, 병원에 가는 길에 음주단속에 적발됐다. 혈중알코올농도는 0.102%였다. A씨는 다행히 택시를 타고 여자 친구를 병원에 무사히 데려다줬지만, 운전면허는 취소되고 말았다. 화물차 운전 외에는 딱히 할 줄 아는 게 없었던 A씨에게는 사형선고나 마찬가지였다.

이처럼 아주 긴급한 상황에서는 이성적인 판단이 흐려지기 때문에 누구라도 운전대를 잡게 될 수 있다. 명심할 것은 이런 경우라도 운전면허 정지나 취소는 피할 수 없다는 점이다.

다행히 이런 경우에는 형사처분에 있어서 '참작'이 가능하다. 실제로 위 사례에서 A씨는 검찰 약식 기소로 당초 300만 원의 벌금형이 예상됐는데 실제 벌금은 150만 원으로 감경이 됐다.

한편으로 행정처분에 있어서는 면허취소를 구제받을 수도 있다. 실제 2006년의 중앙행정심판위원회 재결례 중에 이러한 사례가 존재한다.

지난 2006년 7월 30일 21시경 B씨는 평소 잘 알고 지내던 여성 C씨와 함께 음식점에서 술을 마신 후 근처의 해안도로로 바람을 쐬러 갔다. 두 사람은 이런저런 이야기를 나누던 중이었는데, 그때 갑자기 C씨가 쓰러졌다. 이에 B씨는 인공호흡을 실시했으나 전혀 소생할 기미가 보이지 않아 당황한 나머지 C씨를 급히 병원으로 데려가기 위해 운전대를 잡고 병원으로 C씨를 후송했으나 C씨는 결국 사망하고 말았다.

이후 고인의 사망 경위를 조사하던 중 경찰관이 B씨에게 술 냄새가 나는 것을 인지하고 음주측정을 한 결과 0.168%의 혈중알코올농도 수치가 나와 B씨의 운전면허가 취소된 사례였다. 이에 대하여 중앙행정심판위원회(당시 국무총리행정심판위원회)는 "고인을 병원으로 급히 후송하기 위하여 술에 취한 청구인이 불가피하게 운전한 사실이 인정되고, 그렇다면 당시의 상황에 비추어 볼 때 청구인에게 음주운전에 대한 책임을 묻기는 어렵다 할 것이므로 피청구인의 이 사건 처분은 위법·부당하다고 할 것"이라며 이례적으로 면허취소 처분을 취소함으로써 B씨는 면허증을 되찾아올 수 있었다.

하지만 이러한 경우는 극히 예외적인 사례이므로 광범위하게 이 사례를 적용해 음주운전을 정당화하는 우를 범해서는 안 될 것이다. 아무리 불가피한 상황이라도 음주운전은 해서는 안 된다. 하지만 이미 불가피하게 음주운전을 한 상태이고 상황을 되돌릴 수도 없다면, 행정심판을 통하여 자신의 권리를 구제받도록 노력하는 것이 현명하다. 아울러 이 같은 경우라면 불가피한 운전을 했다는 점을 입증하는 자료를 제대로 준비하는 것이 중요하므로 이 점을 꼼꼼히 챙겨야 한다.

주차하기 위해 잠시 이동한 경우

서울행정법원 2009. 11. 26. 선고 2009구단5438 판결【자동차운전면허취소처분취소】

원고는 음주운전을 하지 않기 위하여 인천에서 대리운전기사를 불러 차를 운전하여 자택 앞까지 운전하여 온 점, 원고가 음주운전을 하게 된 것은 거주자 우선 주차구역 안에 차를 주차하기 위하여 부득이하게 한 것으로 보이는 점, 그 운전 거리도 불과 2~3m에 불과한 점, 원고는 ○○○회에서 운영하고 있는 조명기구사업소 소장으로 근무하면서 각 거래처에 직접 배달을 하여야 하고 나아가 오랜 기간 위 차량을 이용하여 고엽제 환자를 후송하는 봉사활동을 수행하여 왔던바, 그의 업무수행과 위와 같은 봉사활동을 지속하기 위하여는 차량운전이 필요한 점, 원고가 비록 이전에 음주로 인하여 운전면허가 취소된 적이 있지만, 이는 이미 10여 전(1997. 4. 12.)의 일에 불과한 점 등을 고려하면, 원고의 운전면허를 취소함으로써 달성하려는 공익에 비하여 그로 인하여 원고가 입게 될 불이익이 막대하여 원고에게 지나치게 가혹하다고 보인다. 따라서 피고의 이 사건 처분은 운전면허 취소에 관한 재량권을 남용한 위법이 있다.

 나홀로 하는 운전면허취소 행정심판

12

공무원의 음주운전

2014년 10월. 오랜만에 고향 친구와 만난 국가직 공무원 A씨는 저렴한 횟집에서 술잔을 기울이며 흘러간 추억을 안주 삼아 친구와 이야기를 나눴다. 술을 마시고 2시간이 지났을 무렵, 집에서 전화가 걸려왔다. 어머니 전화였다.

"얘야, 내가 몸이 좀 이상하구나……. 아무래도 와줘야겠다. 미안하구나."

일찍 아버지를 여의고 홀로 자식을 키워내시다가 얻은 지병으로 평소 병원을 자주 갔던 모친이었다. 화들짝 놀란 A씨는 자리를 파하고 집으로 귀가하려고 했다. 대리운전기사를 부르려고 했으나 도착하려면 30분 이상은 걸린다는 이야기에 A씨는 공무원 신분임에도 운전대를 잡고 말았다. 그렇게 10분쯤 이동했을 무렵 A씨는 음주단속 경찰관에게 적발됐다. 혈중알코올농도는 0.056%. 면허 정지 수치였다. 이후 A씨는 징계위원회에서 어머니의 사연을 놓고 하소연을 했으나 정직 3월의 중징계를 피할 수 없었다.

실제 있었던 사례다. 공무원에게는 더 엄격한 준법정신이 적용되는 만큼 사회적으로도 많은 물의를 빚는 음주운전은 절대로 해서는 안 될 행위이다. 그러나 위와 같은 나름의 사정이 있거나, 평생 한 번의 실수로 음주운전을 하게 되는 공무원들이 생각보다 많다. 매년 소청 사례집을 보면 공무원의 음주운전으로 인한 소청이 빠지지 않고 기재돼 있고, 필자 역시 매달 관련 소청 사건을 꽤 많이 진행할 정도이다.

공무원의 음주운전은 특히, 그 징계수위가 높은데, 언론보도가 되는 경우가 적지 않기 때문이다. '공무원' + '음주운전'이란 조합은 기자들이 고발기사를 쓰기에 딱 좋은 소재이기에, 빠지는 경우가 없다. 일단 언론보도가 되면 해당 공무원 조직의 위신이 많이 깎이므로 징계양정에서 불리한 것이 대부분이고 실제 징계양정을 할 때 이유서를 보면 언론보도가 된 사실을 적기해 놓는다.

결론적으로 공무원의 음주운전은 있어서는 안되지만, 이미 저지른 일이고, 그 사유에 있어서 참작할 만한 여지가 있다면 소청을 진행하는 것이 좋다. 다만, 인사사고가 난 경우라면 거의 감경이 불가하므로 다시 한 번 고려해봐야 한다. 음주운전이 누범인 경우도 마찬가지이다. 물론 이런 경우에도 소청으로 감경된 사례는 있으나 어디까지나 예외적인 것이다. 소청을 진행하게 되면 소청심사위원회에서는 사건 당시에 음주운전을 해야만 했던 급박한 사정이나 불가피성이 있었는지, 음주운전을 회피하고자 했던 노력은 있었는지를 양형 사유로 판단한다. 특히, 음주운전 당시의 혈중알코올농도는 참작사유로서 큰 비중을 차지한다. 음주운전에 있어 참작할 만한 점이 있다면 감경을 생각해볼 수는 있겠으나, 그렇지 않다면 마땅히 징계를 감내해야 한다.

"신원을 숨기려고 하지 마세요!"

징계를 피하려고 공무원 신분을 숨기고 경찰 조사를 받는 경우가 더러 있다. 이후에 감사에서 적발되면 더 큰 처벌을 받을 수 있으므로 경찰 조서 시 공무원이라는 것을 말하는 게 좋다.

 나홀로 하는 운전면허취소 행정심판

13

호흡 장애로 호흡측정을 하지 못한 경우

음주운전으로 적발되면 음주 감지기를 통하여 첫 호흡측정을 한 후 음주측정기로 음주운전의 근거가 되는 정확한 혈중알코올농도를 측정하게 된다. 이 경우에 호흡측정을 하지 못하는 상황, 예컨대 기흉(氣胸) 등의 장애나 교통사고 부상으로 상해를 입어서 날숨을 불어넣지 못하는 때가 발생할 수 있다. 실제 수사기관의 절차적 실무상에서도 간혹 발생하는데 이 경우에는 보통 호흡측정을 생략하고 바로 채혈측정을 유도하고 있다. 즉, 신체 이상 등의 문제로 인하여 호흡측정기에 날숨을 불어넣지 못하면 채혈측정으로 안내된다는 것.

문제는 이처럼 호흡측정이 불가한 상황에서 호흡측정을 못 하는 경우 경찰관이 제대로 불지 않고 부는 시늉만 한다고 오해를 하는 경우가 많다는 점이다. 진단서를 항상 갖고 다닐 수도 없는 노릇이어서 위와 같은 사건이 실제로 법원에 간 적이 있는데 사연은 다음과 같다.

척추장애로 인하여 지체장애 3급 장애인으로 등록된 운전자가 음주운전으로 적발된 사건이다. 이 지체장애인은 정상인의 폐활량의 3분의 1밖에 되지 않았는데, 이를 법원이 인정을 해줘서 음주측정거부가 무죄가 된 사례였다.

이외에도 구강이나 폐를 심하게 다쳐서 도저히 호흡측정을 할 수 없는 경우라면 채혈측정을 해야 한다. 통상 교통사고가 발생하면 폐를 다치는 경우나 흉곽 쪽에 부상으로 인하여 호흡을 제대로 할 수 없는 경우가 많은데 이런 경우가 이에 해당한다 할 것이다.

필자가 맡아본 사건으로는 젊은 여성이 폐에 질병이 생겨 호흡측정을 하지 못했다가 측정거부가 됐다가 뒤늦게 스스로 병원에서 채혈측정을 해서 그 결과물을 경찰에 가져간 사례가 있었다. 물론 경찰 입회 하에서 측정된 것이 아니고 상당한 시간이 지났기 때문에 채혈 결과는 전혀 인정받지 못했다. 이렇게 되면 경찰도 일단 사건이 접수된 이상 단지 음주운전 혐의자가 폐에 이상이 있다는 진단서를 제출했다고 해서 직권으로 측정거부를 무죄로 하기에는 큰 부담이 따른다. 결과적으로 혐의자는 소송을 통해서만 권리구제를 실현할 수 있게 되는데, 비용도 그렇고 시간상으로도 많은 낭비가 발생할 수밖에 없다.

따라서 자신의 몸에 문제가 있다면 즉각 그러한 점을 조리 있게 경찰에게 알리고 채혈측정을 받을 수 있도록 스스로가 노력해야 할 부분이라 하겠다.

  나홀로 하는 운전면허취소 행정심판

호흡 장애로 인하여 제대로 음주측정을 못한 경우

대법원 2010. 7. 15. 선고 2010도2935 판결【도로교통법위반(음주측정 거부)】

[판시 사항]
1. 자동차 등 운전자가 신체 이상 등의 사유로 호흡에 의한 음주측정에 응하지 못한 경우, 음주측정불응죄가 성립하는지 여부(소극)

2. 신체 이상 등의 사유로 호흡조사에 의한 음주측정에 응할 수 없는 운전자가 혈액 채취에 의한 측정을 거부하거나 이를 불가능하게 한 경우, 음주측정에 불응한 것으로 볼 수 있는지 여부(소극)

3. 척추장애로 지체장애 3급 장애인으로 등록된 피고인이 경찰공무원의 음주측정 요구에 불응하였다는 구 도로교통법 위반의 공소사실에 대하여, 피고인의 폐활량은 정상인의 약 26.9%, 1초간 노력성 호기량은 약 33.5%에 불과하고, 호흡측정기가 작동하기 위하여는 최소 1.251ℓ의 호흡 유량이 필요하나 피고인의 폐활량은 0.71ℓ에 불과한 점 등에 비추어 음주측정에 불응한 것으로 볼 수 없다고 하여, 이를 무죄로 인정한 원심 판단을 수긍한 사례

술에 취한 상태에서 자동차 등을 운전하였다고 인정할 만한 상당한 이유가 있는 경우에 경찰공무원은 운전자가 술에 취하였는지 여부를 호흡측정기에 의하여 측정할 수 있고 운전자는 그 측정에 응할 의무가 있으나, 운전자의 신체 이상 등의 사유로 호흡측정기에 의한 측정이 불가능 내지 심히 곤란한 경우에까지 그와 같은 방식의 측정을 요구할 수는 없으며, 이 같은 경우 경찰공무원이 운전자의 신체 이상에도 불구하고 호흡측정기에 의한 음주측정을 요구하여 운전자가 음주측정 수치가 나타날 정도로 숨을 불어넣지 못한 결과 호흡측정기에 의한 음주측정이 제대로 되지 아니하였다고 하더라도 음주 측정에 불응한 것으로 볼 수는 없다(대법원 2006. 1. 13. 선고 2005도7125 판결 참조).

14

"경찰관이 그냥 정지라고 했는데요!"

음주운전으로 면허정지가 되는 기준 수치는 혈중알코올농도 0.050% 이상에서 0.099% 이하이다. 따라서 특별한 사유가 없다면 혈중알코올 농도가 이 구간 안으로 측정된 경우에는 면허가 정지된다. 그런데 면허정지 수치가 나온 때에도 면허취소가 되는 경우가 더러 있다. 음주운전으로 인해 교통사고가 발생하거나, 벌점으로 인한 취소, 음주운전 삼진아웃인 경우, 그리고 위드마크공식으로 인해 혈중알코올농도가 가산되는 경우 등이다.

이 중에서 교통사고를 제외하고는 현장에서 경찰관이 음주운전 혐의자에게 면허정지인지 면허취소인지 바로 고지하기가 어려운 때가 많다. 첫째로, 모든 경찰관이 급박한 현장에서 음주운전 혐의자의 기존 음주경력이나 벌점을 조회하기가 어렵고 둘째로 위드마크공식은 '계산'을 해야 하는 부분이 있기 때문에 사후에 적용되는 경우가 많기 때문이다.

이런 까닭에 아래와 같은 상황이 많이 발생한다.

"선생님, 다행히 수치가 그렇게 높진 않네요. 100일 정지인데 50일 교육받으시면 되고, 50일만 참았다가 다시 운전하세요. 앞으로는 절대 음주운전하지 마시고요."

"네, 정말 죄송합니다. 취소됐으면 길거리에 가족이 다 나앉을 판인데 정말 다행입니다. 앞으로는 절대 안 하겠습니다."

이 대화를 하고 4일 후에 경찰서에 조사를 받으러 가면 다음 같은 일이 발생한다.

"선생님, 여기 보니까 기존에 전력이 있네요. 이거 삼진아웃이라 취소가 되는데요?"

"아니, 현장에서 그 경찰관님이 그냥 정지라고 해서, 채혈도 신청 안 하고 왔는데요. 어떻게 이럴 수가 있나요?"

이런 경우에는 경찰관의 말을 듣고 이를 신뢰하여 음주운전 혐의자 스스로 채혈측정의 기회를 포기한 점이 문제가 된다. 경찰관이 '정지'라는 말을 하지 않았다면 음주운전 혐의자가 채혈측정을 함으로써 농도가 더 감소해 '훈방'이 나올 가능성도 배제할 수 없기 때문이다.

비슷한 사례로 '훈방'이라는 말을 경찰관에게서 듣고 채혈 기회를 포기한 경우에 후에 위드마크 적용으로 '정지' 수치가 나와 삼진아웃에 이른 경우도 있다.

이와 관련하여 행정심판 재결례를 살펴보면 경찰공무원이 호흡측정기에 의해서 음주운전 혐의자의 혈중알코올농도가 0.047%가 측정되자 위드마크공식을 현장에서 적용하지 않고 "훈방입니다."라고 고지한 경우, 이에 대한 신뢰가 형성되어 음주운전 혐의자가 채혈측정 요구를 하지 않았음에도, 사후에 경찰관이 위드마크공식을 적용해 0.054%로 혈중알코올농도를 정해 처분을 하게 됐다면 이 처분은 위법하다고 판시하고 있다.

음주운전 혐의자가 경찰관의 말을 신뢰했고, 그에 따라 채혈기회를 스스로 포기했기 때문이다. 실제로 이 같은 행정심판 재결례가 있는 것은 비슷한 사례를 겪고 있는 음주운전 혐의자들에게 상당히 고무적인 일이다.

즉, 경찰관이 착오한 경우에 그에 대하여 신뢰가 형성돼 채혈 기회를 포기했다면 다퉈볼 길이 존재하기 때문이다. 따라서 비슷한 유형의 사례가 있다면 포기하지 말고 자신의 억울함을 주장해볼 필요가 있다.

신뢰 보호의 원칙이 인정된 사례

중앙행정심판 2014-17080 자동차운전면허 취소처분 취소청구

[재결 요지]
피청구인은 청구인이 혈중알코올농도 0.055%의 술에 취한 상태에서 음주운전을 하였다는 이유로 이 사건 처분을 하였으나, 위 인정 사실에 따르면 이 사건 사고를 조사한 경찰공무원이 호흡에 의한 청구인의 혈중알코올농도가 0.045%로 측정되자 위드마크공식을 적용하지 아니한 채 청구인을 훈방한 점, 청구인은 경찰공무원으로부터 통보받은 호흡측정에 의한 음주측정결과를 신뢰하여 채혈측정을 요구할 필요성이 없었던 사실이 인정되는 점 등을 고려하면, 이 사건 사고 당시 청구인의 혈중알코올농도 수치는 「도로교통법」상 운전이 금지되는 정도에 이르지 않는다는 것에 대한 신뢰가 형성되었다고 인정되는 상황에서 피청구인이 이 사건 사고 후 약 32일이 경과한 뒤에 청구인에게 채혈측정의 기회를 부여하지 아니한 채 호흡측정에 의한 혈중알코올농도 0.045%에 위드마크공식을 적용하여 산출한 결과(혈중알코올농도 0.055%)에 의존하여 행한 이 사건 처분은 위법·부당하다.

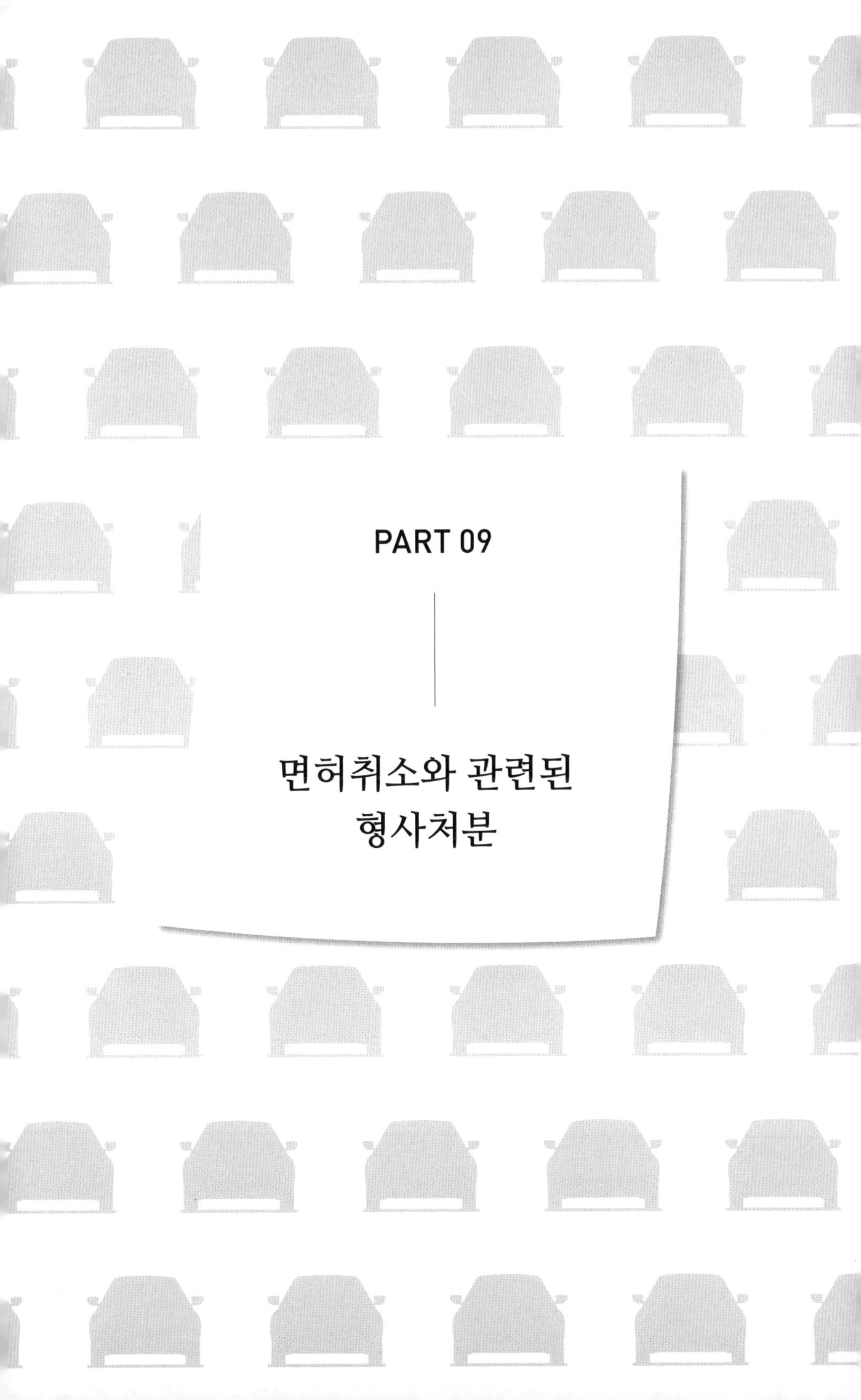

PART 09

면허취소와 관련된 형사처분

01

행정처분과 형사처분의 관계

운전면허 취소·정지처분에 대한 행정심판을 진행하게 되는 경우 가장 헷갈리는 부분이 행정처분과 형사처분에 관한 것이다. 대부분의 당사자가 이를 혼동하여 행정청의 처분과 형사상 처벌을 동일한 절차로 생각한다.

엄밀히 말해서 행정처분과 형사처분은 관련이 없으며 서로 관여하는 바가 다르다. 물론 식품위생법의 경우 검찰에서 기소유예 등을 받으면 행정청의 행정처분이 감경되는 경우가 있고, 도로교통법 시행규칙 제93조 제6항에서는 "지방경찰청장은 운전면허가 취소된 사람이 그 처분의 원인이 된 교통사고 또는 법규위반에 대하여 무혐의 불기소 처분을 받거나 무죄의 확정판결을 받은 경우 도로교통공단에 즉시 그 내용을 통보하고, 도로교통공단은 즉시 취소 당시의 정기적성검사기간, 운전면허증 갱신 기간 또는 연습운전면허의 잔여(남은) 기간을 유효기간으로 하는 운전면허증을 새로이 발급하여야 한다."고 함으로써 법원의 판단에 따라 행정처분이 달라질 수 있음을 명시하고 있지만, 이는 예외적인 사례로 운전면허 실제 면허취소·정지처분에선 이런 사례가 거의 없다고 보면 된다.

우선, 벌금이나 징역 등의 제재가 가해지는 형사처분은 국가의 형벌권으로 작용하는 것이며 이는 음주운전을 한 운전자를 범죄자로 보고 그 범죄행위에 대해 형벌로서 부과하는 것이다. 이와 달리 행정처분, 즉 운전면허의 취소나 정지는 일정한 시험을 통과함으로써 운전을 할 수 있는 자격을 취득한 자에 대해 그 자격을 정지하거나 박탈하는 공권력의 행사이다.

그리고 형벌의 경우에는 검찰의 기소와 사법부(형사법원)의 재판에 따라 내려지지만, 행정처분은 권한 있는 행정청의 처분만으로 행사가 된다. 이렇게 생각하면 단순한데, 문제는 지방경찰청이란 기관으로 인해 머리가 복잡해지는 사람이 많다.

음주운전 등과 관련해 지방경찰청은 검사의 수사지휘에 따라 형사사건을 조사해(일선 경찰서) 검찰에 사건을 송치하는 역할을 하는 동시에 운전면허를 발급하거나 발급한 면허를 취소하는 행정기관으로서의 역할을 한다. 이렇듯 두 가지 작용을 경찰에서 동시에 하기 때문에 이를 유념해 둘 필요가 있다.

다시 정리하자면 경찰이 음주운전자 등을 조사한 이후에는 지방경찰청장이 운전면허에 대해 행정처분을 하게 되고 이와 별도로 국가의 형벌권 행사를 위하여 검찰에 사건을 보내고 검찰은 다시 법원에 구형을 함으로써 판사가 징역이나 벌금을 선고하게 되는 것이다.

그렇다면 운전면허 행정심판은 어느 작용과 관련이 있을까? 운전면허 행정심판은 사법기관의 판단과는 무관하다. 행정부 내부인 국민권익위원회 소속의 중앙행정심판위원회에서 판단하는 행정심판은 행정기관의 판단에 해당한다. 따라서 행정심판은 벌금이나 징역과는 관련이 없으며, 행정청의 처분에 해당하는 면허의 취소나 정지와 관련이 있는 것이다.

그러므로 행정심판으로 벌금을 줄일 수 있느냐는 문의는 애초에 말이 안 되는 것이다. 관여하는 바가 전혀 다르기 때문이다. 이와 반대로 형사법원은 운전면허 취소를 정지로 감경하거나 그 처분을 취소할 수 있는 권한이 없다. 형사법원은 범죄자에 대한 국가의 형벌권을 행사하는 작용만 하기 때문이다. 같은 이유로 검찰에 면허취소만큼은 안 된다고 읍소하며 반성문을 넣어도 아무 소용이 없다.

도로교통법상 음주운전 형사처분 기준

음주운전 형사처분은 해마다 수위가 높아질 조짐을 보이고 있다. 2016년 현재 법령이지만 조만간 다시 개정될 가능성도 높다.

〈음주운전 형사처분 기준〉

위반 횟수		처분 기준
1회	0.2% 이상	1~3년 이하 징역 500~1,000만 원 이하 벌금
	0.1~0.2 미만	6개월~1년 이하 징역 300~500만 원 이하 벌금
	0.05~0.1% 미만	6개월 이하 징역 300만 원 이하 벌금
3회 이상 위반		1~3년 이하 징역 / 500~1,000만 원 이하 벌금
측정 거부		1~3년 이하 징역 / 500~1,000만 원 이하 벌금

02

벌금 감경을 위한 몇 가지 조언

음주운전 벌칙 규정이 법 개정을 통하여 계속 강화가 되는 추세다. 크림빵 뺑소니 등 음주운전으로 인한 폐해가 계속되면서 발생한 국민의 반(反) 음주운전 정서가 법 강화를 촉진하고 있는 것이다.

현재의 법규는 음주운전자의 혈중알코올농도에 따라 0.05% 미만~0.10% 미만은 6개월 이하의 징역 또는 300만 원 이하의 벌금, 0.10% 이상~0.20% 미만이면 6개월 이상 1년 이하의 징역 또는 300만 원 이상 500만 원 이하의 벌금, 0.20% 이상이면 1년 이상 3년 이하의 징역 또는 500만 원 이상 1,000만 원 이하의 벌금을 부과하고 있다.

최근에는 이 벌금을 대폭 상향하는 법안을 통과시킬지 여부를 놓고 검토 중이다. 이에 따라 이후에는 벌금형이나 징역이 더 강화될 전망이다.

어떤 이유에서든 음주운전을 해서는 안 되겠지만, 이미 저지른 경우라면 자신의 죄를 충분히 반성하고 진실한 마음으로 벌금 감경 등을 위한 절차를 밟는 것이 지혜로운 태도이다.

음주운전을 하게 된 경우 지구대나 현장에서 적발되면, 이후 관할 경찰서에서 음주운전 피의자에게 출석통보를 하게 된다. 보통은 전화로 출석통보가 오며 이때 담당 경찰공무원과 시간을 정하면 된다. 피의자에게 불가피한 일이 있을 때는 만나는 날짜를 조금 미룰 수는 있다. 경찰서에 가면 피의자신문조서를 작성하게 되고, 이후 조서에 지장을 찍게 되면 사건은 경찰에서 검찰로 송치된다. 이때 경찰서에서 반성문을 제출하는 사람도 많은데 엄밀히 말하면 경찰은 벌금을 감경해주거나 징역을 감형해주는 권한이 없다. 검사는 구형에 있어서, 판사는 판결에 있어서 제반 사정과 양형을 참작하여 이를 감경해줄 수 있으므로 검찰청이나 법원에 관련 서류를 제출하는 게 맞다. 다만, 경찰서에 서류를 제출하면 그 서류가 검찰로 전달되므로 효과는 같다고 할 수 있다.

경찰서에서 검찰로 송치가 되면 진실 되게 쓴 반성문과 선처를 구할 수 있는 의견서, 지인의 탄원서와 형편이 어려운 점을 호소할 수 있는 서류를 같이 넣는 게 좋다. 장애가 있는 경우에는 장애인등록증, 아프거나 다친 곳이 있으면 진단서 및 소견서, 부채가 많으면 부채증명서, 파산이나 회생과 관련된 서류, 신용불량자의 경우에는 신용회복위원회 관련 서류, 부양의무를 나타낼 수 있는 자녀 재학증명서, 선행상, 기부내역, 봉사내역 등을 같이 첨부하면 좋다. 기타 자신의 어려운 처지 또는 참작할 만한 처지를 설명할 수 있는 증거 서류를 같이 넣으면 된다. 한편 검찰은 운전면허 구제와는 아무런 관련이 없으므로 운전면허가 필요한 이유를 소명하고 관련 증거서류를 제출해도 필요가 없으니 주의해야 한다.

만일 검찰에서 법원으로 벌금형 약식기소가 이뤄져 법원에 공이 넘어간 상태라면 판사에게 선처를 구해야 한다. 이 경우에는 법원에서 약식명령 통지서가 등기로 송달된 뒤 7일 이내에 정식재판을 청구하면서 관련 서류를 같이 넣으면 된다. 이후에는 정식재판이 되므로 법원에서 지정하는 날짜에 출석하게 되면 재판을 받게 된다. 재판 후 선고가 되면 벌금이 확정된다.

징역형의 경우에는 처음부터 정식기소가 되어 정식재판을 받게 된다.

다만, 이러한 절차를 밟았다고 해서 무조건 벌금 등이 감경되는 것은 아니다. 참회하는 마음으로 어려운 상황을 진실 되게 호소해야 한다. 아울러 최근에는 음주운전의 경우 벌금감경이 쉽게 되지 않는 추세이므로 무조건 감경이 된다는 희망은 품지 않는 게 좋다.

"벌금 감경 신청은 본인이 꼭 가야 하나요?"

벌금 감경은 약식명령통지서에 적힌 법원 '약식계'에 등기로 접수할 수 있다. 다만, 등기가 가는 시간이 걸리므로 7일 안에 넣어야 한다는 것을 명심해야 한다. 또한, 가족의 경우에는 가족관계증명서와 신분증을 지참해서 가시면 접수할 수 있다.

 나홀로 하는 운전면허취소 행정심판

03

"벌금 분납 신청을 하고 싶어요."

과거에는 판사나 검사가 재량으로 벌금형을 부과해 들쭉날쭉했지만, 지금은 법규적으로 거의 통일이 돼 있다. 물론 사안에 따라서 벌금이 감경되는 경우도 심심치 않게 볼 수 있지만 어디까지나 예외적인 경우이다. 음주운전 벌금 감경을 받기 위해 정식재판 청구를 했다가 판사에게 오히려 쓴소리를 듣는 사람도 흔히 볼 수 있다. 이미 최소한의 벌금을 부과했는데 더 감경해줄 수 없다는 꾸지람도 법정에서 많이 나온다.

한편 벌금은 재판의 확정일로부터 30일 이내에 납부를 해야 하며 이 기간을 지나면 총 2회에 걸쳐서 납부독촉장을 송달받게 된다. 그래도 벌금을 내지 않고 버티면 체포가 되고 교도소 또는 구치소에 수용돼 벌금 10만 원을 1일로 환산하여 노역장에 유치가 된다.

그런데 벌금은 분납이 가능하다. 다만, 이 역시 엄격한 대상에 한정된다. 벌금 분납 제도는 형편이 어려운 사람들을 위한 것으로서 '재산형 등에 관한 검찰 집행사무규칙' 제12조에 명시돼 있다.

동조 제1항은 "납부의무자가 벌과금 등의 분할납부 또는 납부연기를 받으려면 분할납부(납부연기) 신청서를 제출하여야 한다. 이 경우 재산형 등 집행 사무 담당 직원은 분할납부 또는 납부연기를 신청한 자가 다음 각 호의 어느 하나에 해당하는지를 조사한 후 관련 자료를 첨부하여 소속 과장을 거쳐 검사의 허가를 받아야 한다.”고 명시하고 있다.

이에 따른 각 호의 대상은 다음과 같다. ①'국민기초생활 보장법'에 따른 수급권자, ②'국민기초생활 보장법'에 따른 차상위계층 중 다음 각 목의 대상자로 '의료급여법'에 따른 의료급여대상자, '한부모가족 지원법'에 따른 보호대상자, '자활사업 참여자', ③장애인, ④본인 외에는 가족을 부양할 사람이 없는 사람, ⑤불의의 재난으로 피해를 당한 사람, ⑥납부의무자 또는 그 동거 가족이 질병이나 중상해로 1개월 이상의 장기 치료를 받아야 하는 경우 그 납부의무자, ⑦'채무자 회생 및 파산에 관한 법률'에 따른 개인회생절차 개시결정자, ⑧'고용보험법'에 따른 실업급여수급자, ⑨그 밖의 부득이한 사유가 있는 사람 등이다.

이에 해당하는 사람이 신청한다고 해서 무조건 벌금 분납이 가능한 것은 아니다. 검사가 신청을 받으면 대상자의 경제적 능력, 벌과금 등의 액수, 분할납부 또는 납부연기 시 이행 가능성, 노역장 유치 집행의 타당성 등을 고려하여 분할납부 또는 납부연기의 필요성이 있다고 인정되는 경우에 이를 허가하기 때문이다.

분납 사유가 인정되면 분할납부 또는 납부연기 기한은 6개월 이내로 할 수 있다. 아울러 해당 분할납부 또는 납부연기의 사유가 소멸되지 아니하는 경우 검사는 3개월의 범위에서 그 기한을 2회에 한하여 연장할 수 있다. 다만, 분할 납부 또는 납부 연기의 허가를 받은 사람이 정당한 사유 없이 2회에 걸쳐 허가 내용을 이행하지 아니한 경우에는 취소될 수 있기 때문에 주의해야 한다.

이처럼 분납 제도는 마련돼 있지만 실제로 이에 해당하는 사람은 쉽게 찾아볼 수 없다. 그만큼 벌금 분납 대상이 되기가 어렵다는 이야기다. 분납할 수가 없다면 빚을 내서라도 납부를 하는 수밖에 없으니, 음주운전은 당사자에게 재산적으로도 엄청난 고통을 수반하는 셈이다.

　　　　　　　나홀로 하는 운전면허취소 행정심판

벌금 분납에 대한 문의 답변

<u>Q1.</u> 벌금을 분납할 수 있는 자격은 어떻게 되나요?

<u>A1.</u> 재산형 등에 관한 검찰 집행사무규칙에 나와 있는 벌금 분납에 대한 자격을 소개합니다.

1. 「국민기초생활 보장법」에 따른 수급권자
2. 「국민기초생활 보장법」에 따른 차상위계층 중 다음 각 목의 대상자
   가. 「의료급여법」에 따른 의료급여대상자
   나. 「한부모가족 지원법」에 따른 보호대상자
   다. 자활사업 참여자
3. 장애인
4. 본인 외에는 가족을 부양할 사람이 없는 사람
5. 불의의 재난으로 피해를 당한 사람
6. 납부의무자 또는 그 동거 가족이 질병이나 중상해로 1개월 이상의 장기 치료를 받아야 하는 경우 그 납부의무자
7. 「채무자 회생 및 파산에 관한 법률」에 따른 개인회생절차 개시결정자
8. 「고용보험법」에 따른 실업급여수급자
9. 그 밖의 부득이한 사유가 있는 사람

그러나 이런 경우에 해당한다고 해서 무조건 분납되는 것은 아닙니다. 분납 신청을 받은 검사가 대상자의 경제적 능력, 벌과금 등의 액수, 분할납부 또는 납부연기 시 이행 가능성, 노역장 유치 집행의 타당성 등을 고려하여 분할납부 또는 납부연기의 필요성이 있다고 인정되는 경우에만 이를 허가할 수 있습니다. 따라서 검사가 허가를 해줘야 합니다.

<u>Q2.</u> 벌금 분납을 신청하는 곳은 어딘가요?

<u>A2.</u> 벌금형을 내린 지방검찰청 '징수계'입니다. 징수계에 전화로 문의해보시면 됩니다.

<u>Q3.</u> 벌금 분납을 신청하려면 직접 가야 하나요?

<u>A3.</u> 본인이 직접 가야 합니다. 전화로는 안 됩니다.

Q4. 벌금 분납 신청 시 가져갈 서류가 있나요?

A4. 신분증을 반드시 지참하시고, 그 밖에 자신의 처지를 증명할 수 있는
서류를 가져가야 합니다. 해당 서류로는 다음 9가지가 있습니다.

1. 「국민기초생활 보장법」에 따른 수급권자: 기초생활보호대상자 등록증명
(주민센터)

2. 「국민기초생활 보장법」에 따른 차상위계층 중 다음 각 목의 대상자: 차상
위계층 등록증명(주민센터)

가. 「의료급여법」에 따른 의료급여대상자
나. 「한부모가족 지원법」에 따른 보호대상자
다. 자활사업 참여자

3. 장애인: 복지카드 사본

4. 본인 외에는 가족을 부양할 사람이 없는 사람: 상황에 맞게 증명

5. 불의의 재난으로 피해를 당한 사람: 상황에 맞게 증명

6. 납부의무자 또는 그 동거 가족이 질병이나 중상해로 1개월 이상의 장기 치
료를 받아야 하는 경우 그 납부의무자

7. 「채무자 회생 및 파산에 관한 법률」에 따른 개인회생절차 개시결정자: 법원
에서 개시결정문을 가져가야 함

8. 「고용보험법」에 따른 실업급여수급자: 실업급여 수급증명서 받아가야 함
(고용센터)

9. 그 밖의 부득이한 사유가 있는 사람

Q5. 저는 이혼해서 혼자 아이들을 키우고 있는데요? 그럼 한부모가정이니
까 당연히 분납이 되겠죠?

A5. 한부모가정은 이혼했다고 해서 당연히 지정되는 게 아니라, 기초생활
보장수급자처럼 주민센터에 따로 등록을 해야 합니다. 등록이 돼 있지
않다면 한부모가정이 아닙니다. 등록 조건은 주민센터에 문의해주세요.

Q6. 벌금이 나오면 바로 분납 신청할 수 있나요?

A6. 벌금 문자가 검찰에서 온 후에 바로 신청할 수 있는 게 아니라, 집으로
가납벌과금고지서라는 게 등기 또는 이메일로 오면 이것을 받고 나서
분납 신청을 해야 합니다.

04

"범죄경력으로 취직도 못 하나요?"

"이번에 음주운전으로 벌금형이 나왔습니다. 제가 내년에 대기업 입사를 코앞에 두고 있는데, 회사에서 범죄경력증명서를 가져오라고 하면 어떻게 하죠? 어렵게 들어간 회사인데 퇴사를 당할까 봐 밤에 한숨도 못 자고 있습니다."

범죄자가 되면 어느 사회이든 낙인이 찍히게 된다. 전자발찌처럼 범죄를 저질렀다는 사실을 공공연하게 알리는 경우도 있지만, 실제로는 그렇지 않은 경우가 더 많다.

어떤 사람이 범죄를 저질렀을 때 그 범죄기록을 적어두는 방식은 3가지이다. 이에 대해서는 '형의 실효 등에 관한 법률'에 명시돼 있다. 이에 따라 기록해두는 방식은 수형인명부, 수형인명표, 수사자료표로 나뉜다.

먼저 수형인명부는 검찰청 민 군검찰부가 관리하는데, 자격정지 이상의 형벌 일반적으로 집행유예나 선고유예 이상을 받게 되면 기록이 남는다. 수형인명표 역시 자격정지 이상의 형벌을 받은 경우에만 기록이 되는데, 그 관리 기관이 등록기준지의 시·구·읍·면사무소라는 점에서 수형인명부와 다르다.

한편 수사자료표는 다시 범죄경력자료와 수사경력자료로 구성된다. 범죄경력자료는 벌금형 이상을 받은 사항에 대해서 기록이 남게 되고, 수사경력자료는 벌금형 미만에 해당하면 기록이 남게 된다.

시간이 지나 형이 실효되면 수형인명부 및 수형인명표의 전과기록은 삭제된다. 그러나 문제는 수사자료표 중 범죄경력자료 전부와 수사경력자료 중 재판을 통해 유죄판결을 받은 사건은 삭제되지 않고 평생 보존이 된다는 것이다. 이렇다 보니 '범죄경력자료'에 예민해질 수밖에 없는데 실질적으로 전과기록은 아무나 임의로 열람하지 못하기 때문에 크게 걱정할 필요는 없다.

위에서 기술한 사항에 대한 조회는 공공기관이 아닌 이상 할 수 없고, 즉 개인이나 일반 기업체는 조회가 불가능하다. 공공기관이 신원조회를 하는 경우에도 어떠한 사항에 대한 인허가 문제가 얽혀 있을 때나 공무원 임용에 따르는 결격사유를 판단할 때 필요하며, 이외의 경우에는 타인에게 공개될 가능성이 거의 없다.

특히, 공무원의 결격사유 중에서도 범죄기록이 취업 자체에 문제가 되는 경우는 징역 또는 금고형에 해당하는 경우가 대부분이므로, 벌금형을 받았다고 해서 미리부터 공무원 시험을 포기하거나 할 필요는 없다.

"회사에서 범죄경력을 알 수 있나요?"

일반 사기업체에서는 범죄와 관련해서 개인의 신원조회를 할 권한이 어떤 경우에도 전혀 없으며, 이를 편법으로 이용해서 입사지원자 본인에게 수사자료표를 발급받아 오라고 요구하는 경우는 위법이므로 잘 알아둘 필요가 있다.

나홀로 하는 운전면허취소 행정심판

05

"무면허로 운전해도 안 걸리겠죠?"

사람이 위기에 빠지면 깜냥이 생긴다. 운전면허 취소도 마찬가지이다. 최소 1년간 면허가 취소되는 괴로움에 빠지게 되면, 자기도 모르게 무면허 운전에 관심이 쏠릴 수밖에 없다. 조심조심 다니면 걸리지 않는다는 생각, 그 근거 없는 믿음이 무면허 운전을 하게 만드는데, 보통 100명이면 90명은 적발이 된다.

일반인들은 단속 경찰관에게 신호위반 등으로만 적발되지 않으면 무면허 운전은 적발되지 않는다고 생각한다. 하지만 이는 착각이다. 무면허 운전을 미연에 방지하기 위한 경찰의 단속 기술은 꽤 세밀하다. 일단 음주운전으로 적발이 된 차량을 그대로 타고 다니면 경찰관이 휴대하고 다니는 PDA(차량조회기)에 그대로 뜨게 된다. 이 경우에는 일단 불심검문을 통해서 경찰이 면허증 제시를 요구하게 되고, 무면허 운전은 100% 적발이 되고 만다.

2016년 7월 18일 충북경찰청에 따르면 2013년부터 올해 6월까지 충북 지역에서 무면허 운전으로 적발된 건수만 8,680건으로 집계됐다. 충북의 인구를 생각해보면 광역시급이나 수도권은 얼마나 많이 적발이 되는지 충분히 짐작할 수 있다.

한편 음주운전으로 적발된 차량을 가족 등이 타고 다니면 면허취소 당사자가 아닌 사람이라도 불심검문을 당할 수 있고, 실제로도 이런 일이 많이 발생한다.

이 때문에 일부러 차량 소유주를 바꾸거나 리스나 렌트한 차량을 타고 다니는 경우도 있는데, 역시나 이도 적발될 확률이 늘 수반되기 때문에 애초에 무면허 운전은 절대로 하지 않는 게 좋다.

그런데도 오늘도 이런 문의가 들어온다.

"행정사님, 어떻게 1년간 무면허로 돌아다닐 수 있는 방법이 없습니까?"

마음은 백번 이해가 가지만, 위법(면허취소) 위에 위법(무면허 운전)을 없는 것은 자신을 스스로 파멸로 이끄는 행동이다. 무면허 운전에 적발되면 그때부터 또 결격기간이 시작되기 때문에 어렵게 견딘 시간이 한순간에 수포로 돌아간다. 애초에 무면허 운전은 하지 말자. 그게 사는 길이다.

"무면허로 다녀도 안 걸리는 방법이 있나요?"

법조인에게 무면허로 다녀도 적발되지 않는 방법을 묻는 것 자체가 상당한 실례다. 법조인은 법을 준수하도록 하는 사회 질서를 수호해야 하는 의무도 한편 존재한다. 법조인들에게 이런 위법 사항은 물어보지 말도록 하자.

06

기소유예와 선고유예, 그리고 무혐의

우리나라 법률은 크게 사법과 공법으로 나뉘는데, 이를 한 번 더 쪼개자면 형법, 민법, 행정법으로 구분할 수 있다. 이 삼자는 원리적으로 서로 관계가 없지만, 법률에 따라서 상호 영향을 미치는 경우가 더러 있다. 그중 하나가 면허취소 사건에 있어서 기소유예와 선고유예, 그리고 무혐의이다.

기소유예란 죄는 인정이 되지만 피의자의 연령이나 행위, 환경, 피해자에 대한 관계, 범행의 동기나 수단, 범행 후의 정황 등을 참작해서 전과자를 만드는 대신 검사가 기소하지 않음으로써 용서를 하는 제도이다. 형사소송법 제247조는 기소편의주의로서 이를 규정하고 있다. 한마디로 죄가 있지만 여러 정황을 봐서 한 번 봐준다는 뜻이다.

선고유예는 형사법원의 판사가 범행이 경미한 범인에 대하여 일정한 기간 형의 선고를 유예해주고, 그 유예기간 동안 특정한 사고를 일으키지 않으면 형의 선고를 면제해주는 제도로서 효과는 기소유예와 비슷하다.

음주운전을 한 경우 대리운전기사가 신고한 경우, 혹은 5m 미만의 거리를 움직인 경우, 불가피한 음주운전 사유가 있어 다소 억울할 수 있는 경우, 무면허 운전을 기간의 착각으로 한 경우 등에 기소유예 등이 나오는 때가 있다.

한편 기소유예나 선고유예는 도로교통법 제82조와 관련이 있다. 동조 제2항은 "다음 각 호의 어느 하나의 경우에 해당하는 사람은 해당 각 호에 규정된 기간이 지나지 아니하면 운전면허를 받을 수 없다. 다만, 다음 각 호의 사유로 인하여 벌금 미만의 형이 확정되거나 선고유예의 판결이 확정된 경우 또는 기소유예나 '소년법' 제32조에 따른 보호처분의 결정이 있는 경우에는 각 호에 규정된 기간 내라도 운전면허를 받을 수 있다."고 명시하고 있다. 이 법률은 2015년 8월 11일자로 개정이 됐는데, 개정 전에는 이러한 내용이 담겨 있지 않아 기소유예나 선고유예를 받아도 면허는 여전히 취소됐다.

그러나 이 개정 법률에 따라 기소유예나 선고유예를 받게 되면 취소사유에 의해서 면허가 취소되나, 취소된 이후에 결격기간을 기다릴 것 없이 바로 면허시험을 봐서 재취득이 가능하다. 참고로 기소유예 등 처분을 받았다고 해서 이전의 운전면허 행정처분이 취소되거나 이미 취소된 운전면허의 효력이 부활하는 것은 아니며, 운전면허를 재취득할 수 있는 기간인 결격기간 중 남은 기간만을 말소해주는 것이다.

이런 측면에서 면허의 취소를 110일 정지로 돌려서 면허 시험 볼 것 없이 면허를 다시 받아오는 행정심판의 일부 인용(감경 처분) 효과와는 다르지만, 결격기간이 면제된다는 점에서 기소유예나 선고유예도 상당한 효력을 갖고 있다고 볼 수 있다.

이런 까닭에 참작할 만한 사유가 있다면 본인 스스로 검찰청과 법원 등에 의견 진술을 함으로써 기소유예 또는 선고유예를 바랄 수 있다.

이와 비교하여 운전면허가 취소된 후 위반행위에 대하여 무죄판결이나 불기소(혐의 없음) 처분을 받았을 때는 이전의 운전면허 취소처분을 취소하고 원래의 운전면허 효력이 부활하게 되는 것이므로, 운전면허시험 없이 기존의 운전면허를 여전히 유지할 수 있다.

기소유예 또는 무혐의 처분을 받은 경우 해야 할 행동

기소유예 또는 무혐의 처분을 받았을 때는 다음 순서로 절차를 밟으면 된다.

1. 해당 검찰청 민원실로 간다.
2. 신분증을 제시하고 '불기소 이유 통지서' 1부, '불기소 결정서' 1부를 발급해달라고 한다. 불기소 이유 통지서는 1장이고, 불기소 결정서는 2~3장으로 돼 있다.
3. 이후 불기소 이유 통지서와 불기소 결정서 각 1부를 지방경찰청 면허계에 제출한다. 가기 전에는 꼭 지방경찰청 면허계에 전화해서 "제가 기소유예(또는 무혐의)를 받아서 경찰청에 검찰처분서를 내려고 하는데 어디로 내야 합니까?"라고 물어보고 갖다 주면 된다.
4. 이후는 경찰이 안내하는 대로 하면 된다.

07

형사처분과 관련되어
발부되는 공적 서류

음주운전 형사절차는 다음과 같다. 알기 쉽게 단계별로 설명한다.

큰 틀에서 각 단계는 경찰서 출석 → 검찰청 송치 → 법원에서의 약식명령 또는 정식재판 절차로 이루어져 있다.

1단계. 경찰서 출석하여 피의자신문조서 작성 이후 검찰에 송치된다.

경찰서를 다녀오면 3~4일 안에 다음 문자가 온다. 필수적으로 오는 문자는 아니며 안 올 때가 많다. 이 문자를 받으면 경찰에서 검찰로 사건이 넘어갔구나 하고 생각하면 된다.

[Web 발신]
[경기일산경찰서]귀하의 사건 2015-001811호를 의정부지방검찰청 고양지청으로 인계하였습니다. 담당 검사가 지정되기까지 1~3일 소요될 수 있습니다. 교통조사팀 수사관 김○○
오후 4:33 MMS

2단계. 검찰청에서 오는 문자

경찰서를 다녀오신 기준으로 10~15일이 지나면 이런 문자가 온다. 이 문자는 반드시 온다. 이 문자를 받고 나면 등기 또는 전자메일로 약식명령결정문이 통지된다.

> 사건(2015형제27869호)은 2015.8.17. 수원지방법원 성남지원에 벌금형(500만 원) 기소하였으나 추가 증거자료나 변경주소는 4일 후 위 법원민원실로 제출 바랍니다. 추후 검찰청에서 납부명령서(형사사법포털www.kics.go.kr에서 전자발송 동의 후, 법원 판결이 나면 포털에서 직접출력가능 ☎031-739-4584)가 송부되면 금융기관에 납부하시기 바랍니다.
>
> 오후 7:15 MMS

이 단계에서 자주 묻는 질문은 다음과 같다.

Q1.　제가 뭔가 해야 하나요?

A1.　아무것도 할 게 없습니다. 검찰에서 법원으로 사건이 넘어갔다는 것이므로 그 외에 따로 할 건 없습니다. 벌금 감경을 위한 절차는 약식명령통지서가 도착한 뒤 할 수 있기 때문입니다.

Q2.　'킥스(KICS)'라는 사이트에 들어가야 하나요?

A2.　만일 등기로 받는 것이 아닌 전자약식 신청을 따로 했다면 형사사법정보시스템(korea Information System of Criminal Justice Services, KICS), 킥스에 들어가서 약식명령통지서를 확인해야 합니다. 보통 이메일로 옵니다. 하지만 따로 신청을 안 했다면 그냥 기다리면 등기가 오기 때문에 따로 할 일은 없습니다.

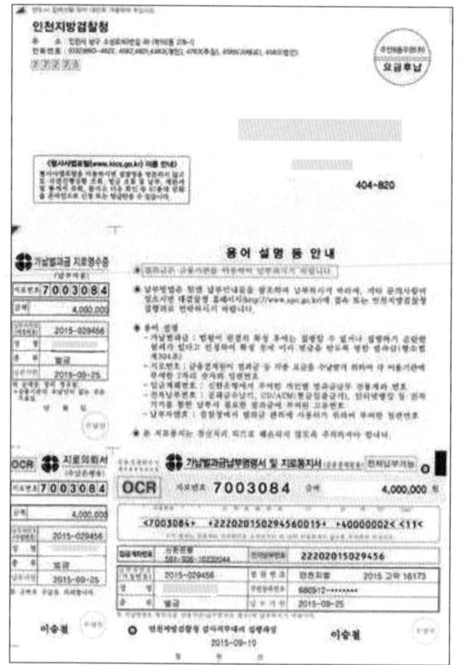

▲ 가납벌금고지서

경찰서를 다녀온 기준으로 30일 이후가 되면 다음 가납벌금고지서가 나온다.

이 자료가 오면 둘 중 하나를 선택해야 한다. 확률이 높지는 않지만, 끝까지 벌금 감경을 받을지, 아니면 벌금을 낼지 선택을 해서 벌금을 내겠다고 판단을 했다면 바로 내면 된다.

그러나 끝까지 해보겠다는 사람은 이 용지를 무시하고 안 내도 된다.

정식재판을 청구하면 재판이 확정될 때까지 벌금 납부가 유예되기 때문이다. 정식재판을 청구했다면 검찰 민원실에 전화해서 "내가 정식재판을 신청했으니 벌금 내는 기간을 조금 유예해 달라."고 하면 된다.

다만, 정식재판도 청구하지 않고 버티면 두 번 정도의 독촉 이후에 수배가 떨어지게 되니 주의해야 한다. 수배가 떨어지는 기간은 보통 처음 가납벌금납부명령서를 받고 2달 정도가 지난 시점이다. 수배가 떨어진 경우 경찰에게 붙잡히면 바로 노역장에 유치되어 10만 원 일당으로 노역을 하게 된다.

이게 바로 독촉문자이다. 독촉을 받고도 계속 벌금을 안 내면 수배가 떨어진다.

4단계. 약식명령통지서

위의 문자는 "당신의 벌금이 나왔으니 '킥스'라는 검찰청 벌금조회 형사포털(형사사법정보시스템)에서 벌금을 조회해보시오."라는 문자이다. 경찰서 피의자신문조서 작성 시 전자약식 처리에 동의했으면 '킥스'에서 약식명령통지서 확인이 가능하며, 만일 동의를 하지 않았거나, 몰라서 그냥 지나쳤다면 등기로 아래처럼 약식명령통지서가 등기로 온다. 어느 경우에나 약식명령통지서는 똑같은 형태이므로 '형사포털(형사사법정보시스템)'이든 등기이든 효과는 동일하다.

경찰서를 다녀오신 기준으로 20~30일 이후가 되면 다음 가납벌금고지서가 나온다. 가납벌금고지서가 먼저 올 수도 있고 약식명령통지서가 먼저 올 수도 있다.

약식명령통지서를 받았다면 벌금 감경을 시작할 수 있다. 만일 통지서를 받고도 벌금 감경 절차를 포기하겠다면, 약식명령통지서는 무시하고 가납벌금납부명령서가 올 때 벌금을 내면 된다.

140-848
2060311-200580
종합민원실 형사44단독(약식)
2014-078-12160-491

서울동부지방법원

약식명령

등 본 입 니 다
2014. 　. 5.
서울동부지방법원
법원주사보

사　　건　　2014고약12160　　도로교통법위반(음주운전)
　　　　　　(2014형제45390)

피 고 인　　　　　　780127-0000000), 회사원
　　　　　　주거　서울 용산구 원효로
　　　　　　등록기준지　부산 동래구

주 형 과　　피고인을 벌금 4,000,000(사백만)원에 처한다.
부수처분　　피고인이 위 벌금을 납입하지 아니하는 경우 금100,000(일십만)원을 1일
　　　　　　로 환산한 기간 위 피고인을 노역장에 유치한다.
　　　　　　피고인에 대하여 위 벌금에 상당한 금액의 가납을 명한다.

범죄사실　　별지 기재와 같다. (단, 피의자는 피고인으로 한다.)

적용법령　　도로교통법 제148조의2 제2항 제2호, 제44조 제1항, 형법 제70조, 제69
　　　　　　조 제2항, 형사소송법 제334조 제1항(벌금형 선택).

검사 또는 피고인은 이 명령등본을 송달받은 날로부터 7일 이내에 정식재판의 청구를
할 수 있습니다.

2014. 11. 21.

▲ 약식명령통지서

Q1.　　약식명령통지서를 받았는데 가납벌금납부명령서가 또 왔어
　　　요. 어떻게 된 일인가요?

A1.　　가납벌금납부명령서와 약식명령통지서는 보내는 주체가 다릅
　　　니다. 벌금을 걷는 주체는 법원이 아닌 검찰이기 때문에 "이
　　　고지서를 보고 돈을 내시오."라고 강제하는 것이 검찰이 보내
　　　는 가납벌금납부명령서이고, 법원은 "이봐요, 이렇게 검찰에
　　　서 기소를 해서 제가 이렇게 벌금을 확정했으니까 내려면 검
　　　찰에 벌금을 내고, 이의가 있으면 재판을 하세요."라고 하면
　　　서 보내는 게 약식명령통지서입니다.

이처럼 성격이 전혀 다르기 때문에 가납벌금납부명령서와 약식명령
통지서가 따로 오는 겁니다. 둘 다 오는 게 보통 정상입니다.

Q2.   약식명령통지서를 받고 정식재판을 신청했는데 자꾸 문자로
벌금 독촉이 옵니다. 어떻게 된 건가요?

A2.   약식명령에 대한 정식재판 신청은 법원에 대해서 하는 것으로
서 검찰이 이를 인지하지 못할 때가 많습니다. 따라서 정식재
판 신청을 한 상태라면 본인이 스스로 법원 민원실에 전화해
서 "내가 정식재판 신청을 했으니, 끝날 때까지 벌금 납부를
조금 기다려주세요."라고 말을 해두는 게 현명합니다.

Q3.   약식명령통지서는 어떤 형식으로 오나요?

A3.   일반적으로 등기로 오지만 당사자가 따로 전자약식 신청을 한
경우에는 사법포털(형사사법정보시스템)로 옵니다. 전자약식의
경우 사건번호가 '고약전'으로 표기가 됩니다.

5단계. 벌금 감경 절차(정식재판)

이 절차가 완료가 된 이후 생각해 볼 것은 벌금 감경을 받아볼 것인
가의 여부이다. 이에 벌금 감경을 받을 수 있는 절차에 대해서 설명하
겠다.

(1) 약식명령이란?

형사소송법 제448조에 규정으로 지방법원은 그 관할에 속한 사건에
대하여 검사의 청구가 있는 때에는 공판절차 없이 약식명령으로 피고

인을 벌금, 과료 또는 몰수에 처할 수 있는 간소한 형사절차를 할 수 있고 이를 약식절차라고 하는데, 이 절차에 의한 재판을 약식명령이라고 한다. 즉, 가벼운 범죄에 있어서 공개재판에 대한 피고인의 사회적·심리적 부담을 덜어주고 동시에 형사재판에 신속을 기하는 제도이다.

이러한 약식명령의 고지는 검사와 피고인에게 송달된다. 약식명령에는 범죄사실, 적용법령, 주형, 부수처분과 약식명령의 고지를 받은 날로부터 7일 이내에 정식재판의 청구를 할 수 있음을 명시되어 있다.

또한, 검사의 약식명령 청구가 있는 경우에 판사는 그 사건을 검토하여 약식명령을 발령하게 된다. 그런데 사건이 중대하거나 공판에 의한 신중한 심리가 필요하여 약식명령으로 할 수 없거나 약식명령으로 하는 것이 적당하지 아니하다고 인정한 때에는 공판절차에 의하여 심판하게 된다.

(2) 정식재판이란

약식명령의 벌금이 너무 과하다고 생각될 때는 다음 법규에 따라 정식재판을 신청할 수 있다. 정식재판의 청구는 형사소송법 제453조에 나와 있다. 아래를 보자.

> 제453조(정식재판의 청구)
>
> ① 검사 또는 피고인은 약식명령의 고지를 받은 날로부터 7일 이내에 정식재판의 청구를 할 수 있다. 단, 피고인은 정식재판의 청구를 포기할 수 없다.
> ② 정식재판의 청구는 약식명령을 한 법원에 서면으로 제출하여야 한다.
> ③ 정식재판의 청구가 있는 때에는 법원은 지체 없이 검사 또는 는 피고인에게 그 사유를 통지하여야 한다.

주의할 점은 약식명령서를 등기나 이메일로 받은 후 7일 안에
해야 한다는 점이다. 이 기간을 지나면 특별한 사정이 없는 한
청구가 불가하다.

(3) 정식재판 신청 방법

정식재판은 정식재판 청구서 및 별지 그리고 증거자료와 함께 법
원 민원실 소장 접수대에 있는 형사계 담당자에게 내면 된다. 당사자
가 가는 경우에는 신분증, 가족이 가는 경우에는 신분증과 가족관계
증명서가 필요하며 비용은 무료이다. 정식재판이 신청된 이후에는 1달
후에 판사가 출석을 요구하고 이때 대화를 하는 일은 거의 없이 진행
이 된다.

(4) 불이익 변경 금지의 원칙

정식재판을 할 때 '괘씸죄'로 인하여 벌금이 더 올라가는 일은 없다.
이를 불이익 변경 금지의 원칙이라고 하며, 이는 안심하고 소송을 할
수 있도록 제도적으로 보장해 놓은 것이다.

도로교통법 시행규칙 별표 28 〈개정 2016. 7. 28.〉

운전면허 취소·정지처분 기준(도로교통법 제91조 제1항 관련)

1. 일반 기준

가. 용어의 정의

(1) '벌점'이라 함은, 행정처분의 기초자료로 활용하기 위하여 법규위반 또는 사고야기에 대하여 그 위반의 경중, 피해의 정도 등에 따라 배점되는 점수를 말한다.

(2) '누산점수'라 함은, 위반·사고 시의 벌점을 누적하여 합산한 점수에서 상계치(무위반·무사고 기간 경과 시에 부여되는 점수 등)를 뺀 점수를 말한다. 다만, 제3호 가목의 7란에 의한 벌점은 누산점수에 이를 산입하지 아니하되, 범칙금 미납 벌점을 받은 날을 기준으로 과거 3년간 2회 이상 범칙금을 납부하지 아니하여 벌점을 받은 사실이 있는 경우에는 누산점수에 산입한다.
[누산점수 = 매 위반·사고 시 벌점의 누적 합산치−상계치]

(3) '처분벌점'이라 함은, 구체적인 법규위반·사고야기에 대하여 앞으로 정지처분기준을 적용하는 데 필요한 벌점으로서, 누산점수에서 이미 정지처분이 집행된 벌점의 합계치를 뺀 점수를 말한다.
처분벌점 = 누산점수 − 이미 처분이 집행된 벌점의 합계치
= 매 위반·사고 시 벌점의 누적 합산치 − 상계치 − 이미 처분이 집행된 벌점의 합계치

나. 벌점의 종합관리

(1) 누산점수의 관리

법규위반 또는 교통사고로 인한 벌점은 행정처분 기준을 적용하고자 하는 당해 위반 또는 사고가 있었던 날을 기준으로 하여 과거 3년간의 모든 벌점을 누산하여 관리한다.

(2) 무위반·무사고기간 경과로 인한 벌점 소멸

처분벌점이 40점 미만인 경우에, 최종의 위반일 또는 사고일로부터 위반 및 사고 없이 1년이 경과한 때에는 그 처분벌점은 소멸한다.

(3) 벌점 공제

(가) 인적 피해 있는 교통사고를 야기하고 도주한 차량의 운전자를 검거하거나 신고하여 검거하게 한 운전자(교통사고의 피해자가 아닌 경우로 한정한다)에게는 검거 또는 신고할 때마다 40점의 특혜점수를 부여하여 기간에 관계없이 그 운전자가 정지 또는 취소처분을 받게 될 경우 누산점수에서 이를 공제한다. 이 경우 공제되는 점수는 40점 단위로 한다.

(나) 경찰청장이 정하여 고시하는 바에 따라 무위반·무사고 서약을 하고 1년간 이를 실천한 운전자에게는 실천할 때마다 10점의 특혜점수를 부여하여 기간에 관계없이 그 운전자가 정지처분을 받게 될 경우 누산점수에서 이를 공제한다. 이 경우 공제되는 점수는 10점 단위로 한다.

(4) 개별기준 적용에 있어서의 벌점 합산(법규위반으로 교통사고를 야기한 경우)

법규위반으로 교통사고를 야기한 경우에는 3. 정지처분 개별기준 중 다음의 각 벌점을 모두 합산한다.

① 가. 이 법이나 이 법에 의한 명령을 위반한 때(교통사고의 원인이 된 법규위반이 둘 이상인 경우에는 그중 가장 중한 것 하나만 적용한다.)
② 나. 교통사고를 일으킨 때 (1) 사고결과에 따른 벌점
③ 나. 교통사고를 일으킨 때 (2) 조치 등 불이행에 따른 벌점

(5) 정지처분 대상자의 임시운전 증명서

경찰서장은 면허 정지처분 대상자가 면허증을 반납한 경우에는 본인이 희망하는 기간을 참작하여 40일 이내의 유효기간을 정하여 별지 제79호서식의 임시운전증명서를 발급하고, 동 증명서의 유효기간 만료일 다음 날부터 소정의 정지처분을 집행하며, 당해 면허 정지처분 대상자가 정지처분을 즉시 받고자 하는 경우에는 임시운전 증명서를 발급하지 않고 즉시 운전면허 정지처분을 집행할 수 있다.

다. 벌점 등 초과로 인한 운전면허의 취소·정지

(1) 벌점·누산점수 초과로 인한 면허취소

1회의 위반·사고로 인한 벌점 또는 연간 누산점수가 다음 표의 벌점 또는 누산점수에 도달한 때에는 그 운전면허를 취소한다.

기간	벌점 또는 누산점수
1년간	121점 이상
2년간	201점 이상
3년간	271점 이상

(2) 벌점·처분벌점 초과로 인한 면허 정지

운전면허 정지처분은 1회의 위반·사고로 인한 벌점 또는 처분벌점이 40점 이상이 된 때부터 결정하여 집행하되, 원칙적으로 1점을 1일로 계산하여 집행한다.

라. 처분벌점 및 정지처분 집행일수의 감경

(1) 특별교통안전교육에 따른 처분벌점 및 정지처분집행일수의 감경

(가) 처분벌점이 40점 미만인 사람이 교통법규교육을 마친 경우에는 경찰서장에게 교육필증을 제출한 날부터 처분벌점에서 20점을 감경한다.

(나) 면허정지처분을 받은 사람이 교통소양교육을 마친 경우에는 경찰서장에게 교육필증을 제출한 날부터 정지처분 기간에서 20일

을 감경한다. 다만, 해당 위반행위에 대하여 운전면허행정처분 이의심의위원회의 심의를 거치거나 행정심판 또는 행정소송을 통하여 행정처분이 감경된 경우에는 정지처분 기간을 추가로 감경하지 아니하고, 정지처분이 감경된 때에 한정하여 누산점수를 20점 감경한다.

(다) 면허정지처분을 받은 사람이 교통소양교육을 마친 후에 교통참여교육을 마친 경우에는 경찰서장에게 교육필증을 제출한 날부터 정지처분 기간에서 30일을 추가로 감경한다. 다만, 해당 위반행위에 대하여 운전면허 행정처분 이의심의위원회의 심의를 거치거나 행정심판 또는 행정소송을 통하여 행정처분이 감경된 경우에는 그러하지 아니하다.

(2) 모범운전자에 대한 처분집행일수 감경

모범운전자(법 제146조에 따라 무사고운전자 또는 유공운전자의 표시장을 받은 사람으로서 교통안전 봉사활동에 종사하는 사람을 말한다.)에 대하여는 면허 정지처분의 집행 기간을 2분의 1로 감경한다. 다만, 처분벌점에 교통사고 야기로 인한 벌점이 포함된 경우에는 감경하지 아니한다.

(3) 정지처분 집행일수의 계산에 있어서 단수의 불산입 등

정지처분 집행일수의 계산에 있어서 단수는 이를 산입하지 아니하며, 본래의 정지처분 기간과 가산일수의 합계는 1년을 초과할 수 없다.

마. 행정처분의 취소

교통사고(법규위반을 포함한다)가 법원의 판결로 무죄확정(혐의가 없거나 죄가 되지 아니하여 불기소처분된 경우를 포함한다. 이하 이 목에서 같다)된 경우에는 즉시 그 운전면허 행정처분을 취소하고 당해 사고 또는 위반으로 인한 벌점을 삭제한다. 다만, 법 제82조 제1항 제2호 또는 제5호에 따른 사유로 무죄가 확정된 경우에는 그러하지 아니하다.

바. 처분기준의 감경

(1) 감경사유

(가) 음주운전으로 운전면허 취소처분 또는 정지처분을 받은 경우

운전이 가족의 생계를 유지할 중요한 수단이 되거나, 모범운전자로서 처분 당시 3년 이상 교통봉사활동에 종사하고 있거나, 교통사고를 일으키고 도주한 운전자를 검거하여 경찰서장 이상의 표창을 받은 사람으로서 다음의 어느 하나에 해당되는 경우가 없어야 한다.

1) 혈중알코올농도가 0.12%를 초과하여 운전한 경우
2) 음주운전 중 인적 피해 교통사고를 일으킨 경우
3) 경찰관의 음주측정요구에 불응하거나 도주한 때 또는 단속 경찰관을 폭행한 경우
4) 과거 5년 이내에 3회 이상의 인적 피해 교통사고의 전력이 있는 경우
5) 과거 5년 이내에 음주운전의 전력이 있는 경우

(나) 벌점·누산점수 초과로 인하여 운전면허 취소처분을 받은 경우

운전이 가족의 생계를 유지할 중요한 수단이 되거나, 모범운전자로서 처분 당시 3년 이상 교통봉사활동에 종사하고 있거나, 교통사고를 일으키고 도주한 운전자를 검거하여 경찰서장 이상의 표창을 받은 사람으로서 다음의 어느 하나에 해당되는 경우가 없어야 한다.

1) 과거 5년 이내에 운전면허 취소처분을 받은 전력이 있는 경우
2) 과거 5년 이내에 3회 이상 인적 피해 교통사고를 일으킨 경우
3) 과거 5년 이내에 3회 이상 운전면허 정지처분을 받은 전력이 있는 경우

4) 과거 5년 이내에 운전면허 행정처분 이의심의위원회의 심의를 거치거나 행정심판 또는 행정소송을 통하여 행정처분이 감경된 경우

(다) 그 밖에 정기 적성검사에 대한 연기신청을 할 수 없었던 불가피한 사유가 있는 등으로 취소처분 개별기준 및 정지처분 개별기준을 적용하는 것이 현저히 불합리하다고 인정되는 경우

(2) 감경기준

위반행위에 대한 처분기준이 운전면허의 취소처분에 해당하는 경우에는 해당 위반행위에 대한 처분벌점을 110점으로 하고, 운전면허의 정지처분에 해당하는 경우에는 처분 집행일수의 2분의 1로 감경한다. 다만, 다목(1)에 따른 벌점·누산점수 초과로 인한 면허취소에 해당하는 경우에는 면허가 취소되기 전의 누산점수 및 처분벌점을 모두 합산하여 처분벌점을 110점으로 한다.

(3) 처리 절차

(1)의 감경사유에 해당하는 사람은 행정처분을 받은 날(정기적성검사를 받지 아니하여 운전면허가 취소된 경우에는 행정처분이 있음을 안 날)부터 60일 이내에 그 행정처분에 관하여 주소지를 관할하는 지방경찰청장에게 이의신청을 하여야 하며, 이의신청을 받은 지방경찰청장은 제96조에 따른 운전면허 행정처분 이의심의위원회의 심의·의결을 거쳐 처분을 감경할 수 있다.

2. 취소처분 개별 기준

일련 번호	위반사항	적용 법조 (도로교통법)	내용
1	교통사고를 일으키고 구호조치를 하지 아니한 때	제93조	○교통사고로 사람을 죽게 하거나 다치게 하고, 구호 조치를 하지 아니한 때
2	술에 취한 상태에서 운전한 때	제93조	○술에 취한 상태의 기준(혈중알코올농도 0.05% 이 상)을 넘어서 운전을 하다가 교통사고로 사람을 죽 게 하거나 다치게 한 때 ○술에 만취한 상태(혈중알코올농도 0.1% 이상)에 서 운전한 때 ○2회 이상 술에 취한 상태의 기준을 넘어 운전하거 나 술에 취한 상태의 측정에 불응한 사람이 다시 술에 취한 상태(혈중알코올농도 0.05% 이상)에서 운전한 때

3	술에 취한 상태의 측정에 불응한 때	제93조	○술에 취한 상태에서 운전하거나 술에 취한 상태에서 운전하였다고 인정할 만한 상당한 이유가 있음에도 불구하고 경찰공무원의 측정 요구에 불응한 때
4	다른 사람에게 운전면허증 대여 (도난, 분실 제외)	제93조	○면허증 소지자가 다른 사람에게 면허증을 대여하여 운전하게 한 때 ○면허 취득자가 다른 사람의 면허증을 대여받거나 그 밖에 부정한 방법으로 입수한 면허증으로 운전한 때
5	결격사유에 해당	제93조	○교통상의 위험과 장해를 일으킬 수 있는 정신질환자 또는 뇌전증환자로서 영 제42조 제1항에 해당하는 사람 ○앞을 보지 못하는 사람, 듣지 못하는 사람(제1종 면허에 한한다) ○양팔의 팔꿈치 관절 이상을 잃은 사람, 또는 양팔을 전혀 쓸 수 없는 사람. 다만, 본인의 신체장애 정도에 적합하게 제작된 자동차를 이용하여 정상적으로 운전할 수 있는 경우에는 그러하지 아니하다. ○다리, 머리, 척추 그 밖의 신체장애로 인하여 앉아 있을 수 없는 사람 ○교통상의 위험과 장해를 일으킬 수 있는 마약, 대마, 향정신성 의약품 또는 알코올 중독자로서 영 제42조 제3항에 해당하는 사람
6	약물을 사용한 상태에서자동차 등을 운전한 때	제93조	○약물(마약·대마·향정신성 의약품 및 「유해화학물질 관리법 시행령」 제25조에 따른 환각물질)의 투약·흡연·섭취·주사 등으로 정상적인 운전을 하지 못할 염려가 있는 상태에서 자동차 등을 운전한 때
6의 2	공동위험행위	제93조	○법 제46조 제1항을 위반하여 공동위험행위로 구속된 때
6의 3	난폭운전	제93조	○법 제46조의3을 위반하여 난폭운전으로 구속된 때
7	정기적성검사 불합격 또는 정기적성 검사기간 1년경과	제93조	○정기적성검사에 불합격하거나 적성검사기간 만료일 다음 날부터 적성검사를 받지 아니하고 1년을 초과한 때
8	수시적성검사 불합격 또는 수시적성검사기간 경과	제93조	○수시적성검사에 불합격하거나 수시적성검사기간을 초과한 때
9	삭제 〈2011.12.9〉		
10	운전면허 행정처분 기간 중 운전행위	제93조	○운전면허 행정처분 기간 중에 운전한 때

나홀로 하는 운전면허취소 행정심판

11	허위 또는 부정한 수단으로 운전면허를 받은 경우	제93조	○허위·부정한 수단으로 운전면허를 받은 때 ○법 제82조에 따른 결격사유에 해당하여 운전면허를 받을 자격이 없는 사람이 운전면허를 받은 때 ○운전면허 효력의 정지 기간 중에 면허증 또는 운전면허증에 갈음하는 증명서를 교부받은 사실이 드러난 때
12	등록 또는 임시운행 허가를 받지 아니한 자동차를 운전한 때	제93조	○「자동차관리법」에 따라 등록되지 아니하거나 임시운행 허가를 받지 아니한 자동차(이륜자동차를 제외한다)를 운전한 때
12의 2	자동차 등을 이용하여 형법상 특수상해 등을 행한 때(보복운전)	제93조	○자동차 등을 이용하여 형법상 특수상해, 특수협박, 특수손괴를 행하여 구속된 때
13	자동차 등을 이용하여 범죄행위를 한 때	제93조	○국가보안법을 위반한 범죄에 이용된 때 ○형법을 위반한 다음 범죄에 이용된 때 ·살인, 사체유기, 방화 ·강도, 강간, 강제추행 ·약취·유인·감금 ·상습절도(절취한 물건을 운반한 경우에 한한다) ·교통방해(단체에 소속되거나 다수인에 포함되어 교통을 방해한 경우에 한한다)
14	다른 사람의 자동차 등을 훔치거나 빼앗은 때	제93조	○운전면허를 가진 사람이 자동차 등을 훔치거나 빼앗아 이를 운전한 때
15	다른 사람을 위하여 운전면허시험에 응시한 때	제93조	○운전면허를 가진 사람이 다른 사람을 부정하게 합격시키기 위하여 운전면허시험에 응시한 때
16	운전자가 단속 경찰 공무원 등에 대한 폭행	제93조	○단속하는 경찰공무원 등 및 시·군·구 공무원을 폭행하여 형사입건된 때
17	연습면허 취소 사유가 있었던 경우	제93조	○제1종 보통 및 제2종 보통면허를 받기 이전에 연습면허의 취소사유가 있었던 때(연습면허에 대한 취소절차 진행 중 제1종 보통 및 제2종 보통면허를 받은 경우를 포함한다)

3. 정지처분 개별 기준

가. 이 법이나 이 법에 의한 명령을 위반한 때

위반사항	적용 법조 (도로교통법)	벌점
1. 삭제 〈2011.12.9〉		
2. 술에 취한 상태의 기준을 넘어서 운전한 때(혈중알코올농도 0.05% 이상 0.1% 미만)	제44조 제1항	100
2의 2. 자동차 등을 이용하여 형법상 특수상해 등(보복운전)을 하여 입건된 때	제93조	
3. 속도위반(60km/h 초과)	제17조 제3항	60
4. 정차·주차위반에 대한 조치불응(단체에 소속되거나 다수인에 포함되어 경찰공무원의 3회 이상의 이동명령에 따르지 아니하고 교통을 방해한 경우에 한한다)	제35조 제1항	
4의 2. 공동위험행위로 형사입건된 때	제46조 제1항	
4의 3. 난폭운전으로 형사입건된 때	제46조의3	
5. 안전운전의무위반(단체에 소속되거나 다수인에 포함되어 경찰공무원의 3회 이상의 안전운전 지시에 따르지 아니하고 타인에게 위험과 장해를 주는 속도나 방법으로 운전한 경우에 한한다)	제48조	40
6. 승객의 차내 소란행위 방치운전	제49조 제1항 제9호	
7. 출석 기간 또는 범칙금 납부 기간 만료일부터 60일이 경과될 때까지 즉결심판을 받지 아니한 때	제138조 및 제165조	
8. 통행구분 위반(중앙선 침범에 한함)	제13조 제3항	
9. 속도위반(40km/h 초과 60km/h 이하)	제17조 제3항	
10. 철길건널목 통과방법위반	제24조	
10의 2. 어린이통학버스 특별보호 위반	제51조	
10의 3. 어린이통학버스 운전자의 의무위반(좌석 안전띠를 매도록 하지 아니한 운전자는 제외한다)	제53조 제1항·제2항 제60조 제1항	30
11. 고속도로·자동차전용도로 갓길통행	제61조 제2항	
12. 고속도로 버스전용차로·다인승전용차로 통행위반	제92조 제2항	
13. 운전면허증 등의 제시의무위반 또는 운전자 신원확인을 위한 경찰공무원의 질문에 불응		
14. 신호·지시위반	제5조	
15. 속도위반(20km/h 초과 40km/h 이하)	제17조 제3항	
15의 2. 속도위반(어린이보호구역 안에서 오전 8시부터 오후 8시까지 사이에 제한속도를 20km/h 이내에서 초과한 경우에 한정한다)	제17조 제3항	15
16. 앞지르기 금지 시기·장소위반	제22조	

16의 2. 적재 제한 위반 또는 적재물 추락 방지 위반	제39조 제1항· 제4항	
17. 운전 중 휴대용 전화 사용	제49조 제1항 제10호	
17의 2. 운전 중 운전자가 볼 수 있는 위치에 영상 표시	제49조 제1항 제11호	
17의 3. 운전 중 영상표시장치 조작	제49조 제1항 제11호의2	
18. 운행기록계 미설치 자동차 운전금지 등의 위반	제50조 제5항	
19. 삭제 〈2014.12.31.〉		
20. 통행구분 위반(보도침범, 보도 횡단방법 위반)	제13조 제1항·제2항	
21. 지정차로 통행위반(진로변경 금지장소에서의 진로변경 포함)	제14조 제2항· 제5항, 제60조 제1항	
22. 일반도로 전용차로 통행위반	제15조 제3항	
23. 안전거리 미확보(진로변경 방법위반 포함)	제19조 제1항· 제3항·제4항	
24. 앞지르기 방법위반	제21조 제1항· 제3항, 제60조 제2항	10
25. 보행자 보호 불이행(정지선위반 포함)	제27조	
26. 승객 또는 승하차자 추락방지조치위반	제39조 제3항	
27. 안전운전 의무 위반	제48조	
28. 노상 시비·다툼 등으로 차마의 통행 방해 행위	제49조 제1항 제5호	
29. 삭제 〈2014.12.31.〉		
30. 돌·유리병·쇳조각이나 그 밖에 도로에 있는 사람이나 차마를 손상시킬 우려가 있는 물건을 던지거나 발사하는 행위	제68조 제3항 제4호	
31. 도로를 통행하고 있는 차마에서 밖으로 물건을 던지는 행위	제68조 제3항 제5호	

(주)

1. 삭제 〈2011.12.9.〉

2. 범칙금 납부 기간 만료일부터 60일이 경과될 때까지 즉결심판을 받지 아니하여 정지처분 대상 자가 되었거나, 정지처분을 받고 정지처분 기간 중에 있는 사람이 위반 당시 통고받은 범칙금액에 그 100분의 50을 더한 금액을 납부하고 증빙서류를 제출한 때에는 정지처분을 하지 아니하거나 그 잔여 기간의 집행을 면제한다. 다만, 다른 위반행위로 인한 벌점이 합산되어 정지처분을 받은 경우 그 다른 위반행위로 인한 정지처분 기간에 대하여는 집행을 면제하지 아니한다.

3. 제7호, 제8호, 제10호, 제12호, 제14호, 제16호, 제20호부터 제27호까지 및 제29호부터 제31호까지의 위반행위에 대한 벌점은 자동차 등을 운전한 경우에 한하여 부과한다.

4. 어린이보호구역 및 노인·장애인보호구역 안에서 오전 8시부터 오후 8시까지 사이에 제3호, 제9호, 제14호, 제15호 또는 제25호의 어느 하나에 해당하는 위반행위를 한 운전자에 대해서는 위 표에 따른 벌점의 2배에 해당하는 벌점을 부과한다.

나. 자동차 등의 운전 중 교통사고를 일으킨 때

(1) 사고결과에 따른 벌점 기준

구분		벌점	내용
인적 피해 교통사고	사망 1명마다	90	사고 발생 시부터 72시간 이내에 사망한 때
	중상 1명마다	15	3주 이상의 치료를 요하는 의사의 진단이 있는 사고
	경상 1명마다	5	3주 미만 5일 이상의 치료를 요하는 의사의 진단이 있는 사고
	부상신고 1명마다	2	5일 미만의 치료를 요하는 의사의 진단이 있는 사고

(비고)

1. 교통사고 발생 원인이 불가항력이거나 피해자의 명백한 과실인 때에는 행정처분을 하지 아니한다.
2. 자동차 등 대 사람 교통사고의 경우 쌍방과실인 때에는 그 벌점을 2분의 1로 감경한다.
3. 자동차 등 대 자동차 등 교통사고의 경우에는 그 사고원인 중 중한 위반행위를 한 운전자만 적용한다.
4. 교통사고로 인한 벌점산정에 있어서 처분받을 운전자 본인의 피해에 대하여는 벌점을 산정하지 아니한다.

(2) 조치 등 불이행에 따른 벌점 기준

불이행 사항	적용 법조 (도로교통법)	벌점	내용
교통사고 야기 시 조치 불이행	제54조 제1항	15 30 60	1. 물적 피해가 발생한 교통사고를 일으킨 후 도주한 때 2. 교통사고를 일으킨 즉시(그때, 그 자리에서 곧) 사상자를 구호하는 등의 조치를 하지 아니하였으나 그 후 자진신고를 한 때 　가. 고속도로, 특별시·광역시 및 시의 관할구역과 군(광역시의 군을 제외한다)의 관할구역 중 경찰관서가 위치하는 리 또는 동 지역에서 3시간(그 밖의 지역에서는 12시간) 이내에 자진신고를 한 때 　나. 가목에 따른 시간 후 48시간 이내에 자진신고를 한 때

참고 서적

○ 홍정선, 『행정법원론』, 박영사, 2015.

○ 이창선, 『음주운전수사론』, 경찰교육원, 2015.

○ 이주원, 「음주운전죄에서 이른바 위드마크 공식에 의한 혈중알코올농도의 증명 문제」, 『고려대학교 법학 제67호』, 2012.